1

백제학연구총서 쟁점백제사

백제, 누가 언제 세웠나

Foundation of Baekje

백제의 건국시기와 주체세력

백제학연구총서 쟁점백제사 1

백제, 누가 언제 세웠나

백제의 건국시기와 주체세력

저자 노중국·신형식·양기석·박순발·김영심·임영진·최병현·주보돈·권오영
발행 한성백제박물관
총괄 이인숙(관장)
기획·편집 김기섭·문은순(전시기획과)

한성백제박물관
138-829 서울특별시 송파구 위례성대로 71
Tel. 02-2152-5800
http://baekjemuseum.seoul.go.kr

발행일 2013년 2월 28일

디자인·제작 ㈜학연문화사
Tel 02-2026-0541
www.hakyoun.co.kr
표지디자인 JMKC
Tel. 070-4130-0329
www.jmkc.co.kr

ISBN 978-89-969903-8-3

1

백제학연구총서 쟁점백제사

백제, 누가 언제 세웠나

Foundation of Baekje

백제의 건국시기와 주체세력

한성백제박물관
SEOUL BAEKJE MUSEUM

발 간 사

2012년 4월 개관한 한성백제박물관은 조사와 연구 활동을 통해서 다져진 기초 자료를 전시에 연결하는 박물관의 기능을 충실히 수행하고자 노력하고 있습니다. 한성백제박물관은 우리 고대 역사를 찾아 백제사 복원과 정립의 구심점 역할을 하고자 서울 송파구 몽촌토성 유지에 설립되었습니다.

잊혀진 역사-백제, 특히 한성백제 스토리는 너무나 많은 부분이 아직도 베일에 싸여 있습니다. 백제의 왕도-한성이 자리잡았던 현재의 서울이 고도 2천년 역사를 자랑한다고 하지만, 한성백제가 언제, 어디에서, 어떻게 시작되었는지에 대해서는 정확히 모르는 부분이 아는 부분보다 더 많습니다. 이러한 상황에서 다행스럽게도 지난 10여 년 전부터 많은 조사가 이루어졌고, 서울 · 경기도 · 충청도 · 강원도 일원에서 새로운 자료들이 속출하면서 한성백제의 비밀이 조금씩 밝혀지고 있습니다. 그리고 문헌사학계와 고고학계에서 석학들의 다양한 연구가 그동안 많이 축적되어 왔습니다.

한성백제박물관은 백제학의 정립과 확산을 위하여, 백제사 연구에서 논의된 많은 논점들에 대해 '쟁점백제사'라는 주제로 집중토론하는 학술회의를 장기적인 계획 하에 개최하게 되었습니다. 쟁점백제사 학술회의 기획시리즈의 첫 번째 주제는 '백제, 누가 언제 세웠나-백제의 건국시기와 주체세력-'에 대한 논의로서, 2012년 11월 23일, 그 첫 번째 학술회의를 성황리에 개최하였습니다. 이 학술회의에서 열띤 토론을 통해 정리된 성과를 모아 백제학연구총서 쟁점백제사 제1권『백제, 누가 언제 세웠나』를 간행하게 되었습니다.

이 책의 발간으로 많은 서울 시민들이 백제 건국으로부터 시작된 왕도 서울의 역사에 대한 관심과 애정을 키우고, 나아가 학계와 연구자들의 더욱 진전된 연구에 하나의 나침반이 될 수 있기를 희망합니다. 또한 책의 편집과 출판을 위해 애쓰신 한성백제박물관의 학예실 직원들과 출판사 직원 여러분들에게 이 자리를 빌려 감사의 말씀을 전합니다.

2013년 2월

한성백제박물관 관장 이 인 숙

목 차

|총 론|

백제학 연구 현황과 과제

노 중 국 계명대학교 사학과 교수

요 약

문헌 자료가 상대적으로 빈약한 백제사에 대한 연구를 촉진시킨 것은 고고학적 발굴에서 출토된 유물이다. 특히 무령왕릉 발굴에서 출토된「묘지석」과 유물들은 백제사 연구의 토대를 놓았다. 근래에 와서 미륵사지 출토「사리봉안기」를 비롯한 금석문 자료와「좌관대식기목간」을 비롯한 목간 자료는 문헌자료의 부족을 메워주는 단비의 역할을 하고 있다. 그리고 풍납토성 성벽 발굴과 경당지구에서 발굴된 제의 공간, 우물형 창고에서 출토된 200여 점의 토기는 한성도읍기 백제의 모습을 엿보게 하는 자료들이다.

해방 이후 백제사에 대한 연구의 활성화는 백제사를 주제로 하여 박사학위를 받은 연구자들의 증가에서 엿볼 수 있다. 이 과정에서 문헌사학과 고고학 방면에서 백제사에 대한 많은 연구 성과들이 나왔다. 이러한 연구 성과들을 총체적으로 정리한 것이 연구 총서이다. 백제문화개발연구원에서 출간한 31권의 '백제역사문고', 충남역사문화연구원에서 출간한 총15권의 '백제문화사대계 연구총서', 서울특별시사편찬위원회에서 출간한 총5권의 '한성백제사'가 대표적이다. 한편 고고자료를 중심으로 백제사를 전문적으로 다룬 도록으로는 국립중앙박물관의「특별전 백제」, 국립공주박물관 · 충남역사문화연구원의「한성에서 웅진으로」, 국립부여박물관의「백제의 문자」, 국립전주박물관의「마한, 숨쉬는 기록」등을 들 수 있다.

백제사 연구에는 아직 해결해야 할 과제와 쟁점도 적지 않다. 먼저 온조집단의 출자와 적석총이라는 묘제가 제대로 대응되지 않은 사실은 건국 시기와 맞물려 지금까지 논란이 되고 있다.『일본서기』신공기 49년조의 기사에 대한 이해는 백제의 영산강유역에 대한 지배 시기와 영산강유역에 집중적으로 보이는 전방후원분 피장자의 실체와 연동되어 많은 논란을 불러일으켰다. 논자에 따라 마한이 6세기 전반까지 존속한 것으로 보기도 한다. 한편 『삼국사기』 웅진도읍기의 영역 관련 기사는 백제가 475년에 웅진으로 천도한 이후에도 한강 이북 지역을 여전히 영역으로 영유하고 있는 것으로 나온다. 이 기사를 어떻게 이해하느냐에 따라 지도를 그릴 때 6세기 전반기 백제와 고구려의 국경선이 크게 달라진다. 앞으로 이 문제도 풀어야 할 숙제의 하나이다. 그리고 최근에 소개된 금석문 자료에 나오는 '대왕폐하大王陛下', '참제僭帝' 등의 기록은 백제왕이 대왕을 칭하고 황제와 같은 존재로 군림하였음을 보여준다. 백제왕의 이러한 모습은 대외관계와 연관하여 연구가 이루어져야 할 부분이다.

백제사에 대한 연구를 활성화하기 위해서는 연구 지평을 확대하는 것도 필요하다. 그러기 위해서는 먼저 직접지배·간접지배·공납지배·중앙세력·지방세력·위신품 등과 같은 용어에 대한 개념을 분명히 정립하는 것이 필요하다. 개념에 대한 공감대가 없으면 다양한 주장만 난무할 뿐이기 때문이다. 다음으로 생활사적 관점에서의 접근이 필요하다. 의식주와 관혼상제, 일생의례를 비롯하여 놀이·의약·점복 등에 대한 정리는 연구의 지평을 열어줄 것이다.

다음으로 백제의 대외교섭과 교류를 남조 중심에서 벗어나 5호16국 및 북조와의 관계에 대해서도 관심을 가지고 살펴보는 것이 필요하다. '증토축성烝土築城'과 '백제왕동호부百濟王銅虎符'는 이러한 연구를 가능하게 하는 자료가 된다. 한편 근래에 중국에서는 「예식진묘지명」 등 백제유민들의 묘지명이 많이 출토되고 있다. 이를 자료로 하여 중국으로 이주해간 백제 유민들의 삶을 유민사적 관점에서 살펴보는 것도 연구의 시각을 확대시켜 줄 것이다.

Ⅰ. 도론

2012년 4월 30일 한성백제박물관이 문을 열었다. 문을 연 박물관에 많은 시민들이 찾아오고 있다. 한성백제박물관의 개관은 700년 백제 역사 가운데 2/3의 역사를 지닌 한성도읍기 백제의 역사가 정당한 대접을 받는 계기를 마련하였다. 이뿐만 아니라 수도로서의 서울의 역사도 종래의 600년에서 1천 년임을 뒷받침해주고 있다.

박물관의 기본 업무는 유물을 잘 보존 · 관리하면서 이를 전시하여 시민들과 외국 관람객들에게 보여주는 것과 자라나는 세대들에게도 역사의 의미와 중요성을 잘 일깨워주는 것이다. 전시는 관람객들에게 감동을 주어야 한다. 감동을 주기 위해서는 새로운 관점에서 전시하는 것도 필요하다. 새로운 관점은 연구에서 나오게 되며 연구된 만큼 전시가 이루어진다.

* 이 글은 필자가 2009년 『백제학보』 창간호에 수록한 「백제학 연구의 현황과 과제」의 내용을 수정·보완한 것이다.

우리나라 박물관은 연구 기능을 제대로 수행하고 있지 못하다. 이는 박물관의 수준을 끌어올리는 데 한계점으로 작용하고 있다. 한성백제박물관은 타 박물관과 차별성을 갖도록 하기 위해 백제학연구소를 만들어 연구 기능을 강화해야 한다. 이 조직을 통해 풍납토성이나 몽촌토성 등 백제 유적지를 체계적으로 발굴하고, 확보한 자료들을 연구하여 심화시키고, 그 결과를 전시와 교육과 홍보에 활용할 수 있도록 해야 한다.

연구의 활성화는 활발한 토론 과정을 거치면서 이루어진다. 한성백제박물관이 백제사의 쟁점 사항을 뽑아 연구자들로 하여금 활발한 토론을 하도록 하고 그 결과를 백제학 연구총서로 묶어내기로 한 것은 매우 바람직한 방향이다. 본고는 한성백제박물관의 이러한 의도에 조금이나마 보탬이 되고자 백제사 연구의 현황과 앞으로 해결해야 할 과제가 무엇이며 연구의 지평을 넓히기 위한 방안이 무엇인가에 대해 약간의 의견을 개진해 두기로 한다.

Ⅱ. 고고학 발굴과 백제사

1. 연구를 촉진시킨 주요 발굴

백제사는 삼국 가운데 문헌 자료가 상대적으로 빈약하다. 『일본서기日本書記』에는 백제와 관련된 기사들이 많이 있지만 왜곡과 윤색이 심하여 그대로 활용하기 어렵다. 이로 말미암아 백제사 연구는 상대적으로 부진하였다. 그러나 고고학 발굴조사 과정에서 세인은 물론 학계를 놀라게 하는 새로운 유적·유물의 출토가 백제사에 대한 관심을 높였다.

1971년의 무령왕릉 발굴은[1] 백제사 연구에 가장 큰 추동력이 되었다. 도굴되지 않은 상태에서 발굴된 무령왕릉에서는 중국제 자기를 비롯한 화려하고도 뛰어난 부장품이 많이 출토되었을 뿐만 아니라 왕과 왕비의 묘지석은 무덤의 주인공과 조성 시기를 알 수 있게 한 귀중한 자료였다. 무령왕릉 발굴

1 문화재관리국, 1974, 『무령왕릉』.

20주년 기념 학술대회에서 왕과 왕비의 시신을 넣은 관棺이 일본산 금송金松이라는 것이 밝혀졌다.[2]

1997년 풍납토성 내 현대연합주택지구의 지하 4~5m에서 삼중의 환호環濠 시설과 백제 유물이 출토되었다.[3] 이는 한성도읍기 백제사에 대한 관심을 크게 불러일으켰다. 이후 국립문화재연구소에서 성벽을 발굴했는데 그 결과 풍납토성은 저변이 40m가 넘고, 높이가 11m를 넘으며 둘레가 약 3,500m에 달하는 거대한 평지 토성이라는 것과 토성 축조에 부엽敷葉공법이 활용되었음이 밝혀졌다.[4] 1999년 경당지구에서는 중국제 자기를 비롯한 고급스러운 유물, 제의 시설로 보이는 건물지, 제사 지낸 이후의 제물이나 제기를 폐기한 유구, 다량의 기와, 문자가 새겨진 벽돌과 토기 등과 귀중한 유적 · 유물들이 출토되었다.[5] 이는 풍납토성이 백제 왕성임을 분명히 한 것으로 한성도읍기 백제사 연구의 토대가 되고 있다.

1993년 능산리사지에서 출토된 백제금동대향로는 창왕명昌王銘사리감과 더불어 관산성 전투에서 비운에 돌아간 성왕의 명복을 빌기 위한 능사에 사용하기 위해 만든 것이다. 이 향로는 백제인의 금속 공예 기술의 극치를 보여줌과 동시에 불교사상 · 도가사상 · 유가사상이 복합된 백제 사상의 모습을 보여주는 것으로 주목되었다.[6]

---

2 박상진, 1991, 「백제 무령왕릉 출토 관재의 수종」, 『무령왕릉의 연구 현황과 제문제』, 공주대학교 백제문화연구소.

3 이형구, 1997, 『서울 풍납토성(백제왕성) 실측조사연구』, 백제문화개발연구원.

4 국립문화재연구소, 2002, 『풍납토성』 II, 동벽발굴조사보고서.

5 한신대학교박물관, 2004, 『풍납토성』 IV.

6 국립부여박물관, 2003, 『백제금동대향로』, 백제금동대향로 발굴 10주년 기념 연구논문자료집.

2003년 공주 수촌리에서 발굴된 5기의 고분군에서는 금동관모 2점과 금동신발 3켤레가 출토되었다.[7] 이 고분은 공주 지역을 기반으로 한 백제 귀족 가문의 모습을 잘 보여준다. 이후 서산 부장리,[8] 고흥 길두리에서도[9] 금동관이 출토되었다. 각 지역에서 금동관의 출토는 백제의 지방통치조직을 이해하는 데 토대가 되었다.

2009년 익산 미륵사지 서탑에서는 「사리봉안기」와 사리공헌품이 출토되었다. 「사리봉안기」에는 무왕이 대왕폐하大王陛下로 불린 것, 무왕의 왕후는 사택적덕沙乇積德의 딸이라는 것, 왕비가 깨끗한 재물을 희사하여 639년(무왕 40)에 탑을 완공한 사실 등이 기록되어 있다. '대왕폐하'는 백제왕이 대왕으로서 국내에서는 폐하로 군림했음을 보여준다.

2. 목간 자료

무령왕릉에서 출토된 관재棺材가 일본산 금송임이 밝혀진 이후 고고학 발굴에서는 목재에 대한 관심이 높아졌다. 이러한 분위기 속에서 1990년대에 저습지 발굴이 이루어지면서 다수의 목간이 출토되었다. 이 목간들은 당시 사람들이 남겨놓은 것으로서 백제사 연구에 일차적인 자료가 된다. 1992년부터 발굴된 부여 능산리사지에서는 '봉의奉義', '천天' 등이 새겨진 남근형 목

---

7 강종원, 2006, 「수촌리 백제고분군 조영세력 검토」, 『백제연구』 42, 충남대학교 백제연구소.
8 이훈, 2006, 「서산 부장리의 백제 분구묘」, 『서산문화춘추』 2, 서산문화발전연구원.
9 임영진, 2011, 「고흥 길두리 안동고분 발굴조사 성과」, 『고흥 길두리 안동고분 역사적 성격』, 전남대학교박물관.

간과 '보희사寶憙寺', '자기사子基寺' 등이 쓰인 목간 등이 출토되었다.[10] 보희사, 자기사 등의 사찰 이름은 문헌에 보이지 않는 것이어서 주목된다.

「지약아식미기支藥兒食米記」 4면 목간은 약아들에게 쌀을 지급한 기록으로서 일종의 식료 지급 장부라고 할 수 있다.[11] 이 목간은 백제의 문서행정과 쌀米의 지급 모습은 물론, 당시 도량형의 내용을 알게 하는 자료가 된다.

1995년부터 부여 궁남지에서 서부후항西部後巷이 쓰인 목간은 사비도읍기의 도성 구조가 5부-5항으로 이루어졌음을, 중구中口와 소구小口는 백제의 인구 파악 모습과 호적제를 보여준다.[12] 2008년 부여 쌍북리에서 출토된 「좌관대식기佐官貸食記」 목간은 관청에서 곡식을 대여하는 모습을 보여주는 것으로서 생활사 연구에 중요한 자료가 된다.[13]

10 백제의 목간 자료 집성으로는 국립창원문화재연구소, 2004, 『한국고대의 목간』과 국립부여박물관, 2008, 『백제목간』 소장품 조사 자료집이 있다.

11 윤선태, 2007, 『목간이 들려주는 백제 이야기』, 백제문화개발연구원 역사문고 28, 주류성.

12 윤선태, 2007, 앞 책.

13 박태우, 2009, 「목간자료를 통해 본 사비도성의 공간 구조」, 『백제학보』 창간호, 백제학회.

Ⅲ. 연구 현황

1. 연구 인력과 연구 경향

백제사 연구 인력은 백제사를 연구 대상으로 하여 박사학위를 취득한 연구자들을 중심으로 정리해볼 수 있다. 1980년 이래 2009년까지 문헌 자료를 중심으로 하여 박사학위를 받은 사람은 삼한 시기까지를 포함하면 24명 정도이며, 고고학 자료를 중심으로 연구하여 박사학위를 받은 사람의 수는 12명 정도이다. 이러한 인적 자원은 백제사 연구를 활성화하는 데 바탕이 되었다.

박사학위 논문 제목을 보면 정치사를 주제로 한 것이 8편 정도이며, 중앙 및 지방통치조직과 관련된 것이 5편, 정복 및 영역확장과 관련된 것이 3편, 종교 · 제의와 관련된 것이 3편, 대외관계와 관련된 것이 1편, 부흥운동과 관련된 것이 1편, 금석문과 관련된 것이 1편, 문헌 자료의 성격을 분석한 것이 1편, 웅진도독부熊津都督府와 관련된 것이 1편 등이다.

이러한 논제들은 그 동안의 백제사 연구가 정치사, 제도사, 영역확장 등에 집중되었음을 짐작하게 한다. 그러나 근래에 와서는 금석문 관련 연구라든가, 불교 관련 논문들이 나오고 있어 관심 분야가 정치사 중심에서 더욱 다양한 주제로 확대되어 가고 있음을 보여준다.

고고학 분야의 경우 묘제나 고분을 주제로 한 경우가 다수를 차지한다. 그러나 금강유역, 호남 동부, 전남 동부 지역 등 각 지역에서 조사 정리된 고고자료를 토대로 그 지역의 모습을 밝히려고 한 논문도 나오고 있다. 이 또한 관심 분야의 확대를 보여준다.

2. 연구 기관

백제사 연구의 활성화에는 연구자의 수적 증가와 더불어 연구 기관의 활동도 중요하다. 백제사 연구와 관련된 대학 부설 연구소와 민간 연구 기관은 신라사, 고구려사, 가야사, 발해사 등에 비해 상대적으로 많고 또 그 활동도 활발하다. 대학 연구소로는 충남대학교 백제연구소, 공주대학교 백제문화연구소, 원광대학교 마한백제연구소 등이 있고 민간 연구기관으로는 백제문화개발연구원이 있다. 백제연구소에서 발간하는 『백제연구』, 백제문화연구소의 『백제문화』, 마한백제문화연구소의 『마한백제연구』는 백제사 연구 성과들이 집중 게재되는 학술지이다.

백제의 왕도였던 공주, 부여에는 각각 국립공주박물관, 국립부여박물관이, 익산에는 익산미륵사지전시관이 설치되었다. 각 박물관에서는 백제의 역사와 문화와 관련한 다양한 전시 프로그램을 계획하여 운영함으로써 백제사에 대한 이해를 높이고 있다. 그러나 서울을 비롯한 수도권 지역의 경우 백제 연구를 전문으로 연구하는 대학 연구소는 없고 서울시가 몽촌역사관을 운영하고 있었을 뿐이다.

3. 연구 총서와 도록의 발간

학문의 발전은 분화 · 심화와 종합의 연속선상에서 이루어진다. 그 동안 백제사 연구는 연구자의 수적 증가, 고고 자료의 증가로 다양한 연구 성과들이 나왔다. 이렇게 다양하게 연구되어 온 성과들을 종합 · 정리하는 작업도 필요하다. 종합 · 정리 작업은 그 작업량이 방대하기 때문에 연구 기관이 중심이 되어 계획적으로 추진해야 가능하다.

충남대학교 백제연구소가 학술대회를 개최한 결과를 단행본으로 꾸준히 묶어내고 있는 것을 들 수 있다. 1997년의 『백제의 중앙과 지방』, 2000년의 『백제사상의 전쟁』, 2003년의 『고대 동아시아와 백제』와 『한국의 전방후원분』 등이 그것이다.

2007년 백제문화개발연구원에서 31권의 백제역사문고를 기획하여 발간하였다. 제1권 『백제의 언어와 문학』에서 제28권 『목간이 들려주는 이야기』에 이르기까지 총28권과 별책으로 『사료 보니 백제가 보인다(국내편)』, 『사료 보니 백제가 보인다(국외편)』와 『최근 발굴한 백제 유적』이다. 시민을 대상으로 한 문고본의 출간은 백제사의 대중화에 기여하는 바가 크다.

2007년 충남역사문화연구원에서는 제1권 『백제사 총론』에서 제15권 『백제의 건축과 토목』에 이르기까지 총15권의 백제문화사대계 연구총서와 3권의 원문 자료집, 4권의 원문 역주집, 2권의 고고미술 자료집과 백제사 개설서인 『백제역사와 문화』를 출간하였다. 이 가운데 연구총서 15권은 백제사의 전개 과정을 정치사편과 생활 · 문화사편으로 나누어 그 동안의 연구 성과를 정리한 것이다.

2008년 서울특별시사편찬위원회에서는 제1권 『성격과 문화 기반』에서 제

5권 『생활과 문화』에 이르기까지 총 5권으로 이루어진 한성백제사를 발간하였다. 이 책은 한성도읍기의 백제의 역사와 문화를 총괄적으로 정리한 최초의 작업으로서 의미가 크다.

고고학 자료를 중심으로 백제사의 흐름을 종합적으로 정리한 작업으로는 1999년 국립중앙박물관에서 펴낸 특별전 『백제』를 들 수 있다. 이 도록은 백제 지역에서 발굴된 각종 유적과 유물을 통해 백제의 건국과 성장 및 대외관계를 종합한 것이다. 국립부여박물관에서는 2002년 『백제의 문자』에서 2006년 『백제의 공방』에 이르기까지 특정한 주제를 고고학 자료로 정리한 교양서를 냈다. 이 책은 휴대하기 편한 크기로 제작한 것이 특징이며 각 주제에 맞는 고고 자료의 내용을 쉽게 이해할 수 있도록 정리하였다. 이 밖에 전라북도 · 전북문화재연구원은 2003년에 『전북 지역 백제문화유산』을, 경기도박물관에서는 한성도읍기의 백제관련 유적 · 유물을 정리하여 2006년에 『한성백제』를, 국립공주박물관 · 충남역사문화연구원은 공주 수촌리 고분 출토 금동관과 금동신발 등 위신품威身品을 중심으로 2006년에 『한성에서 웅진으로』를, 2009년에는 국립부여박물관에서 우리나라 출토 목간을 모은 『나무 속의 암호 목간』을, 2011년에는 국립부여박물관에서 『백제 무왕』을, 2012년에는 국립청주박물관에서 신봉동 고분군에서 출토된 무기 · 무구를 정리한 『신봉동, 백제의 전사를 만나다』를, 2012년에는 한성백제박물관에서 개관 기념도록으로 『한성백제박물관』을, 국립부여박물관에서는 『백제인의 얼굴, 백제를 만나다』를 냈다. 마한 · 백제와 관련하여 2009년에는 국립전주박물관에서 『마한, 숨쉬는 기록』을, 2010년에는 국립공주박물관에서 『마한 · 백제 사람들의 주거와 삶』을, 2011년에는 천안박물관에서 『천안의 마한 · 백제』를 냈다.

Ⅳ. 연구 쟁점

1. 온조집단의 출자와 묘제

백제의 기원에 대해 『삼국사기』 백제본기 온조왕기의 기사에는 졸본부여(고구려)에서 이주해 온 집단에 의해 백제가 건국되었다고 하였다. 이는 472년 백제의 개로왕이 북위北魏에 보낸 국서國書에서 '백제와 고구려는 부여에서 기원했다'고 한 기사, 538년 성왕이 수도를 웅진에서 사비로 옮긴 뒤 국호를 일시 남부여로 고친 것 등과 맥을 같이 한다.

서울 지역을 비롯하여 한강유역에는 적석총積石塚, 즙석묘葺石墓, 토광묘土壙墓, 석관묘石棺墓 등 다양한 묘제가 나온다. 『소화2년고적조사보고昭和2年古蹟調査報告』에 의하면 1916년경 지금의 서울시 송파구 석촌동 일대에는 적석총 23기와 봉토분封土墳 66기가 분포한 것으로 표시되어 있다. 현재 확인된 석촌동의 적석총은 계단식 적석총으로서 고구려 집안의 것과 유사하다. 그러나 연대는 모두 3세기 이후의 것이어서 온조집단과는 연결되지 않는다.

한강유역의 문화 기반에 대해 근래에는 춘천 중도中島 유적을 대표로 하는 중도유형문화中島類型文化를 예계濊系 문화로, 주구토광목관(곽)묘周溝土壙木棺(槨)墓로 대표되는 문화를 중서부 지역의 문화로 파악하고 이를 마한과 연결시켜 보기도 한다. 그러나 석촌동의 토광목관묘는 성토盛土하여 매장주체시설을 만들었고, 단장單葬이 아니라 다장多葬이며, 토광을 달리하면서 하나의 봉토 속에 묻혀 있는 것이 특색이어서 '예계' 문화로 인식되고 있는 임진강 및 한강 중상류 지역의 즙석식葺石式 적석묘積石墓나 중서부 지방의 주구토광목관(곽)묘와 차이가 난다.

한반도에서 토광묘 문화의 중심 지역은 서북한 지방이었는데 서울 지역은 서북한 지방과 가까운 거리에 위치하였다. 따라서 온조집단이 남하해오기 이전에 한강유역에는 이미 서북한 지역 토광묘 문화의 영향을 받은 집단들이 거주하고 있었다. 기자조선의 마지막 왕 준왕이 위만에게 나라를 빼앗기고 남으로 이동해 온 사건이라든가, 위만조선의 말기에 우거왕에게 반대한 조선상 역계경歷谿卿이 2천여 호를 거느리고 한강유역의 진국으로 이동해 온 사건 등이 이를 보여준다. 이러한 이주민의 파동 속에서 서북한 지역의 토광묘제가 한강유역으로 전파되고 시간이 흐르면서 지역화되었을 것이다.

한강유역으로 이동해 온 온조집단은 선주하고 있던 이 집단들을 정복하거나 흡수하면서 십제국十濟國을 세웠다. 건국 후 온조집단은 자신들의 출자는 부여-고구려계라는 것을 표방하면서도 묘제는 토착 집단의 묘제인 토광목관묘를 사용하였던 것 같다. 이는 주몽집단이 부여 지역에서 졸본卒本 지역으로 남하해 와서 고구려를 세운 후 스스로 부여족 출신임을 내세우면서 묘제는 이 지역의 토착묘제인 적석총을 사용한 것과 궤도를 같이 하는 것이다.

2. 『일본서기』 신공기 49년조의 이해

『일본서기』 신공기神功記 49년은 249년이지만 이 시기 『일본서기』의 기년은 2주갑 인하하여 보는 것이 일반적이다. 이에 따르면 이 연대는 369년(근초고왕 24년)이 된다. 신공기 49년조의 내용은 두 부분으로 되어 있다. 하나는 왜가 사사노궤沙沙奴跪와 목라근자木羅斤資 등을 보내 신라를 격파한 후 비자발, 남가라, 안라, 가라 등 가야7국을 평정하였다는 것이다. 다른 하나는 가라에서 출발한 목라근자가 고해진古奚津에 이르러 남만南蠻 침미다례忱彌多禮를 정복하였고, 한성에서 군대를 이끌고 출발한 근초고왕과 왕자 근구수가 남으로 진격해오자 비리 등 4읍이 항복하였다는 것이다.

이 기사에 대해서는 후일 성왕대의 사실을 근초고왕대로 소급시켜 기록한 것이라는 견해, 백제의 가야 평정과 영산강유역 평정은 믿을 수 없고 다만 백제, 가야, 왜 사이에 교섭이 행해진 것을 보여주는 것이라는 견해, 이 기사의 정복을 그대로 인정하되 정복의 주체를 왜가 아니라 백제로 고쳐 보아야 한다는 주체 교체론, 『일본서기』 응신기應神記에 나오는 목만치木滿致는 『삼국사기』 문주왕기에 나오는 목협만치木劦滿致와 동일 인물이라는 전제 하에서 이 기사의 연대를 3주갑 인하하여 429년의 사실로 보아야 한다는 견해 등이 있다.

이 문제는 결국 근초고왕대 백제의 정치 발전 수준을 어떤 단계로 볼 것인가와 연관된다. 근초고왕대 백제는 369년 9월에 사유斯由(고국원왕)가 거느린 고구려 군대를 물리친 후 열병할 때 황기黃旗를 사용하였다. 황기의 사용은 백제 왕실이 천하의 중심임을 상징하는 것이다. 372년에 근초고왕은 태자와 함께 정병 3만을 거느리고 평양성을 공격하여 고구려 고국원왕을 전사시키는 전과를 거두었다. 이처럼 이 시기의 백제는 고구려와 대결할 정도로 국력이 강하였고, 정병 3만을 동원할 정도로 군사력도 막강하였다.

백제가 고구려와 본격적인 공방전을 벌인 것은 369년 9월부터지만 가야7국의 평정과 침미다례의 도륙은 369년 3월이다. 이는 백제가 후방의 안전을 기한 후 고구려와의 대결을 적극적으로 추진한 것을 보여준다. 따라서 『일본서기』 49년조의 기사는 백제가 가야세력에 대해 군사적 무력 시위를 하여 가야 제국諸國으로 하여금 백제에 공납을 바치게 한 것으로, 남만 침미다례를 도륙하고 4읍의 항복을 받은 것은 백제가 영산강유역을 영역으로 확보한 것을 보여주는 것으로 파악할 수 있다.

3. 웅진도읍기 영역 관련 기사

백제는 475년에 한성을 함락당하여 한강유역을 비롯한 경기도 일대를 고구려에 빼앗겼다. 그런데 『삼국사기』 백제본기에는 웅진도읍기에 백제와 고구려가 한산성, 치양, 수곡성 등에서 전투를 벌인 것으로 나온다. 한산성은 오늘날 서울 지역이고, 치양은 황해도 배천이고, 수곡은 황해도 신계 지역이다. 모두가 한강유역이거나 한강 이북 지역이다.

이 기사들을 근거로 475년 이후에도 백제가 한강유역 및 그 이북 지역을 영유하였다고 보는 견해도 있고, 무령왕대에 백제가 한강 이북 지역까지 진격하여 이 지역을 영역으로 했지만 성왕 7년(529) 오곡지원五谷之原 전투에서 크게 패하여 2천여 명의 전사자를 내면서 한강 이북 지역을 다시 고구려에게 빼앗겼다고 보는 견해도 나왔다. 이 견해대로라면 백제는 475년 이후에도 영토상에서는 아무런 변화가 없는 셈이 된다. 이는 551년에 성왕이 신라 및 가야군과 함께 고구려를 공격하여 한강 하류 지역을 차지했다는 사실과 아차산

홍련봉 2보루에서 출토된 토기에 새겨진 경자년이 520년이라는 사실 등과 배치된다.

웅진도읍기 영역 관련 기사 문제를 해명하고자 할 때 고려해야 할 사항의 하나는 고구려의 공격으로 상당히 많은 유이민이 발생하였고 이들은 왕실과 더불어 때로는 왕실과는 별도로 남으로 이동해 와서 여러 곳에 정착했을 것이라는 사실이다. 이렇게 정착한 유이민들은 정착 이후 자신들의 원래 거주지의 명칭을 새로이 정착한 지역에서 사용하였고 이것이 사서에 반영되었을 가능성도 있지 않을까 한다.

4. 영산강유역 전방후원분의 실체

1990년대 이후 영산강유역에 대한 고고학적 조사가 활발히 진행되고 이 지역 유적 · 유물에 대한 편년 작업이 새로 이루어지면서 대형 옹관고분甕棺古墳이 상당히 오랜 기간 지속되었음이 확인되었다. 또 영산강유역에는 일본 고분시대의 대표적인 묘제인 전방후원분前方後圓墳 10여 기가 확인되었다. 이 전방후원분들의 조영 시기는 대개 5세기 말에서 6세기 전반에 걸쳐 있다.

이러한 사실을 기초로 마한 세력은 6세기 전반, 혹은 중엽까지도 의연히 독자적인 세력으로 유지되었다는 견해가 제기되었고, 대형 옹관고분을 조성한 세력들은 백제에 공납을 바치는 간접지배 하에 있었다는 주장이 나오기도 하였다. 이 견해들의 공통점은 이 지역이 백제의 직접지배로 들어간 것은 이 지역에 횡혈식석실분橫穴式石室墳이 만들어지면서부터라고 보는 것이다.

전방후원분의 피장자에 대해서는 이 지역의 재지 수장설과 왜인설로 나뉜다. 이 고분의 피장자를 왜인으로 보는 견해는 전방후원분 축조의 계기를 왜인의 주체적 활동에서 찾는 입장, 백제 중앙의 적극적 간여를 상정하는 견해, 즉 왜계 백제 관료로 보는 견해, 영산강에서 일본열도로, 다시 영산강으로 이어지는 주민의 이주를 강조하는 견해가 있다.

여기에서 문제가 되는 것은 대형 옹관고분이나 전방후원분을 만든 영산강 유역 세력을 백제의 지배 밖에 있는 독자적인 정치세력으로 파악하는 것이다. 이 지역이 5세기 말 6세기 초까지 독자적인 세력이었다면 이 세력을 대외적으로 나타내는 국명이 있어야 한다. 그러나 마한은 『통전』의 진한조나, 마한조에서 보듯이 4세기대에 이 지역은 이미 백제에 편입되었다. 이후 이 지역에는 독자적인 정치체의 이름이 나오지 않는다. 이는 이 지역이 이미 백제의 영역이 되었음을 말해주는 것이다. 따라서 이 지역의 묘제 차이는 백제 영역 내에서의 지방적 특성으로 보아야 할 것이다.

5. 작호제의 실시와 금동관 · 장식대도

중앙집권체제를 갖춘 백제는 신하들에게 왕호나 후호를 수여하는 작호제爵號制를 실시하였다. 개로왕은 4년(458)에 남조 송宋에 사신을 보내 행관군장군우현왕여기行冠軍將軍右賢王餘紀와 행정로장군좌현왕여곤行征虜將軍左賢王餘昆 등 11명에게 정식 작호를 수여해 줄 것을 요청하였고, 동성왕도 남제南齊에 사신을 보내 저근 등 공로를 세운 신하들에게 왕 · 후호와 장군호를 제수해 줄 것을 요청하였다. 왕호로는 좌현왕左賢王 · 우현왕右賢王 · 아착왕阿錯王 · 매라왕邁羅王 등이, 장군호로는 관군장군冠軍將軍 · 정로장군征虜將軍 · 보국장군輔國將軍 · 용양장군龍驤將軍 등이 나온다.

이 왕 · 후호를 담로제擔魯制와 연관시켜 담로의 장으로 보는 견해도 있다.

그러나 담로제는 지방통치조직이며 담로의 장은 지방관이다. 따라서 왕 · 후호는 당시의 고위 귀족들에게 수여된 작호제로 보아야 한다. 왕 · 후호, 장군호가 실시되고 있던 시기에 백제의 각 지역에서는 금동관모와 장식대도 등이 다수 출토되고 있다. 금동관모는 천안 용원리, 공주 수촌리, 서산 부장리, 익산 입점리, 나주 신촌리, 나주 복암리, 고흥 길두리 등에서 출토되었다. 그 성격에서 미루어 볼 때 금동관은 당시 최고 귀족들에게 수여된 것이다. 따라서 금동관모는 왕 · 후호를 받은 자들에게, 장식대도는 장군호를 받은 자들에게 권위의 상징물로 수여된 것으로 볼 수 있다.

6. 담로제와 도사

지방통치제도는 지배체제의 중요한 축으로서 대민 통제의 수단으로서 작용하였다. 백제의 지방통치조직은 한성 및 웅진도읍기에는 담로제였고, 사비로 천도하면서 5방 · 37군-200성(현)제로 바뀌었다.

방의 장관은 방령方領, 군의 장관은 군령郡令 또는 군장郡將, 현의 장관은 성주城主 또는 도사道使라 하였다. 그러나 담로의 장에 대해서는 그 명칭을 알 수 없다. 이와 관련하여 주목되는 것이 도사이다. 도사는 삼국 모두에 나온다. 백제와 신라의 도사는 군장 아래의 제3위 지방관이지만 고구려의 도사 처려근지處閭近支는 욕살褥薩 다음의 제2위 지방관이었다. 이로 미루어 보면 신라의 도사는 백제의 영향을 받았을 가능성이 크다.

백제의 방 · 군-성제는 종래의 담로제를 토대로 하고 그 위에 군과 방을 두는 형태로 이루어진 것이다. 이는 신라가 먼저 성(촌)에 도사를 파견한 후 집권력의 강화에 따라 도사의 수가 많아지자 그 위에 당주와 군주를 설치한 것과 궤도를 같이 한다. 이로 미루어 볼 때 백제도 도사를 토대로 하고 그 위에 군장(군령)과 방령을 설치한 것으로 볼 수 있다. 이러한 관점에서 필자는 담로의 장을 도사로 파악하는 바이다.

방 · 군-성 체제 하에서 지방 도시의 내부 모습을 보여주는 중요한 자료가 전북문화재연구원이 발굴한 고부읍성에서 출토된 '상부상항명上部上巷銘' 기와이다. 고부(고사성)는 5방 가운데 가장 핵심인 중방성中方城이었다. 이 고부에서 상부상항명 기와가 출토된 것은 중방이 5부-5항으로 이루어진 것을 의미한다. 이는 지방 도시도 수도와 마찬가지로 5부-5항의 시가 구조로 만들어졌음을 알게 한다.

7. 대왕의식과 칭제稱帝

삼국은 중앙 집권적 국가 체제를 갖춘 이후 왕의 권위를 높이기 위해 대왕大王을 칭하였다. 이는 유목민족들이 5호16국을 세우면서 천왕天王을 칭한 것과 대응된다. 백제왕도 대왕을 칭하였다. 이를 보여주는 자료로는 『삼국사기』에 아신왕의 죽음을 '대왕기세大王棄世'로 표현한 것, 『일본서기』에 541년과 544년에 개최된 사비 회의에서 가야 제국의 수장들이 백제 성왕을 대왕으로 부른 것, 부여 구아리에서 출토된 '일근명一斤銘 거푸집'뒤에 새겨진 '대왕천大王天' 명문, 「미륵사지사리봉안기」에 나오는 '대왕폐하大王陛下' 명문 등을 들 수 있다.

백제에서 대왕의 위상을 보여주는 것이 「미륵사지사리봉안기」의 '대왕폐하'이다. 폐하는 황제만 사용할 수 있는 칭호이다. 백제 왕실에서 무왕을 대왕폐하라고 부른 것은 무왕이 국내에서는 황제와 같이 군림한 것을 보여준다. 이를 뒷받침해 주는 것이 「예군禰軍묘지명」에 나오는 '참제일단칭신僭帝一旦稱臣'이란 기사의 참제僭帝이다. 참제는 참칭한 황제를 말한다. 따라서 이 기사의 참제는 의자왕을 가리킨다. 중국에서 만들어진 금석문에 의자왕을 제帝라고 표현한 것은 의자왕이 국내에서 황제를 칭했음을 보여주는 것으로서 그 의미가 크다.

8. 미륵사 창건과 무왕의 왕비

『삼국유사』에는 무왕이 선화공주와 결혼하였고 미륵사를 창건하였다는 기사가 나온다. 그런데 「미륵사지사리봉안기」에는 무왕의 왕후는 사택적덕의 딸로, 이 왕후의 발원에 의해 미륵사의 서원西院이 만들어진 내용이 나온다. 사택씨는 백제 제1의 귀족 가문이었다. 그래서 이 기사는 무왕의 왕비에 대해 논쟁을 불러일으켰다.

『삼국유사』에 보이는 무왕과 선화공주의 결혼에 대해 종래부터 믿기 어렵다는 견해가 있어 왔다. 그 이유는 이 결혼이 설화적으로 표현되어 있다는 것과 무왕대 신라와의 전투가 너무 빈번하여 결혼이 맺어질 수 없었을 것이라는 점이다. 그러나 미륵사지 발굴에서 확인된 회랑으로 둘러싸인 3탑-3금당은 『삼국유사』 무왕조의 내용과 완전히 일치한다. 따라서 『삼국유사』 내용 가운데 무왕과 선화공주가 결혼한 사실만을 부정하는 것은 타당하지 않은 것이다.

한편 국가간의 결혼은 정략 결혼이므로 여기에는 정치적 판단이 우선한다. 경우에 따라서는 전쟁 중에도 결혼이 이루어질 수도 있다. 따라서 무왕이 신라와 전쟁을 빈번히 벌였다고 하여 신라 왕녀와 결혼할 수 없다고 단정할 수는 없는 것이다. 도리어 이러한 전쟁이 무왕과 신라 진평왕으로 하여금 정치적 판단에 의해 결혼관계를 맺도록 한 것으로 볼 수 있다.

「미륵사지사리봉안기」에는 무왕의 왕비가 사택씨 출신으로 나오는 것을 근거로 선화공주의 존재를 부정하는 견해도 있다. 그러나 고대 사회에서 왕비는 둘 이상 있을 수도 있다는 사실을 고려해야 한다. 따라서 무왕에게도 두 명 이상의 왕비가 있을 수 있다. 이렇게 보면 선화공주가 선비先妃이고 사택씨 왕후는 후비後妃일 수 있다. 따라서 사택씨 왕후의 존재만으로 선화공주를 가공의 인물로 돌릴 수 없는 것이다.

Ⅴ. 연구 지평의 확대

1. 용어에 대한 개념 정립

1) 직접지배, 간접지배, 공납지배

백제의 정치적 발전과 대외관계를 설명할 때 연구자들이 많이 사용하는 용어로는 직접直接지배, 간접間接지배, 공납貢納지배 등이 있다. 그러나 이러한 용어에 대해 연구자들이 개념을 분명히 하지 않고 사용하는 경우가 많아 동일한 용어를 사용하면서도 그것이 나타내는 모습은 다르게 그려지곤 한다. 이러한 용어의 개념에 대해 필자는 다음과 같이 정리하고자 한다.

직접지배와 간접지배의 공통점은 왕의 지배권이 미치는 범위, 즉 영역 내에 독자적인 국명을 가진 정치체는 존재하지 않는다는 것이다. 이 영역을 지배하는 방식으로 직접지배와 간접지배가 있다. 직접지배는 국왕이 지방통치조직을 만들고 지방관을 파견하여 지배하는 것을 말한다. 이는 중앙집권적 국가체제의 완성 단계를 보여주는 것이다.

간접지배는 영역의 상당 부분은 국왕이 지방관을 통해 직접지배하지만 일정 부분은 중앙의 귀족세력들을 통해 다스리도록 한 것이다. 이는 국가발전 단계로 보았을 때 부체제 단계에 해당된다. 『삼국지』 동이전 부여전에 대가大加와 소가小加들이 수천 가家와 수백 가를 주관하였다고 한 것은 간접지배의 모습을 보여주는 것이다.

공납지배는 독자적인 국명을 가지는 나라들 사이에 이루어진 관계를 말한다. 이를 '속屬'의 관계라 할 수 있다. 이에 의하면 힘이 약한 국은 주변 대국의 간섭을 받고 대국에 대해 일정한 반대급부를 제공해야 했다. 이것이 바로 공납貢納(직공職貢)인 것이다. 부여가 읍루에 대해 조부를 통책한 것, 고구려가 동옥저에 대해 맥포와 어염 등을 바치도록 한 것은 바로 공납관계를 보여준다.

한편 고고학적 자료를 바탕으로 하여 지배-복속관계를 말할 때 통상적으로 중앙의 묘제가 본격적으로 사용될 때 그 지역이 직접지배에 들어간 것으로 보는 견해도 있다. 이러한 시각에서 5세기 말까지 중앙의 묘제 대신 대형 옹관묘가 조성되고 또 전방후원분이 만들어진 영산강유역에 정치적 독자성을 지닌 세력이 자리한 것으로 파악하기도 하였다. 그러나 묘제는 풍습의 하나이지 지배-피지배라는 정치적 관계를 말해주는 것은 아니다. 따라서 영산강유역의 독특한 묘제는 정치적 의미보다는 문화적 개성이나 전통을 보여주는 것으로 파악하는 것이 타당하다.

2) 위신품

전근대 사회에서 위신威身은 개인의 '권위와 지위와 신분'을 말한다. '품品'은 물품을 의미하지만 품격品格, 관품官品의 품品처럼 등급을 나타내는 의미도

내포하고 있다. 이 둘을 종합하면 '위신품'은 '지위 · 권위와 신분을 보여주는 품격있는 물품'으로 규정할 수 있다.[14] 지위와 신분은 공공성을 가지므로 이를 상징해주는 위신품도 공공적 성격을 가지고 있다. 공공적 성격은 제도에 의해 규정된다.

위신품을 규정해 놓은 제도가 의관제衣冠制이다. 의관은 지위와 신분을 가진 자들이 공식석상에서 착용하는 옷과 관冠이다. 따라서 위신품은 '공식석상에 참여하는 귀족 관료들의 지위와 신분의 상하 서열을 보여주는 품격있는 물품'으로, 의관제는 '귀족 관료들의 지위나 신분의 고하에 맞도록 위신품을 규정해 놓은 제도'로 정리할 수 있다.

의관제에 규정된 위신품은 관冠 · 복색服色 · 관대官帶 · 신발 등이다.[15] 그리고 환두장식대도環頭裝飾大刀도 그 상징성에서 미루어 위신품으로 볼 수 있다. 고고학 발굴에서 출토된 위신품의 대다수는 금관이나 금동관, 금제나 은제 관식冠飾, 금제 관대나 금동제 관대, 장식대도 등이다. 이 가운데 가장 주목되는 것이 금동관과 환두장식대도이다.

한편 부장된 물건 가운데는 사자가 생시에 옷이나 몸을 치장하기 위해 사용한 장식품 또는 장신구도 있다. 장신구로는 금제나 은제 및 금동제 귀걸이, 목걸이, 팔찌 등 다양하다. 이런 귀금속 장식품들은 생시의 부를 상징해준다. 그런데 논자에 따라서는 중국 도자기 같은 귀중품도 위신품에 포함하기도 한다. 그러나 의관제 규정에 의하는 한 도자기 등은 위신품이 아니다. 따라서 중국제 도자기를 토대로 그 사람의 생시의 위신을 규정할 수는 없다.

---

14 노중국, 2012, 「백제의 왕·후호, 장군호제와 그 운영」, 『백제연구』 55, 충남대학교 백제연구소.
15 『구당서』 권199 상 열전149 동이 백제전 ; 『삼국사기』 권24 백제본기 고이왕 28년조.

3) 중앙세력과 지방세력

중앙집권체제는 지방의 성립을 전제로 한다. 중앙과 지방의 성립은 부체제 단계에서 시작되었다. 부체제는 연맹체 단계의 맹주국이 주변의 국들을 병합하고 그 수장의 일부를 중앙 귀족으로 편입하면서 성립하였다. 이 과정에서 맹주국에 편입된 지역은 지방으로 편제되었다.

중앙집권체제 단계에 오면 권력의 집중화가 더욱 강화되면서 부의 장들은 왕권 하의 귀족 관료로서 존재하게 된다. 왕은 신분제와 관등제를 통해 이들을 통제해 나갔다. 이에 따라 부의 장들을 통해 지배했던 간접지배 지역도 국왕의 직접지배를 받게 되었다. 이에 국왕은 전 영역을 효율적으로 다스리기 위해 지방통치조직을 만들었다.

중앙과 지방이 구분되면서 지방에 남은 세력들은 지방세력이 되었다. 그런데 백제의 경우 지방세력들을 말할 때 금동관으로 대표되는 위신품과 연계시켜 보았다. 그래서 금동관 등을 부장한 무덤의 주인공을 재지세력 또는 지방세력으로 설정하고 그만큼 재지세력의 힘이 강하였다고 주장하기도 하였다.

지방세력이라는 용어를 사용할 때 단순히 지방 출신이라는 의미인지, 지방 출신이면서 중앙의 관료로 진출하여 활동한 사람도 포함하는 것인지, 지방에서 출생하여 지방에서 일정한 영향력을 행사하면서 살다가 지방에 묻힌 사람을 말하는 것인지를 분명히 해야 한다. 필자는 다음과 같은 조건을 갖출 경우 지방세력으로 파악한다.

첫째, 지방세력은 지방에서만 살다가 무덤에 묻힌 사람을 말한다. 둘째, 지방세력은 지방에서 토착적인 기반을 가지고 일정한 영향력을 행사하지만 중앙의 관직은 가지지 못하였다. 셋째, 지방세력의 영향력이나 힘은 중앙세력을 능가할 수 없다. 넷째, 지방세력은 왕을 대행하여 지방을 다스리는 지방관을 보좌하는 기능을 가졌다. 다섯째, 지방에서 출신했지만 중앙의 귀족 관료로 편입된 자들은 지방세력으로 볼 수 없다.

금동관은 중앙의 고위 귀족들이 쓸 수 있는 위신품이며 지방세력이 쓸 수 있는 것은 아니다. 따라서 금동관을 근거로 지방세력의 독자성을 논할 수 없다. 필자는 금동관을 부장한 자는 지방 출신 중앙귀족 관료로서 귀장歸葬의 형태로 고향에 묻힌 것으로 파악하는 바이다.

2. 생활사적 관점에서의 접근

백제는 강의 나라임과 동시에 서해와 남해를 아우르는 바다와 섬의 나라이기도 하다. 그래서 백제는 활발한 대외교역을 하였다. 이러한 교역 과정에서 교통로 역할을 한 것이 한강, 금강 등의 강과 서해안과 남해안을 연결하는 연안 도시와 섬이다. 따라서 인천을 비롯한 태안 · 서산 · 군산 · 영암 · 하동 등 서해안과 남해안의 중요 항구로 추정되는 곳에 대한 조사, 연구도 필요하다. 특히 산동반도로 가는 길목에 위치한 덕적도에 대한 조사는 가급적 빨리 이루어져야 한다. 여기에는 항해의 안전을 기원하는 죽막동 유적과 같은 제사터가 있을 가능성이 크기 때문이다.

놀이와 여가 생활과 관련한 사례의 하나로 매사냥을 들 수 있다. 백제는 국호의 별칭別稱으로 응준鷹隼을 사용한 것에서[16] 보듯이 매를 소중히 여겼다. 그래서 매는 비유왕이 신라와 우호를 맺을 때 백응白鷹을 보낸 것에서 보듯이

---

16 조법종, 1989, 「백제 별칭 응준고」, 『한국사연구』 61, 한국사연구회.

백제 특산품의 하나였다. 한편 『일본서기』에는 왜에 가 있던 백제 왕족 주군酒君이 왜인이 붙잡아 온 새가 매인 것을 알고 매를 길들여 사냥하는 법을 가르쳤다는 기사가 나온다.[17] 주군의 활동을 통해 백제에는 매사냥 풍습이 이미 성행했음을 미루어 볼 수 있다.

놀이에는 술이 빠질 수 없다. 『일본서기』에는 백제인 수수허리須須許理(인번仁番)가 왜에 가서 질 좋은 술을 만들었고 왜왕이 이를 먹고 대취하였으며 이후 중요한 의례에 수수허리가 만든 술을 사용하였다는 기사가 나온다. 또 『풍토기風土記』에는 왜에서는 처음에 쌀을 씹어서 술을 만들었다는 기록도 나온다. 이로 미루어 보면 백제에서는 이미 질 좋은 술을 빚을 수 있는 기술을 가지고 있었음을 알 수 있다.

미래의 안전을 담보하고자 하는 염원에서 행해진 것이 점복占卜이다. 이 점복은 개인적인 목적에서도 행해졌을 것이지만 국가의 중대사, 특히 전쟁터에 나갈 때 승리를 담보할 수 있는가의 여부를 알기 위해서도 행해졌다. 이런 점복 행위를 보여주는 발굴 자료가 복골卜骨이다. 복골이 출토된 유적으로는 해남 군곡리 패총, 군산 여방리 남전 패총 등이 있다. 점복에 사용된 복골은 사슴의 어깨뼈, 멧돼지 뼈 등[18]이었다. 한편 『송서宋書』 백제전는 백제가 송으로부터 『역림曆林』과 『식점式占』을 요청해 받은 것으로 나온다. 식점은 식반式盤

17 『일본서기』 권11 인덕기 43년조에 "秋九月庚子朔 依網屯倉弭古捕異鳥 獻於天皇曰 臣每張網捕鳥 未曾得是鳥之類 故奇而獻之 天皇召酒君示鳥曰 是何鳥矣 酒君對言 此鳥之類 多在百濟 得馴而能從人 亦捷飛之掠諸鳥 百濟俗號此鳥曰倶知(是今時鷹也) 乃授酒君 令養馴 未幾時而得馴 酒君則以韋緡著其足 以小鈴著其尾 居腕上獻于天皇 是日幸百舌鳥野而遊獵 時雌雉多起 乃放鷹令捕 忽獲數十雉…"이라 한 기사 참조.

18 국립중앙박물관, 1999, 특별전 『백제』, 통천문화사.

을 돌려 점을 치는 것이다. 식점을 요청하여 전수받음으로써 백제의 점복 기술은 새로운 차원으로 들어가게 되었다.

사회 안전망을 형성하는 데 중요한 부분의 하나가 질병 치료이다. 역병疫病의 창궐은 개인의 재난일 뿐만 아니라 국가적인 재난이다. 따라서 국가는 사회적 안정을 유지하기 위해 병을 고치고 예방하는 데 주력하였다. 『주서周書』 백제전에는 백제가 의약醫藥에 대해 해박한 지식을 가지고 있는 것으로 기술하였고, 『일본서기』에는 의박사醫博士, 채약사採藥師, 종종약물種種藥物 등을 왜에 보낸 것으로 나온다. 동진東晉시대의 인물인 도홍경陶弘景이 쓴 『본초경집주本草經集注』에는 백제의 인삼은 고구려의 것보다 더 약효가 좋은 것으로 소개되어 있다. 이는 백제의 인삼이 중국까지 널리 알려졌다는 것과 백제 내에서도 인삼이 약재로 사용되었음을 알 수 있게 한다.[19]

3. 대외교섭과 교류를 보는 시각의 확대 : 5호16국 및 북조와의 관계[20]

『삼국사기』와 중국 사서에는 백제와 중국 남조와의 교섭 기사가 많이 나온다. 이로 말미암아 대다수의 연구자들은 백제의 대중국 교섭과 교류는 남조 중심으로 이루진 것으로 파악해 왔다. 그러나 백제는 남조뿐만 아니라 5호16국 및 북조와 교섭과 교류를 가졌다. 이를 보여주는 사례로는 '천왕조여백제

19 이현숙, 2007, 「의학과 복서」, 『백제의 경제와 과학기술』, 백제문화사대계 연구총서 11, 충청남도역사문화연구원.

20 이 부분은 노중국, 2012, 『백제의 대외 교섭과 교류』, 지식산업사, 155~168쪽 참조.

왕동호부天王詔與百濟王銅虎符'[21]와 『송서』 백제전에 나오는 좌현왕左賢王과 우현왕右賢王 및 『삼국사기』 개로왕 21년(475)조에 보이는 '증토축성烝土築城'을 들 수 있다.

좌현왕 · 우현왕은 흉노 등 북방민족이 사용한 관호官號이다. 흉노에서는 최고 지배자를 탱리고도선우撐犁孤塗單于라 하였다. 탱리撐犁는 천天을, 고도孤塗는 자子를, 선우는 광대廣大함을 뜻한다.[22] 이 선우 아래에 좌우현왕左右賢王 · 좌우곡려왕左右谷蠡王 · 좌우일축왕左右日逐王 · 좌우온우제왕左右溫禺鞮王 등이 있었다.[23] 좌우현왕과 좌우곡려왕은 사각四角, 좌우일축왕 · 좌우온우제왕 · 좌우점장왕은 육각六角이라 하였는데 모두 선우의 자제들이 맡았다.[24]

이후 좌현왕 · 우현왕은 흉노족 유연劉淵이 세운 전조前趙(304~329), 선비족 모용씨가 세운 전연前燕(337~370), 선비족 걸복건귀乞伏乾歸가 세운 서진西秦(385~431), 흉노족계인 혁련발발赫連勃勃이 세운 대하大夏 등에서 사용하였다. 전진도 이 제도를 시행하였을 가능성이 높다.

'천왕조백제왕동호부'에 보이는 천왕 역시 5호16국에서 많이 사용하였다. 흉노의 근준靳準은 318년에 한천왕漢天王을 자칭하였고, 전진의 부견苻堅은 357년에 대진천왕大秦天王을, 대하의 혁련발발은 406년에 천왕대선우를, 후연後燕의 고운高雲은 409년에 천왕을 칭하였다. 따라서 이 동호부는 5호16국에서 만든 것으로 볼 수 있다.

---

21 방선주, 1973, 「예, 백제관계 호부에 대하여」, 『사총』 17·18합, 고려대학교 사학회.

22 『한서』 권94 상 흉노전 64 상의 "其國稱之曰撐犁孤塗單于 匈奴謂天爲撐犁 謂子爲孤塗 單于者廣大之貌也 言其象天單于然也" 참조.

23 『사기』 권110 흉노열전50 흉노전.

24 『후한서』 권89 남흉노열전79.

5호16국 가운데 백제왕에게 이 동호부를 수여했을 가능성이 가장 높은 사람은 전진의 부견(359~385)이다. 그는 화북을 통일하고 서로는 서역 지방에서 동으로는 요동까지 태수를 두었고, 고구려에 불교를 전하였다. 그런데 부견의 6촌인 부락苻洛이 379년에 대장군대도독진왕大將軍大都督秦王을 칭하면서 반란을 일으켰다. 이때 부락은 사자使者를 선비鮮卑 · 오환烏丸 · 고구려 · 백제 · 설라薛羅 · 휴인休忍 등의 나라에 보내어 원군을 요청하였지만 아무도 그 요구를 들어주지 않았다.[25]

부락이 백제에도 사신을 보냈다는 것은 부락의 반란 이전에 백제와 전진 사이에 교섭이 있었음을 보여준다. 그렇다면 백제왕동호부는 전진왕 부견이 백제왕에게 수여한 것이 된다. 연대 상에서 미루어 볼 때 이 동호부를 받은 백제왕은 근초고왕이다. 근초고왕이 372년에 동진으로부터 진동장군영낙랑태수鎭東將軍領樂浪太守를 받은 사실과 연계시켜 볼 때 이 동호부는 근초고왕의 다면 외교를 보여준다고 할 수 있다.

토성을 축조할 때 석회를 사용하여 성벽을 매우 단단하게 하는 방법도 있다. 석회를 물과 반죽하면 김이 나왔기 때문에 증토축성이라 표현하였다. 삼국 가운데 증토축성법에 의한 토성의 축조는 백제가 유일하다. 한편 대하의 혁련발발은 질간아리叱干阿利에게 수도 통만성統萬城 축조의 책임을 맡겼다. 이때 질간아리는 증토축성법을 사용하여 송곳을 찔러 1촌이라도 들어가면

25 『진서』 권113 재기13 부견 상의 "洛健之兄子也 雄勇多力 而猛氣絕人 堅深忌之 故常爲邊牧…於是自稱大將軍大都督秦王 署置官司…分遣使者徵兵於鮮卑烏丸高句麗百濟及薛羅休忍等諸國 並不從" 참조.

축성한 사람을 죽였다.[26] 이리하여 매우 단단한 토성을 축조하였다. 이는 백제의 증토축성 기법이 5호16국과 관련이 있음을 보여준다.

이처럼 백제는 5호16국의 나라들과 교섭하면서 좌현왕 · 우현왕제를 받아들이고, 대하大夏와의 직접 또는 간접적인 교류를 통해 증토축성 공법을 받아들여 왕도 한성을 수즙하는 데 사용하였다. 그렇다면 좌 · 우현왕제와 증토축성 등은 5호16국과의 교류의 산물이라 할 수 있다.

4. 유민들의 삶에 대한 관심

백제가 멸망한 후 의자왕과 왕자를 비롯하여 신료와 백성 등 1만 2천명이 당唐에 포로로 잡혀갔다. 근래에 와서 당에 포로로 잡혀갔거나 당에 항복하여 관료 생활을 한 백제 유민들의 묘지명이 다수 발견되었다. 이러한 묘지명은 백제 유민들이 당에서 어떠한 활동을 하였고 어떠한 대접을 받았는가를 살펴볼 수 있게 한다.

백제 유민의 묘지명 가운데 일찍 알려진 것이 「부여융扶餘隆묘지명」이다.[27] 부여융은 사비도성이 함락될 때 항복하였기 때문에 그는 당나라 조정에 등용되어 웅진도독으로 활동하기도 하였다. 최근에 발견된 「부여태비扶餘太妃묘지

26 『진서』 권130 재기30 혁련발발의 "義熙三年(407) 僭稱天王大單于…其年…乃赦其境內 改元爲鳳翔 以叱干阿利領將作大匠 發嶺北夷夏十萬人 于朔方水北 黑水之南 營起都城 勃勃自言 朕方統一天下 君臨萬方 可以統萬爲名 阿利性尤工巧 然殘忍刻暴 乃蒸土築城 錐入一寸 即殺作者而并築之 勃勃以爲忠 故委以營繕之任" 참조.

27 양기석, 1995, 「백제 부여융 묘지명에 대한 검토」, 『국사관논총』 62, 국사편찬위원회.

명」에[28] 의하면 부여융의 아들로는 부여덕장扶餘德璋이 있었고 그의 딸은 후일 당나라 황족인 사괵왕嗣虢王 이옹李邕의 두 번째 부인이 되었다. 「부여태비묘지명」은 의자왕과 아들 부여융, 손자 부여덕장, 증손녀 태비의 당에서의 삶을 파악할 수 있게 한다.

흑치상지黑齒常之와 아들 흑치준黑齒俊의 묘지명은 흑치상지 부자의 당에서의 활동 모습을 보여준다. 흑치상지는 당나라에 항복한 후 임존성에 근거한 지수신遲受信의 부흥군을 진압하는 데 공을 세웠다. 그는 당에 들어가 활동하다가 모반죄에 걸려 죽임을 당하였지만 아들 흑치준의 노력으로 신원되었다.[29] 「물부순장군勿部珣將軍공덕기」에 의하면 왜계 백제 관료로서 당나라에 들어간 물부순 장군이 흑치상지의 둘째 딸과 결혼한 것으로 나온다.[30] 이는 백제 유민들 사이에 혼인이 이루어진 것을 보여준다.

최근에는 예군禰軍과 예식진禰寔進 및 예식진의 아들 예소사禰素士와 손자 예인수禰仁秀의 묘지명이 출토되었다.[31] 예군과 예식진은 형제로서 660년 당시 웅진성을 지키고 있던 방령이었다. 이들은 웅진성으로 온 의자왕을 붙잡아 당군에 항복한 후[32] 당나라에서 벼슬을 하였다.

---

28 김영관, 2009, 「백제 의자왕 증손녀 태비 부여씨 묘지」, 『백제학보』 창간호, 백제학회.

29 흑치상지묘지명와 흑치준묘지명에 대해서는 이문기, 1991, 「백제 흑치상지 부자 묘지명의 검토」, 『한국학보』 64, 일지사 및 이도학, 1991, 『백제장군 흑치상지 평전』, 주류성 참조.

30 윤용구, 2003, 「중국 출토의 한국 고대 유민자료 몇 가지」, 『한국고대사연구』 32, 한국고대사연구회.

31 이들 묘지명에 대한 소개는 김영관, 2012, 「중국 발견 예씨 가족 묘지명 검토」, 『신라사학보』 24, 신라사학회 ; 권덕영, 2012, 「백제 유민 예씨 일족 묘지명에 대한 단상」, 『사학연구』 105, 한국사학회 참조.

32 노중국, 1993, 『백제 부흥운동사』, 일조각, 57쪽.

이 묘지명들에는 두 가지 점이 주목된다. 하나는 그들의 출자를 백제에서 중국으로 바꾸는 과정이 엿보인다는 점이다. 이는 유민 2세대, 3세대의 의식의 변화를 살펴볼 수 있는 귀중한 자료이다. 다른 하나는 「예군묘지명」에 나오는 참제는 참칭한 황제라는 의미로서 의자왕을 가리킨다. 이는 의자왕이 국내에서 황제를 칭하였음을 보여주는 것으로서 그 의미하는 바가 크다.

주제제안

백제의 건국 연구 현황과 과제

–백제사 이해의 새로운 방향–

신 형 식 서울특별시사편찬위원회 위원장

백제는 한강유역에서 성장한 서울 역사 2천년의 시작으로 그후 우리 역사 전개과정의 심장부였다. 그러므로 백제는 단순한 백제만의 역사가 아니라 삼국 및 통일신라 역사의 발전과정을 설명하는 바탕이 된다. 백제는 한강유역의 유리한 환경을 배경으로 3국 가운데 제일 먼저 국가체제를 마련하였지만, 고구려와 신라의 위협 속에서 결국 한강유역을 상실함으로써 우리 역사의 중심무대에서 밀려난 비극의 왕조였다. 그러나 백제는 대내적으로는 백제와 고구려의 위협으로 시련의 역사를 겪었지만, 한강유역이 갖는 역사적 의미를 확인시켰으며, 대외적으로는 해외에 눈을 떠 바다로 나가는 국제화의 필요성을 처음으로 깨닫고 그 혜택을 일본에 준 나라가 되었다.

비록 우리 역사의 주류가 신라를 거쳐 고려 · 조선으로 이어졌기 때문에 백제사는 우리나라의 정치 · 사회 · 문화상으로 그 중심에서 벗어난 방계의 역사인 것은 사실이다. 그러나 3국 이후 한강유역을 차지한 나라가 우리 역사의 주인공이 되었으므로 그 문화적 · 정치적 바탕으로서의 백제사는 한국사 이해에 빠질 수 없는 부분이 되었다. 그러므로 한강유역을 차지하려는 3국의 갈등은 우리 고대사 전반기의 성격을 이해하는 내용이 될 것이며, 백제사의 명암 속에서 고구려와 신라의 발전과정을 설명하게 된다. 무엇보다도 이번의 주제발표나 토론자에 학계를 대표하는 양기석 · 노중국 · 주보돈 · 김영심(문헌) 교수와 최병현 · 박순발 · 임영진 · 권오영(고고) 교수가 함께 참가하고 있어 문헌과 고고학의 대화로서 그 의미가 크다고 보겠다.

이러한 시각에서 한성백제박물관에서는 백제사의 성격과 숨겨져 왔던 진실이나 불확실한 사실 등을 찾아 백제사의 재조명을 추적하는 야심찬 '쟁점 백제사'로서 『백제학연구총서』(그 전제로서 학술회의 개최)를 기획하고 있다. 이러한 시도는 단순한 재조명이 아니라 서울시민에게 다가갈 서울 2천년사의 재확인이며 한국 고대사의 또 다른 접근이라는 뜻에서 그 의미가 깊다. 이미 충남역사문화연구원에서 간행한 『백제문화사대계』(1~15, 2007)와 서울시사편찬위원회에서 발행한 『한성백제사』(1~5, 2008), 그리고 백제문화개발연구원의 『백제역사문고』(1~30, 2004~2008) 등이 이 방면에서 학술적 또는 일반인을 위한 이해에 큰 역할을 한 바 있다. 그러나 이번에 시도하는 『백제학연구총서』는 여기에 빠진 것, 견해가 다른 내용들, 새로운 사실들, 백성들의 진솔한 삶의 모습, 백제를 이끈 주인공들, 그리고 유적 · 유물(고고학)과 문헌(역사기록)과의 대화를 통해 백제사의 다양한 접근을 꾀하려는 것으로 평가된다.

우선 한성백제박물관에서 백제사의 첫 장인 '건국 시기와 주체세력'을 문헌과 고고학적인 시각에서 검토하면서 학술회의(『백제학연구총서』 1권)의 첫 번째 주제로 정하였다. 그리고 중장기 계획(10년)으로서 근초고왕의 영토확장을 비롯하여 위례성과 한성, 대외관계(요서경략), 백제멸망과 부흥운동, 금동대향로, 그리고 백제인의 다양한 생활문화(종교 · 사상 · 장송 · 놀이 · 음식)

등을 제시하고 있다.[1] 그러나 이 계획안의 주제는 기존의 연구성과와 필자가 거의 중복되고 있어 새로운 내용이 될 수 없는 약점이 있다. 『백제문화사대계』에서 '백제의 기원과 건국'(2권), '백제의 멸망과 부흥운동'(6권), '백제의 대외교섭(7집)', '백제유민들의 활동'(9집), '과학기술'(11집), '문화와 생활'(12집), '제의와 종교'(13집)가 제시되었으며, 서울시사편찬위원회의 『한성백제사』에서도 '백제의 기원과 건국' · '한성백제의 영역확장'(2권), '위례성의 위상과 위치' · '풍납토성' · '몽촌토성'(3권), '백제의 요서 진출'(4권), '의 · 식 · 주 생활과 문화' · '장묘문화'(5권)에서 그 내용을 자세히 다룬 바 있다. 그리고 백제문화개발연구원의 『백제역사문고』에서는 '백제멸망의 진실'(4권), '백제의 의복과 장신구'(10권), '한성백제와 마한'(11권), '부흥운동'(15권), '음식과 주거문화'(20권)를 다루고 있다. 금동대향로의 경우도 국립박물관에서 『백제금동대향로』(2003)의 특집과 『백제논총』 9권(2010)에서 금동관모(노중국), 복식(박선희), 주거생활과 건축기술(이왕기), 조선과 항해기술(최근식)을 다루고 있어 만일 계획된 주제로 발표를 할 때 앞에서 보인 결론이 나올 수 없을 것이어서 더욱 새로운 주제선정이 요구된다. 다만, 전자(『백제문화사대계』 · 『한성백제사』)는 전문적 시각에서, 후자(『백제역사문고』 · 『백제금동대향로』 · 『백제논총』 9권)는 일반 독자들에게 쉽게 다가가는 방향이었으므로 이번 계획의 문제를 치밀하게 정리되어야 할 것이다.

1 한성백제박물관에서 제시한 중장기 기획안에는 ①백제의 건국 시기와 주체세력, ②근초고왕대 영토와 위례성·한성, ③개로왕은 폭군이었나와 곤지·동성왕·무령왕, ④요서경략과 칠지도와 전방후원분과 영산강유역, ⑤금동대향로의 비밀과 미륵사지에 남은 러브스토리, ⑥백제 멸망과 부흥운동, ⑦성곽과 무덤축조의 과학과 환두대도, ⑧백제인의 밥상과 놀이문화, ⑨백제의 종교와 장례·묘제, ⑩백제인의 일상생활과 교통·도량형 등이 있다.

그러므로 한성백제박물관이 추진하는 『백제학연구총서』는 기존의 성과를 바탕으로 하되 박물관이 할 수 있는 새로 발굴된 유적 · 유물을 재조명하고 앞선 연구서에 빠진 내용을 재정리하여 쟁점을 통한 백제사의 진면을 밝히는 작업이 되어야 할 것이다. 비슷한 내용의 복사는 그 의미가 없으며 내용의 반복일 뿐이어서 주제선정의 독창성과 함께 무엇보다도 각 지역의 심층적 발굴과 새로 출토된 유적 · 유물의 분석과 정리가 우선되어야 할 것이다. 또한 『백제학연구총서』가 백제 전시대의 연구총서라면 공주 · 부여박물관에서의 저술뿐 아니라, 여러 곳의 백제연구소에서 이룩된 성과(『백제연구』 · 『백제논총』 · 『백제문화』 · 『충청학과 충청문화』)를 종합해야 할 것이다. 특히 한강 · 금강 · 영산강유역의 유적 · 유물 비교를 통해 백제문화의 특징을 밝혀야 할 것이다.

이에 필자는 제시된 중장기 계획 중에서 문헌 위주의 내용과 비슷한 주제보다는 새로운 과제를 제시해 보고자 한다. 문헌의 경우는 백제 건국설화의 특징, 백제 초기의 정치적 특성 왕통(온조계 · 고이계 · 근초계 등)의 변화에 따른 정치 · 사회의 변화상, 수도 이전에 따른 사회변화상, 남천 이후의 한강유역 귀속문제, 해외 문헌에 비친 백제상, 한강을 둘러싼 3국의 갈등, 3국간의 복식비교, 해외에서 활약한 백제인, 그리고 무령왕의 가계와 왜왕倭王 무武의 문제 등 다각적인 분석이 요구된다. 그리고 장기 계획에서 제시된 과학기술, 의 · 식 · 주, 생활문화 등은 고구려 · 신라와의 비교가 필요하며, 특히 해외에 남아 있는 알려지지 않은 백제유적을 다시 정리하는 것 등이 필요하다.

한성백제박물관의 의욕에 찬 학술회의의 첫 주제로서 선정한 '백제 건국시기와 주체세력'은 서로 다른 견해를 보이고 있는 문헌과 고고학의 접목을 택한 것으로 큰 의미가 있다. 특히 고대사에 있어서 문헌이 빈약한 현실에서 고고학의 도움은 절실하다. 우선 문헌사학에서도 백제의 시조가 온조溫祚와 비류沸流(『삼국사기三國史記』), 구태仇台(『북사北史』·『주서周書』·『수서隋書』), 그리고 도모都慕(『속일본기續日本紀』)와 우태優台(『삼국사기』 제사지) 등 5명이나 된다. 왕통에 있어서도 온조계(온조~사반왕), 비류계(고이왕~계왕), 독자적인 계통(또는 온조계 혹은 근초고왕계로서 삼근왕까지)으로 주장하는 엇갈린 견해,[2] 온조와 비류를 형제 또는 별도의 계열로 보거나 또는 온조는 주몽朱蒙의 아들이 아니라는 복잡한 문제의[3] 해결은 물론 문헌측이나 고고학측에서도 재정리되어야 할 것이다.

한편 고고학의 입장에서도 한강유역의 고고학적 편년체계가 확립되지 않은 상태에서 고고학 자료를 자의적이고 편의적으로 해석하고 있는 현실에 문제점을 지적한 박순발 교수의 지적이 이를 반영해 주고 있다. 또한 원삼국시대라는 명칭을 문헌사학 측에서는 거부하는 현실에서 지석묘 · 세형동검 · 성곽(풍납 · 몽촌토성) · 토기 · 적석총 문제 등 그 존재 시기가 3~4세기로 나타난 현실의 심각성을 어떻게 문헌(백제 건국)과 연결시키느냐 하는 것이 큰 과제이다.[4]

또한 이남석 교수의 지적처럼 백제 사회의 다원적多元的 묘제와 동시에 그러한 적석총이, 한성 지역에서만 존재하는 것은 이해되지만, 그 축조 시기가 3~5세기였으며, 그러한 묘제가 주변으로 확대 · 보급되지 못했으므로 5세기 후반까지도 호남 지역은 간접적 통제 단계가 계속되었다는 견해는 백제사 이

2 이기동, 1996, 「백제왕실의 교대론에 대하여」, 『백제사연구』, 일조각, 143쪽.
3 이종욱, 2004, 「백제의 온조설화」, 『한국사의 1막1장 건국신화』, 휴머니스트, 179쪽.
4 박순발, 2001, 『한성백제의 탄생』, 서경문화사, 256쪽.

해에 큰 문제가 될 것이다.[5] 즉 백제 묘제의 이원성二元性은 백제 사회의 후진성으로 이어져 5세기까지 유지되었다는 결론이므로 묘제를 통한 정치 · 사회의 구명은 문헌사학에 있어서 큰 과제가 될 것이다.[6] 또한 임영진 교수의 즙석식적석묘葺石式積石墓를 말갈계의 주민으로 보는 입장과 석촌동고분(기단식적석총)의 출현 시기로 보아 3세기의 고구려계 온조집단의 남하 시기로 파악하면서 이를 토돈묘土墩墓(양자강유역)와 연결시키고 있어 해석의 어려움이 있다.[7]

그러나 다행히 박순발 교수의 지적과 같이 대개 기원전 1세기 전후에 철기를 소지한 온조집단이 한강유역에 정착한 것이라는 견해는 다행이지만, 4세기 후반의 기단식적석총基壇式積石塚은 백제 성립기의 주도세력과는 다르다는 주장은 백제 성장과정에 문제점을 갖기도 한다. 아직도 백제 건국기의 연대에 있어서 공통점을 찾지 못하고 있는 현실은 1980년대 중반까지 백제 초기 도성(하북 · 하남위례성)의 위치에 대해서 뚜렷한 차이가 있었던 사실에서 비롯된 문제였기 때문에[8] 백제 초기사 설명에 획기적인 변화가 있어야 할 것이다. 동시에 백제 건국집단의 남하과정에서도 통일된 견해가 어려운 실정이다.[9]

여기서 기록에 나타난 1~4세기의 역사해석은 더욱 문제가 복잡하다. 더구나 기록(『삼국사기』)에 보이는 기원전 1세기에 남하한 온조와 비류 기사는 고

---

5 이남석, 2001, 『백제의 고분문화』, 서경문화사, 337쪽.
6 2005년 『향토서울』 66의 '서울지역 고분의 종합적 고찰'에서 임영진·이남석·강현숙 교수가 이 문제를 다루고 있다.
7 임영진, 1995, 『백제 한성시대 고분 연구』, 서울대학교대학원 박사학위논문 참조.
8 신형식, 1992, 『백제사』, 이화여자대학교출판부, 26쪽.
9 임영진, 2003, 「적석총으로 본 백제 건국집단의 남하과정」, 『선사와 고대』 19, 93쪽.

고학계 일부의 긍정적인 평가가 있었으나 그후의 기록문제로 뒷받침이 어려워졌다.[10] 더구나 그 둘이 각기 다른 계통(부친)으로 설명되고 있으며, 그들의 남하경로나 미추홀의 위치가 인천 일대가 아니라는 주장을 주목할 때 해석이 더욱 어려워진다.[11] 무엇보다도 백제 초기 도성(풍납 · 몽촌토성)의 축조나 한강유역의 즙석분구묘의 출현 시기가 3세기 이후라는 고고학적인 설명은 백제 초기사의 설명에 난관이 되기 때문에 새로운 발굴이나 설명이 필요하다. 따라서 백제의 건국신화에 있어서 그 기원이 고구려계 · 부여계 · 만주 지역의 기마민족계이든 진실은 하나였을테니까 이번 학술회의에서 그 바탕(통일)이 이룩되었으면 한다.[12] 그러므로 이 기회에 견해가 다른 이설이 정리되는 계기가 되기를 바란다. 따라서 문헌상에 나타난 사실의 통일을 바탕으로 고고학적인 연결을 통해 백제의 건국 시기와 온조, 비류의 혈통과 남하과정의 정리가 되기를 바란다.

더구나 온조가 부여 계통이든 주몽의 아들이든 간에 고구려 건국 시기가

10 최몽룡·권오영, 1985, 「고고학적 자료를 통해 본 백제초기의 영역고찰」, 『천관우선생환력기념 한국사학논총』, 정음문화사.

11 김기섭, 1998, 「미추홀의 위치에 대하여」, 『한국고대사연구』 13 참조.

12 노중국, 1988, 「백제의 국가형성」, 『백제정치사 연구』, 일조각.
이기동, 1990, 「백제건국사의 2, 3의 문제」, 『백제연구』 21.
김두진, 1990, 「백제 건국신화의 복원시도」, 『국사관논총』 13.
김두진, 1990, 「백제시조 온조신화의 형성과 그 전승」, 『한국학논총』 13.
노명호, 1990, 「백제 건국신화의 원형과 성립배경」, 『백제사의 이해』, 학연문화사.
권오영, 1995, 「백제의 기원」, 『한국사』 6.
이도학, 2003, 「백제는 누구에 의해 어떻게 건국되었는가」, 『살아있는 백제사』, 휴머니스트.
이종욱, 2004, 「백제의 온조설화」, 『한국사의 1막1장 건국신화』, 휴머니스트.
문창로, 2007, 「백제의 시조전승과 건국 기원」, 『백제의 기원과 건국』(백제문화사대계 연구총서 2), 충청남도역사문화원.

남북한의 현격한 차이(남한 BCE37, 북한 BCE277)로 볼 때 백제 건국 시기문제가 더욱 어려워진다. 또한 한4군(현도) 내에 현도군이 폐지되었을 때(BCE75) 이미 고구려가 존재하고 있었기 때문에 백제의 건국 시기도 크게 소급할 수 있는바, 백제의 건국세력들이 고구려 건국 시기와 연결시킬 때 이를 뒷받침하는 유적 · 유물이 한강유역(하남위례성)에서 발굴될 수 있을까 하는 문제에 부딪친다. 또한 한성백제가 그 성장과정과 밀접한 관계를 지닌 마한馬韓에 존재한 백제국伯濟國과의 관계를 비롯하여 기원전 194년의 준왕準王(기자조선) 일파와 광무제光武帝(후한, 대무신왕 27년, CE44)에 정착한 미추홀의 위치가 인천 지역이 아니라는 주장도 또 하나의 어려움이 된다.

여기서 몇 가지의 전제(가설)가 등장한다. 온조와 비류의 혈연적인 관계, 그들의 남하 시기와 경로, 그리고 동행 여부이다. 온조와 비류가 각기 터를 달리 잡았다는 것은 두 사람이 혈연(형제관계)이 다를 가능성이 크며, 주몽과의 혈연을 부인하는 주장도 있다.[13] 그러나 여러 연구성과를 정리할 때 비류는 부여 계통으로 온조보다 일찍 해로로 남하하여 미추홀에 정착한 선주민일 가능성을 제기할 수 있다. 이와 달리 온조는 고구려 계통으로 기원전 18년보다는 앞선 시기에 남하하여 각기 나라를 세웠으나 비류는 실패한 것으로 풀이할 수 있을 것이다. 그러나 두 계파는 때로는 협력하고 때로는 갈등을 통해 온조계 · 비류계로 백제 왕통을 이어온 것으로 볼 수 있을 것으로 생각된다. 그러므로 온조와 비류가 시조였든 아니었든 간에 백제의 성립과 발전에 그 역할이 컸으므로 왕통으로 계승될 수 있을 것이다. 따라서 한강유역(특히 풍

13 박현숙, 1999, 『백제이야기』, 대한교과서, 33쪽.

납 · 몽촌토성) 유형토기나 석촌동고분(목관봉토분) 등의 전면적인 재발굴을 통해 그것이 고대국가체제가 정비되는 3세기 이후의 유산이 아님을 증명하는 일이 요구된다. 백제의 건국내용은 신화가 아니고 설화이기 때문에 후세에 내용이 바뀔 수 있음은 인정된다.

필자는 문헌사 입장으로 백제 건국 시기와 주체세력에 대한 문제제기와 그 방향모색을 소개할 뿐이다. 백제사에 대한 기존 연구는 이병도를 제1세대로, 김철준 · 이기백 · 천관우를 제2세대로 한 선학들의 노력으로 그 기반이 이룩되었다고 생각된다. 이어 이기동 · 김두진 · 노중국 · 양기석 · 이종욱 · 이현혜 등으로 이어진 세대의 노력으로 본격적인 결과가 나타났으며, 특히, 최몽룡과 노중국에 의해서 문헌과 고고학이 접목되면서 백제사 연구가 한 단계 발전할 수 있었다.[14] 이를 이어 권오영 · 김영심 · 박현숙 · 이도학 · 김기섭 · 박찬규 등 다음 세대들의 다양한 노력으로 백제사 연구가 국민들의 큰 관심을 받게 되었다.[15]

이러한 기존 연구성과를 바탕으로 건국 시기문제는 일단 비류가 온조보다 먼저 남하한 바다를 통한 선진세력[16]이라는 것은 어느 정도 이해가 된다. 그러나 고구려의 건국 연대를 소급할 때 온조의 남하 시기는 크게 올릴 수 있으며, 또한 유리왕의 등장이나 국내성 천도 시기와 연결시킬 때도 마찬가지이

14 최몽룡, 1990, 「한성시대 백제의 도읍지와 영역」, 『백제사의 이해』, 학연문화사 참조. 노중국, 1988, 앞의 책, 62쪽.

15 고고학계에서도 제1세대인 김원용 · 윤무병을 이어 안승주 · 강인구 · 성주탁 · 임효재 · 이형구 · 최병현 · 심정보 · 차용걸 · 이남석 등의 정력적인 발굴이 큰 의미를 지니고 있었다. 여기에 박순발 · 임영진 · 권오영 · 강현숙 · 신희권 · 서정석 등의 발굴이 계속되어 백제사 해명에 큰 바탕이 되었다.

16 온조 이전의 선주민 문제는 비류집단 외에 마한세력으로서 한족韓族과의 문제가 있다.

기 때문에, 이에 따라서 설명할 수 있는 기원전 3~1세기경의 유적 · 유물의 발굴과 확인이 요구된다. 따라서 기원전 18년(백제 건국연대-『삼국사기』)의 문제는 훨씬 올라갈 수가 있을 것이다.

다음으로의 건국세력은 5명의 시조(온조 · 비류 · 구태 · 도모 · 우태)문제가 정리되어야 할 것이며, 온조가 시조(주역)로서 건국과 왕통이 이어진 것으로 볼 때 성씨문제(고씨 · 해씨 · 부여씨 등)와 함께 그 구체적인 설명이 요구된다. 여기서 온조 직계(①온조~⑦사반왕)는 동명묘東明廟를 배알했으나, 비류계로 간주되는 고이왕계(⑧고이왕~⑫계왕)는 새로운 왕통이 이룩되고 천지에 제사하면서 진씨眞氏를 왕비족으로 내세웠기 때문에 비류가 시조가 된다. 그러나 근초고왕계(⑬근초고왕~㉓삼근왕)의 경우 실제로 첫 출발 시점인 11대왕인 비류왕(⑥구수왕의 차남)은 그 전왕인 분서왕이 자객에게 피살되었고, 그 아들이 어려서 비류왕이 등장하였다. 따라서 비류왕은 온조계였으므로 동명묘에 참배하면서 미추홀계인 해구解仇를 등용했던 것이다. 그러나 새로운 왕통이 시작된 근초고왕은 원래는 온조계(비류왕의 차남)였으나 그는 왕이 되자마자 바로 비류계와 같이 천지신명을 내세워 비류 · 온조계의 결속을 내세웠고 고이왕의 등장에 결정적인 역할을 한 진씨왕비족眞氏王妃族을 통해 정권의 안정을 꾀했으며, 대내적인 어려움을 고구려 정벌(고국원왕 피살)로 극복했던 것이다. 동시에 고구려 침입에 대항하여 한산漢山으로 서울을 옮겨 백제의 전성기를 맞게 하였다. 따라서 그는 새로운 왕통의 역할을 한 것이다. 그러므로 온조왕에 대한 지나친 이미지가 근초고왕계와의 구분을 위한 시도인가 하는 문제가 된다.[17]

---

17 이도학, 2003, 「『삼국사기』에 보이는 온조왕상」, 『선사와 고대』 19, 140쪽.

그러나 왕통의 권위가 세워지면 곧 시조(동명왕)와 천지에 제사하면서 과거의 온조계와 비류계를 한데 묶는 입장을 취하게 된다. 근초고왕이 이러한 시도를 한 후 진사왕이 아마도 정통(침류왕의 동생)이 아니었고 그가 사냥터(행궁行宮)에서 죽었기 때문에 정통 왕손(침류왕의 원자)인 아신왕과 그를 계승한 전지왕은 동명묘(시조신)와 천지신(고이왕의 경우)을 함께 받들고 있었다. 여기에 백제 건국세력의 두 계통이 남긴 흔적이 있다.

이번 학술회의를 계기로 문헌과 고고학간의 교류와 협력, 그리고 비교는 비단 백제의 건국 시기와 주체세력만이 아니라, 발전과정에 있어서 유적 · 유물의 해석에서도 필요함을 느끼게 된다. 따라서 문헌과 고고학의 양측은 언제나 시대와 사회의 이해를 위한 상대방 연구를 참고해야 할 것이다.[18] 동시에 문헌의 경우도 중국과 일본의 기록상에 나타난 차이점과 유물의 경우도 고구려 · 신라간의 비교가 요구된다. 무엇보다도 한성백제박물관이 제시한 『백제학연구총서』 주제를 볼 때 백제사 전체를 재정리하려는 의도가 엿보인다. 그렇다면 무엇보다도 『백제문화사대계』와 『한성백제사』 그리고 많은 연구성과에서 보인 기존의 연구성과를 비교 · 검토하여 중복된 주제는 피해주는 것이 좋을 것이다. 따라서 한성백제박물관은 서울시민을 위해 전체 백제사 접근보다 '서울역사 2천년의 시작'으로 한성시대의 역사와 문화를 먼저 정리하는 것이 무엇보다도 필요할 것이라 생각된다. 따라서 서울 지역에서 출토된 유적 · 유물의 위상을 먼저 정리한 뒤에 웅진 · 사비시대와의 차이 구명에 앞장서는 것이 순서라 여긴다.

18 최몽룡, 2005, 『한성시대 백제와 마한』, 주류성.

주제발표 1

백제, 언제 세웠나

-문헌학적 측면-

양 기 석 충북대학교 역사교육과 교수

요 약

이 글은 『삼국사기三國史記』 백제본기의 초기 기록을 비판적으로 검토하여 백제의 실제 건국연대를 밝히기 위해 작성된 것이다. 이를 위해 먼저 십제十濟 → 백제국伯濟國 → 백제百濟로 바뀌는 백제 국호의 변천과정을 검토하여 백제가 국가형성과정에서 과연 어느 시기에 백제가 실질적으로 건국되었는가를 살펴보았다. 이어 논란이 많은 백제 초기 왕계를 비판적으로 검토하여 백제 초기 왕계의 계승관계를 살펴보고 백제 초기사 이해의 방향에 대해 언급하였다. 이를 요약하면 다음과 같다.

백제의 건국 시기를 검토하는 데에는 기본 사서인 『삼국사기』 초기 기록과 중국 사서인 『삼국지三國志』 위서 동이전 내용에 대한 신뢰성 여부가 큰 쟁점이 되고 있으며 이에 따라 부정론 · 긍정론 · 분해론이 제기되고 있음을 살펴보았다. 그 중 분해론이 현재까지 상이한 역사상을 담고 있는 두 사서를 함께 원용할 수 있는 유효한 역사연구 방법론의 하나로 보았다.

백제의 건국은 계루부 출신의 주몽집단이 소노부집단을 누르고 새로운 맹주세력으로 대두하였고, 또한 유리왕이 집권하던 정치적 변동 속에서 기원전후에 온조와 비류집단이 남하하여 한강하류유역에 정착한 것으로 보는 것이 이 지역에 철기문화가 유입되는 새로운 문화상으로 볼 때 보다 합리적인 해석임을 밝혔다. 그리고 고구려계 온조집단이 한강하류유역에 이주해와서 세운 단위 정치체는 십제였으며, 그 건국 시기는 계루부 중심의 세력교체를 단행하는 과정에서 이탈한 고구려 주민들이 대거 남하하는 배경과 관련하여 서력기원 전후로 보았다.

십제는 마한 맹주국의 승인을 받아 사방 백리 규모의 거주 공간을 확보하였는데 소국小國의 규모와 맞먹는 것이었다. 십제는 우월한 단조철기문화를 바탕으로 하고, 한강유역이 갖는 수운 교통로상의 이점, 그리고 빈번한 대외 전쟁의 수행을 통해 국가적 성장을 한 것으로 보았다. 십제는 온조계에 의해 왕위가 이어졌으며, 독자적 기반을 가진 세력을 우보右輔라는 관직을 통해 행정과 군사업무를 효율적으로 수행하였다. 특히 십제의 성립 직후 단행된 하남위례성河南慰禮城으로의 정도定都는 십제가 단순한 읍락단계를 넘어 단위정치체를 형성하는 데에 중요한 계기가 된 것으로 보았다. 이런 면에서 볼 때 십제의 국가적 성격은 성읍국가에 해당하는 소국단계로 볼 수 있다.

백제 초기 왕계기록상에 나타날 수 있는 몇 가지 문제점을 중심으로 초기사 이해의 방향에 대해 언급하였다. 이는 백제의 건국 시기를 어느 때로 보느냐의 문제와 깊은 관련이 있기 때문이다. 그 결과 백제 초기 관련 기록들이 부분적으로 잘못되었다고 해서 이를 곧바로 불신론의 근거로 받아들여서는 안 되며, 오히려 그 기사 자체를 인정하는 가운데 문제점이 제기될 경우 그 기사가 갖는 한계와 역사적 의미를 찾아 재구성하려는 태도가 필요하다는 점을 지적하였다. 아울러 백제와 유사한 역사적 경험과 과정을 거쳤던 고구려나 신라의 연구 성과도 비교사적 관점에서 검토해야 한다고 지적하였다.

Ⅰ. 들어가면서

백제는 『삼국사기三國史記』 백제본기에 전하는 백제의 온조시조설화에 의하면 고구려의 건국자인 주몽朱蒙의 둘째 아들인 온조溫祚가 형인 비류沸流와 함께 남하하여 한강하류유역에서 각각 정착하여 나라를 세운 것으로 되어 있다. 백제의 건국 시조로 주장되는 온조는 한강 남쪽에 도읍을 정하고 10명의 신하의 보필을 받아 '십제十濟'라는 나라를 세웠는데 이때가 기원전 18년이었다고 한다. 이 온조시조설화에 의하면 백제의 건국세력은 고구려계 이주민이었음을 보여주고 있다. 서울 석촌동을 비롯한 한강유역에 존재하고 있는 적석총의 존재가 이를 입증하는 고고학적 근거로 보고 있다. 반면에 관련 문헌사료를 통해 볼 때 백제의 건국세력은 부여계 이주민과 관련이 있는 것으로 나타난다. 백제 왕실에서는 부여의 족조族祖인 동명東明을 모시는 동명묘에 배알하는 의식이 국초부터 행해져왔고, 그 밖에 부여씨라는 왕성을 사용한 점, 472년 백제 개로왕이 북위에 보낸 국서에서 부여계승의식을 천명한 점,[1]

1 『위서』 권100 열전 백제전 및 『삼국사기』 백제본기 개로왕 18년.

그리고 538년 백제 성왕이 사비천도와 함께 국호를 일시적으로 남부여南扶餘로 고친 사실[2] 등을 통해 볼 때 부여에 그 국가적 기원을 설정하고 있었음을 알 수 있다.

그런데 백제의 건국연대를 『삼국사기』 백제본기의 기록대로 기원전 18년으로 보는 데에는 많은 문제점이 제기되고 있다. 온조왕 13년에 백제의 강역이 북으로 예성강, 남으로 안성천, 서쪽으로는 서해, 동으로 춘천 일대까지 미쳤다는 기사[3]나 마한 멸망 기사[4] 등은 3~4세기의 사실로 받아들여지고 있기

2 『삼국사기』 백제본기 성왕 16년 춘.

3 『삼국사기』 백제본기 온조왕 13년 8월. 이 기사를 본 기사대로 온조왕 13년대로 보는 견해가 있으나(천관우, 1976, 「삼한의 국가형성(하)」, 『한국학보』 3, 일지사, 120~121쪽), 이 기사는 후대의 사실이 온조왕대에 부회된 것으로 보는 입장에서는 3세기경 고이왕대의 사실로 보는 것이 지배적이다(이병도, 1976, 『한국고대사연구』, 박영사, 476~477쪽). 백제가 건국한 지 얼마 안 되어 오늘날의 중부 지역 일대를 포함하는 넓은 지역을 자신의 영역으로 삼았다고 하는 것은 무리가 있기 때문이다. 고고학적으로 서울 송파구 일대, 남한강과 북한강, 그리고 한탄강유역에 고구려와 관련이 있는 적석묘의 존재를 통해 2~3세기경의 사실로 이해하고 있다(권오영, 1986, 「초기백제의 성장과정에 관한 일고찰」, 『한국사론』, 34~54쪽 ; 김성범, 1992, 「군사보호구역내 문화유적 지표조사보고」, 『문화재』 25, 238쪽 ; 윤근일·김성범, 1994, 『연천 삼곶리 백제적석총 발굴조사보고서』, 문화재관리국 문화재연구소).

4 『삼국사기』 백제본기 온조왕대에는 백제의 마한 정복과정을 단계적으로 제시하고 있다. 온조왕대에는 백제의 웅천책 설치 단계(온조왕 24년) → 진한과 마한에 대한 정복을 결심하는 단계(온조왕 25년) → 백제의 마한 정복 의지 천명(온조왕 26년 7월) → 백제의 마한 공격 개시 단계(온조왕 6년 10월) → 백제의 마한 유민에 대한 사민책과 멸망시키는 단계(온조왕 27년 4월) → 구마한세력의 대규모 부흥운동과 진압되는 단계(온조왕 34년 10월) → 백제의 구마한 지역에 대한 새로운 지배책 마련 단계(온조왕 36년 7월 및 8월)로 백제의 마한 정복과 그 지배과정을 단계화하여 살펴 볼 수 있다. 이 일련의 마한 정복과정이 건국시조인 온조왕대에 집약해서 서술되어 있는데 사료 비판을 통해 관련 지명 분석과 『일본서기』 권9 신공기 49년조 기사와의 일치성을 검토한 결과 4세기 후반 근초고왕대의 사실을 온조왕대에 투영되었을 것으로 보는 견해도 있다(G.K. Ledyard, 1975, "Galloping along with the horseriders" Journal of Japanese Studies Vol1. No.2, 242쪽 ; 유현용, 1997, 「온조왕대 마한정복기사의 재고찰」, 『사총』 46, 25~26쪽).

때문에 사실 그대로 취신하기에는 문제가 있다. 후대의 사실을 건국주인 온조왕의 사실로 일괄 부회하여 시조의 업적을 크게 부각시키려는 의도에서 나온 서술로 생각된다. 고고학적으로 백제 건국을 뒷받침해 주는 부여 자료는 거의 발견되고 있지 않지만, 고구려와 관련 있는 자료는 3세기 중반 이후에나 출현하고 있어 『삼국사기』 백제본기에 나타난 건국연대와는 시기적으로 큰 차이가 있다. 더구나 중국사서인 『삼국지三國志』 위서 동이전에는 『삼국사기』 백제본기와는 달리 3세기경에 마한 54개 소국의 하나인 백제국伯濟國으로 기록하고 있어서 대조를 이룬다. 이에 따라 『삼국사기』 백제본기 기록을 그대로 믿는 긍정론도 있지만 반면에 백제 초기기록을 부정하거나 또는 비판적으로 재구성해서 보는 절충론도 제기되고 있다.

따라서 이 논문은 『삼국사기』 백제본기의 초기기록을 비판적으로 검토하여 백제의 실제 건국연대를 밝히기 위해 작성된 것이다. 이를 위해 먼저 십제十濟 → 백제국伯濟國 → 백제百濟로 바뀌는 백제 국호의 변천과정을 검토하여 백제가 국가형성 과정에서 과연 어느 시기에 백제가 실질적으로 건국되었는가를 살펴 볼 예정이다. 이어 논란이 많은 백제 초기 왕계를 비판적으로 검토하여 백제 초기 왕계의 계승관계를 살펴보고 초기 기사의 신뢰성 여부 문제와 건국 시기를 연역적으로 살펴볼 예정이다. 백제 초기사의 문제는 『삼국사기』 백제본기의 초기 기록은 후대 사실이 일괄 부회되어 있거나 또는 부정확한 소전의 기사들이 섞여 있어 사실 그대로 취신하기에는 여전히 문제가 있다. 그러나 백제의 국가형성과정이나 사회 발전 추이를 반영해주는 자료들도 있어 이를 적극적으로 해석할 경우 백제의 건국문제를 포함한 초기사의 재구성에 한 실마리를 제공할 수 있을 것으로 생각한다.

Ⅱ. 연구사적 검토

백제가 언제 건국했는가에 대해서는 현재 여러 견해가 제기되어 있다. 『삼국사기』 백제본기의 온조시조설화에는 기원전 18년이라 하여 『삼국사기』 기록을 그대로 취신하는 견해가 있지만, 이와는 달리 『삼국사기』 백제본기 초기 기록에 대한 불신론이나 절충론도 제기되어 있을 정도로 견해가 분분한 실정이다. 이에 따라 백제의 건국 시기는 기원전 18년 외에 2세기설 · 3세기설 · 4세기설로 나뉘어져 있어 초기백제사의 실체를 규명하는 작업에 어려움을 주고 있다. 이는 기본적으로 『삼국사기』 백제본기의 초기 기록과 중국사서인 『삼국지』 위서 동이전 기록에 대한 신빙성문제와 깊은 관련이 있으며, 여기에 고고학 자료의 해석에 대한 문제가 가미되면서 백제 건국연대에 대한 논쟁을 한층 심화시키고 있다.[5]

---

5 백제의 건국 시기에 대한 연구사를 정리한 주요 논문은 다음과 같다.
노중국, 1988, 『백제정치사연구』, 일조각, 6~19쪽.
이도학, 1995, 「백제의 기원과 국가형성에 관한 재검토」, 『한국고대국가의 형성』, 민음사, 106~130쪽.

1. 백제 초기 기록은 믿을 수 없다

4세기 중엽 근초고왕대에 백제가 실질적으로 건국하고 그 이전의 백제 초기사에 관한 기록을 허구로 보는 견해는 일찍부터 일본의 식민사학자들에 의해서 제기되어왔다. 『삼국사기』 초기 기록에 대한 사료 가치를 부정하면서 불신론을 제기한 사람은 나가 미치요那珂通世였다.[6] 이후 이를 이어받아 『삼국사기』 백제본기에 대한 불신론을 체계적으로 연구한 사람이 쓰다 소키치津田左右吉였다. 그는 『삼국지』 동이전 기사를 더 신뢰하고 또한 『일본서기日本書紀』의 백제왕계 기사를 근거로 하여 『삼국사기』의 12대 계왕(344~346) 이전의 백제 기사를 사실로 볼 수 없으며 그것은 후세 사가에 의해 조작된 것이라고 하였다.[7] 이러한 인식체계는 다소 차이는 있지만 오다 아키라太田亮,[8] 이마니시 류今西龍[9] 등에 의해 더욱 정치하게 재구성되어 해방 이후에도 일본학계뿐 아니라 우리 학계에도 불신론을 형성하는 데 큰 영향을 미쳐왔다. 이들의 견해는 『삼국사기』 초기 기록보다는 『삼국지』 위서 동이전의 기사 내용을 더 신뢰하고 있으며, 『일본서기』 와 「광개토왕릉비문」 등의 자료를 근거로 해서 4세기 근초고왕 이전의 백제 왕실계보가 조작됐거나 허구이자 전설이라고 주장하면서도 조작의 확실한 근거를 제시하지 않았다. 그리고 이에 대한 기

최범호, 2005, 「『삼국사기』 백제본기 초기 기록의 불신론 비판」, 『대동사학』 4, 5~21쪽.
김기섭, 2007, 「백제의 건국 시기와 주체세력」, 『선사와 고대』 27, 7~12쪽 ; 2011, 「백제 한성도읍기 연구동향과 과제」, 『백제문화』 44, 9~15쪽.

6 那珂通世, 1894, 「朝鮮古史考1」, 『史學雜誌』 5-3.

7 津田左右吉, 1921, 「百濟に關する日本書紀の記載」, 『滿鮮地理歷史研究報告』 8, 105~138쪽.

8 太田亮, 1928, 「朝鮮古史年代の研究と日韓の關係」, 『日本古代史研究』 8, 430~442쪽.

9 今西龍, 1934, 『百濟史研究』, 近澤書店.

본 사서인 『삼국사기』 초기 기록과 『삼국지』 위서 동이전 내용에 대한 사료 비판과 각 사서의 편찬배경과 의도를 간과한 것이기 때문에 백제 초기사 인식에는 한계가 있었다.

우리 학계에서 일본인들에 의한 초기 기록 불신론에 의문을 제기하고 3세기 고이왕대 백제 건국설을 주장한 사람이 이병도李丙燾였다. 그는 중국사서인 『주서周書』 등에 백제 시조로 주장되는 구태仇台가 고이古爾와 음이 같다는 점, 그리고 고이왕 27년조에 실려 있는 백제 관제기사에 주목하여 고이왕(234~286)을 백제의 실질적인 시조로 보았다.[10] 이러한 견해는 일본학계의 4세기 백제 건국설에 비해 1세기 가량 연대를 올려본 점에서는 진일보한 것이었지만 여전히 초기 기록의 불신론 범주를 벗어나지 못한 한계가 있다. 그렇지만 이 견해는 해방 후 우리 학계에 큰 영향을 끼쳐 이후 이기백李基白,[11] 김철준金哲埈[12] 등에 의해 백제 건국 시기에 대한 지배적인 견해로 자리잡게 되었다.

한편 백제의 건국 시기를 기마민족설과 관련시켜 4세기로 재구성해보는 견해도 대두되었다. 이 견해는 1935년에 이나바 이와키치稻葉岩吉에 의해 제기되었다. 그는 285년 내지 286년경에 선비족 모용씨에 의해 격파당한 부여족의 일파가 동옥저로 도망하여 그곳에 한동안 정착해 있다가 4세기 초 기마 · 유목민족의 이동기에 대방 지역으로 진출하여 백제를 건국한 것으로 보았다.[13]

---

10 이병도, 1936, 「삼한문제의 신고찰(5)」, 『진단학보』 6, 71~92쪽.
11 이기백, 1959, 「백제왕위계승고」, 『역사학보』 11, 1~47쪽.
12 김철준, 1962, 「백제건국고」, 『백제연구』 특집호, 5~17쪽.
13 稻葉岩吉 外, 1935, 『朝鮮滿洲史』(朝鮮歷史大系 11), 平凡社, 52쪽.

이 견해는 시라도리 구라키치白鳥庫吉,[14] 스에마쓰 야스카즈末松保和,[15] G.K.Ledyard, 오카다 히데히로岡田英弘[16] 등에 의해 이어졌고, 우리 학계에서는 다소 논지의 차이가 있지만 이기동李基東, 이도학李道學 등에 의해 입론이 되어 왔다. 이기동은 4세기경에 고구려 계통의 기마민족인 온조세력이 남하하여 마한족의 백제국을 정복한 것으로 보았으며,[17] 이도학은 백제의 기원을 만주 지역의 부여에서 찾고 그들이 1세기경과 4세기경 2차례에 걸쳐 각각 남하하여 4세기경 기존의 백제국을 정복하고 왕실을 교체한 것으로 보았다.[18]

그 밖에 근초고왕대 국사國史를 편찬했을 때 백제의 건국연대가 조정 · 산출된 것으로 추정하는 견해도 있다. 김철준은 『삼국사기』 백제본기에 나타난 백제의 건국연대가 근초고왕 즉위년(346)에서부터 363년 이전으로 되어 있는 점에 주목하여 360년마다 국가의 흥운興運을 맞이한다는 참위설의 영향을 받아 개국연대를 360년 전으로 잡은 것으로 추정하였다.[19] G.K. Ledyard는 『삼국사기』 백제본기 온조왕대 기사 중에서 마한 공격 및 멸망과정에 대한 일련의 기사가 『일본서기』 신공기에 보이는 근초고왕의 마한 공격 및 멸망 기사보다 360년 앞선 점에 주목하여 백제본기의 사실이 360년 소급시켜 기

14 白鳥庫吉, 1947, 「百濟の起源について」, 『歷史』 創刊號 ; 1970, 『白鳥庫吉全集』 3, 485~499쪽.
15 末松保和, 1954, 「新羅建國考」, 『新羅史の諸問題』, 東洋文庫, 135쪽.
16 岡田英弘, 1977, 『倭國』, 中公新書, 120~121쪽.
17 이기동, 1982, 「백제 왕실교대론에 대하여」, 『백제연구』 특집호, 24~28쪽.
18 이도학, 1995, 「백제의 기원과 국가형성에 관한 재검토」, 『한국고대국가의 형성』, 민음사, 143~163쪽.
19 김철준, 1973, 「백제사회와 그 문화」, 『무령왕릉발굴조사보고서』 ; 1975, 『한국고대사회연구』, 지식산업사, 49~50쪽.

록한 것이라 하였다.[20]

2. 백제 초기 역사는 믿을 수 있다

『삼국사기』 초기기록에 대한 긍정론도 제기되었다. 해방 이후 『삼국사기』 초기 기록에 대한 긍정론을 제시하여 큰 영향을 미친 사람이 김원용金元龍이었다. 그는 서울의 풍납토성 내 유물포함층을 발굴조사한 결과 풍납동 무문토기 및 유문조질토기, 김해식토기 등을 근거로 풍납토성의 축조 시기를 적어도 기원 전후까지 소급시킬 수 있기 때문에 백제의 건국을 기원전 1세기경으로 추정하였다.[21] 최근 풍납토성이 계속 발굴조사 중이어서 그 축조 시기 여부가 백제의 건국 시기를 규명하는 데 중요한 단서가 되고 있다.

이러한 고고학적 연구에 힘입어 문헌사학계에서 긍정론을 새로운 관점에서 정리한 사람이 천관우千寬宇였다. 그는 백제 왕실의 계보를 우태優台-비류沸流-고이계古爾系와 주몽朱蒙-온조溫祚-초고계肖古系로 나누어 이들 두 왕계가 왕위계승을 둘러싸고 서로 경쟁한 것으로 보았다. 그리고 온조왕대의 영역획정 기사를 사실로 보고 온조왕대에 백제는 이미 영역국가가 성립된 것으로 파악하였다.[22] 이종욱李鍾旭은 신진화론적 국가이론을 원용해 『삼국사기』 초기 기록의 신빙성을 입증하려 하였다.[23] 그는 초기백제의 성장과정을 세 시기

---

20 G.K. Ledyard, 1975, "Galloping along with the horseriders" Journal of Japanese Studies Vol1. No.2, 234~235쪽.

21 김원용, 1967, 「삼국시대의 개시에 관한 일고찰」, 『동아문화』 7, 1~33쪽.

22 천관우, 1976, 앞의 논문, 112~143쪽.

23 이종욱, 1976, 「백제의 국가형성」, 『대구사학』11, 35~65쪽 ; 1977, 「백제 왕국의 성장」, 『대구사

로 나누고 제1기는 기원전 1세기에 부여 · 고구려계 온조집단이 한강유역에 정착하여 나라를 세우는 백제 건국기로 이해하고 그 국가적 성격을 성읍국가로 파악하였다. 제2기는 마한 정복과 해씨 · 진씨 · 홀씨 등 지방세력을 부部에 편제하는 영역국가단계로 보았다. 제3기는 초고왕대 이후로 지방세력의 중앙귀족화가 이루어지면서 고이왕대에 전제왕국으로 성장하였다는 것이다. 이러한 긍정론은 이후 다소 차이는 있지만 박찬규[24] · 박현숙[25] · 최범호[26] 등에 의해 이어지고 있다.

그런데 이 견해는 『삼국사기』 초기 기록에 나타난 불합리한 왕위계보문제, 영역획정문제, 마한정복 기사, 고이왕대의 관제정비 기사 등을 사실 그대로 믿기에는 한계가 있다. 또한 『삼국사기』 초기 기록과 대조를 보이는 『삼국지』 위서 동이전 기사를 어떻게 이해해야 하는가의 사료 비판과 합리적인 해석의 모색이 필요하다. 더구나 백제의 건국지인 서울 지역에서는 백제 건국기에 해당하는 기원 전후의 고고학 자료가 절대 부족한 편이고 고구려와 연결되는 적석총도 3세기 이후로 편년되고 있기 때문에 해결해야 할 합리적인 방안이 필요하다.

3. 『삼국사기』 초기 기록과 『삼국지』 동이전 기사를 절충해 보자

이러한 『삼국사기』 초기 기록에 대한 불신론과 긍정론에 대해 두 견해를

학』 12·13합, 55~32쪽.

24 박찬규, 1995, 「백제의 마한정복과정연구」, 단국대학교대학원 박사학위논문.

25 박현숙, 1997, 「백제 지방통치체제 연구」, 고려대학교대학원 박사학위논문.

26 최범호, 2001, 「백제 온조왕대의 部 연구」, 전북대학교대학원 박사학위논문.

절충하려는 견해가 분해론이다. 노중국盧重國은 『삼국사기』 초기 기록과 『삼국지』 위서 동이전의 양 사서를 종합하는 방법으로 『삼국지』 위서 동이전의 내용을 단계화하고 『삼국사기』 초기 기록의 내용을 분해하여 이를 재구성하는 방법을 제안하였다. 이에 따라 삼국의 국가형성과정을 읍락단계→소국단계→소국연맹단계(삼한단계)→부체제단계(부여 · 고구려단계)→고대국가단계로 설정한 다음 『삼국사기』 초기 기록을 재구성하였다. 이종욱은 노중국과는 달리 『삼국사기』 초기 기록을 신뢰하는 입장에서 『삼국사기』에서는 초기 백제사의 줄거리를 취하고 『삼국지』 위서 동이전에서는 한반도의 사회상과 대중국 외교관계를 취해 보완 연결할 것을 주장하였다.[27] 이러한 분해론은 관련 기사를 연구자의 입장에 따라 자의적으로 재단할 여지를 갖는 만큼 연구상의 한계를 갖고 있지만 많은 현재 연구자들에 의해 원용되는 연구방법론에 해당한다. 그러나 분해론이 상이한 역사상을 담고 있는 두 사서를 함께 원용할 수 있는 유효한 역사연구 방법론의 하나임은 틀림이 없기 때문에 이 논문에서는 분해론의 입장에서 건국 시기의 문제를 검토하도록 하겠다.

이처럼 백제의 건국 시기를 검토하는 데에는 기본 사서인 『삼국사기』 초기 기록과 중국 사서인 『삼국지』 위서 동이전 내용에 대한 신뢰성 여부가 큰 쟁점이 되고 있으며 이에 따라 부정론 · 긍정론 · 분해론이 제기되고 있음을 살펴보았다.

27 이종욱, 1986, 「백제 초기사 연구사료의 성격」, 『백제연구』 17, 10~31쪽.

Ⅲ. 십제의 성립과 국가적 성격

1. 백제의 국호는 어떠하였는가

백제의 실제 건국 시기를 알아보기 위해서는 백제 초기의 역사에서 국호가 단계적으로 변화한 사실을 추적해보는 것도 한 방법이 될 수 있다.[28] 국호

28 백제는 국호를 바꾸기도 하고 때로는 별칭을 사용하기도 하였다. 중국적인 시각에서 국가의 성장과정을 반영한 명칭으로는 '십제十濟'(『삼국사기』) '백제百濟'(『진서』·『송서』·『수서』 등)가 있고, 백제의 왕성의 이름을 따서 부른 '위례국慰禮國'(『일본서기』)이 전하고 있다. 538년 성왕이 사비로 천도한 후에 한때 '남부여南夫餘'로 고친 적이 있었으며, 그 밖에 별칭으로는 '응준鷹準'(『제왕운기』)이나 '나투羅鬪', 또는 '응유鷹遊'(『삼국유사』 권3 흥법편 황룡사구층탑) 등으로 부르기도 하였다. 여기서 응준, 나투, 응유는 조류의 일종인 '매'와 관련 있는 용어로서 백제가 마한 지역을 영유하면서 그 지역에 광범위하게 퍼져있는 '매' 관련 문화를 수용하게 되면서 이 같은 국호를 사용한 것이라 한다(조법종, 1989, 「백제 별칭 응준고」, 『한국사연구』 66). 한편 중국 사서에서는 '백제국伯濟國'(『삼국지』 위서 동이전)이라 하여 마한을 구성한 54국의 한 소국의 명칭으로 나오다가 4세기 이후 『송서』 단계부터는 '백제百濟'라는 국호로 표기하고 있다. 『일본서기』에는 백제를 クダラ로 훈독하고 있는데 4세기 후반 백제 근초고왕대에 해당하는 신공황후기부터 백제라는 국호가 쓰이고 있다. 백제라는 국호가 생겨나게 된 배경에 대해서는 백제 건국설화에서 보이는 '백성락종百姓樂從'설과 '백가제해百家濟海'설이 있다.

의 변천은 단순히 명칭상의 변화만으로 끝나는 것이 아니라 한 단위정치체의 체제와 사회변화를 수반하기 때문에 백제의 국가형성과정을 구획하는 중요 요소가 되기도 한다.

온조집단이 한강유역으로 이주해온 후 세운 '십제十濟'단계가 백제 국가형성의 첫 단계에 해당한다. '백제'라는 국호가 대표적인 명칭이라고 한다면 '십제'와 '백제'의 단계 사이에 『삼국지』 동이전 한조에 나오는 '백제국伯濟國' 단계를 설정할 수 있다.[29] '백제국'은 3세기경에 사용된 국호로서 마한 54개 소국 중의 한 명칭이다. 2세기 중반 이후 한군현세력의 약화로 인해 백제국이 미추홀의 비류세력을 통합하면서 한강유역의 한 지역연맹체에서 중심세력으로 대두하는 시기로서 소국연맹체단계로 볼 수 있다. 다음 단계는 3세기 중반 이후 온조왕 13년조의 강역획정 기사에서 보듯이 백제가 중부 지역을 아우른 중심세력으로 등장하는 연맹왕국시대로서 '백제百濟'라는 명칭이 사용되던 시기라 할 수 있다. 온조시조설화에는 '십제十濟'가 미추홀의 비류세력을 흡수 통합한 이후에는 '백제百濟'로 국호가 바뀐 것으로 되어 있다. 백제라는 국호는 『수서隋書』 백제조에 의하면 '백가제해百家濟海', 즉 백가百家가 바다를 건너서 왔다는 데서 백제라는 국호가 만들어진 것으로 전하고 있지만, 이는 어디까지나 후대에 백제의 국가로서의 성장과정을 다분히 중국식으로 숫자에 부회하여 덧붙인 견해로 볼 수 있다. 중국 사서에서 백제라는 국호는 『진서晉書』나 『송서宋書』의 4세기 단계부터 중국에까지 알려진 대표적인 명칭

29 백제국伯濟國에서 백제국百濟國으로의 국호 개칭을 정치발전 단계상의 단계적 차이로 볼 수 없다는 견해가 있으나(노중국, 1988, 앞의 책, 54쪽), 마한에 대한 종속도나 영역의 확대 면에서 국가발전상의 차이가 생기기 때문에 정치발전의 한 단계로 설정해도 좋을 듯 싶다.

이다. 이런 측면에서 백제의 국호 변천에 따른 발전과정을 십제十濟 → 백제국伯濟國 → 백제百濟의 세 단계로 변화한 것으로 볼 수 있다. 여기서는 백제의 건국 시기문제에 국한해서 '십제十濟'단계의 국가적 성격을 검토하여 건국 시기를 추정해 볼 예정이다.

2. 온조집단이 한강유역에 이주한 까닭은

백제의 건국과정은 그 건국설화[30]에 축약된 형태로 잘 나타나 있다. 온조시조설화에 의하면 백제의 시조인 온조는 고구려의 건국자인 주몽[추모]의 둘째 아들인데, 후에 부여에서 주몽의 아들인 유류가 아버지를 찾아와서 왕위를 잇자 형인 비류와 함께 남쪽으로 내려와 형제가 한강유역인 위례성과 미추홀에서 각각 나라를 세웠다고 한다. 그 후 비류가 나라 경영에 실패하여 자살한 뒤 그 백성들이 온조의 위례성에 합류하게 됨으로써 나라 이름을 십제十濟에서 백제百濟로 고쳤다는 내용이 들어 있다.

이 시조설화를 통해 알 수 있는 것은 백제의 건국세력이 부여족 계통의 고구려 이주민 출신이었다는 점이다. 온조시조설화에 의하면 온조는 북부여에

30 백제의 건국설화에 나오는 시조로는 온조와 비류 외에 구태仇台와 도모都慕가 주장되고 있다. 그 중 구태의 실체에 대해 구태를 '구이'로 읽어 백제의 제8대 고이왕과 동일한 인물로 보는 견해(이병도, 1976, 『한국고대사연구』, 박영사, 476쪽)와 비류 건국설화에 보이는 우태와 동일인으로 보는 견해(천관우, 1976, 앞의 논문, 143쪽) 등이 있다. 구태가 건국한 지역이 대방 지역이었다는 점에 주목하여 이를 백제가 고구려와 대방고지에 대한 영유권 다툼에서 구태의 시조설을 내세워 대방고지에 대한 영유권을 주장하기 위한 것으로 보는 견해가 있다. 도모설은 백제 멸망 후 일본열도에 이주한 백제계 유민들이 부여와 고구려를 포괄하여 범부여계의 족조인 동명을 시조로 인식한 데에서 비롯된 것으로 볼 수 있다.

서 피난해온 주몽과 졸본부여왕의 둘째 딸 사이에서 출생한 둘째 아들로 되어 있다. 이를 통해 보면 온조는 고구려 건국자인 주몽과 깊은 관련이 있는 것으로 나타난다. 『삼국유사三國遺事』에서도 역시 주몽에서 온조로 이어지는 왕실계보를 백제 왕실의 근간으로 보고 있다. 비류와 온조 형제가 남하하게 된 동기는 주몽의 북부여에서 낳은 아들인 유류가 졸본부여에 와서 왕위를 잇게 된 때문이라 하였다. 이를 통해 보면 백제의 건국은 기원전 1세기경 고구려 유리왕의 즉위를 둘러싼 왕실 내부의 권력 다툼과는 깊은 관련이 있는 것으로 파악된다. 비류와 온조 형제로 대표되는 졸본 지역의 선주한 세력이 부여에서 내려온 유리집단에게 왕위계승에서 패한 후 남하한 것으로 볼 수 있다. 기원전 1세기경에는 기원전 2세기경의 고조선 유민과는 달리 유리왕대의 정치적 변동과 관련하여 고구려계 이주민들이 대거 한강유역에 남하한 것으로 알려졌다. 유리왕대에 대보大輔 협보陜父가 질산음質山陰에서 오랜 기간 동안 사냥을 하던 유리왕에게 간언을 하다가 파직된 것을 계기로 하여 남하해온 사례가 있다.[31] 주몽집단이 환인 지역에서 세력기반을 갖고 나국연맹체那國聯盟體의 맹주 역할을 하던 소노消奴집단을 대신하여 새로운 맹주로 대두하는 시기와 관련이 깊다.[32]

온조나 비류집단이 한강하류유역에 정착하게 된 것은 금강이나 경주지역처럼 세형동검문화가 결여되어 있던 힘의 공백지대였다는 점을 들 수 있다.[33]

---

31 『삼국사기』 권23 고구려본기 유리왕 22년 10월.

32 김용선, 1980, 「고구려 유리왕고」, 『역사학보』 87, 60~62쪽.
노태돈, 1984, 「고구려의 초기왕계에 대한 일고찰」, 『이기백선생고희기념 한국사학논총』 상, 일조각.

33 권오영, 1986, 「초기백제의 성장과정에 관한 일고찰」, 『한국사론』 15, 32쪽.

고고학적으로 볼 때 3세기 이전 한강하류지역이 북한강이나 남한강유역에 비해 철기문화 양상이 상대적으로 미약한 것으로 드러나고 있다.[34] 이 점이 철기문화에 익숙한 고구려 이주민들에게 정착할 수 있는 조건을 형성하였을 것이다. 이 지역에서 낙랑은 주변의 여러 집단에 대한 분열과 억압정책을 지속하였고,[35] 특히 낙랑에 인접해 있는 한강하류유역에 낙랑의 안보를 위협할 만한 세력이 대두하는 것을 원치는 않았을 것이다.

3. 십제는 언제 세웠나

온조시조설화에 의하면 백제가 처음으로 사용한 국호는 '십제十濟'였음을 알 수 있다. 여기서 십제라는 국호는 온조가 남하하여 위례성에 정도한 다음 남하할 때 함께 따라온 오간烏干 · 마려馬黎 등 10명의 신하의 보조를 받는다는 의미에서 붙여진 것이라 하였다. 온조와 함께 남하한 오간과 마려 등 10명의 신하는 신라의 사로 6촌村이나 가야의 9간干처럼 일정한 세력을 가진 족장세력을 의미하며 온조가 세운 백제의 건국세력에 합류한 세력으로 판단된다. 이들 세력들은 연맹체를 형성하여 십제라는 백제 초기의 단위정치체를 이룬 것으로 볼 수 있다. 십제를 백제의 첫 국호라고 본다면 백제의 건국 시기는 기원전 18년이 될 수도 있을 것이다. 그러나 기원전 18년이라는 백제의 건국

문동석, 1996, 「한강유역에서 백제의 국가형성」, 『역사와 현실』 21, 87쪽.

34 오욱진, 2012, 「3~4세기 백제의 철 교역로와 생산지 확보를 통해 본 영역화 과정」, 충북대학교 대학원 석사학위논문, 220쪽.

35 낙랑이 말갈을 동원해서 백제를 공격하는 기사나, 한韓의 여러 소국에 대한 인수印綬 의책衣幘 제공을 통해 소국 세력간의 견제와 한군현의 입지를 확보했을 것으로 보인다.

연대는 기록 그대로 믿을 수는 없다. 『삼국사기』의 원전자료인 고기古記에서 당시 전해오는 주몽설화 · 비류설화 · 온조설화 · 유리설화 등이 서로 상관되어 있는 점을 감안하여 유리왕 즉위년에 백제의 기년을 맞춘 것이 아닐까 한다. 유리는 적어도 주몽의 적자로서 환인계의 온조나 비류를 물리치고 고구려의 왕위를 계승하였기 때문에 유리를 정통으로 보는 인식 하에서 백제의 건국연대를 설정해 놓은 것으로 이해된다.

아무튼 백제의 건국은 계루부 출신의 주몽집단이 소노집단을 누르고 새로운 맹주세력으로 대두하였고, 또한 유리왕이 집권하던 정치적 변동 속에서 기원 전후에 온조와 비류집단이 남하하여 한강하류유역에 정착한 것으로 보는 것이 이 지역에 철기문화가 유입되는 새로운 문화상으로 볼 때 보다 합리적인 해석일 것이다.[36]

그런데 백제의 건국설화에는 온조가 한강하류유역에 정착한 직후에 바로 십제라는 나라를 세운 것으로 되어 있지만 그 이면에는 십제의 건국과정이 축약되어 있음을 시사해준다. 백제는 십제라는 단위 정치체를 형성하기 전에는 한때 읍락단계를 거친 것으로 이해된다. 이와 관련하여 백제가 마한과의 경계를 구분하기 위해 웅천책熊川柵을 세울 때 마한 왕이 이를 나무라면서 한 말이 참고가 된다.

> A. 왕이 처음 강을 건너왔을 때 발 디딜 만한 곳도 없었는데 내가 동북쪽의 100리의 땅을 떼어 주어 편히 살게 하였으니 왕을 대우함이 두텁지

36 권오영, 1986, 「초기백제의 성장과정에 관한 일고찰」, 『한국사론』 15, 29~30쪽.

> 않았다고 할 수 없다. 마땅히 이에 보답할 생각을 해야 할 터인데, 이제 나라가 완성되고 백성들이 모여들자 '나와 대적할 자가 없다'고 하면서 성과 못을 크게 설치하여 우리의 영역을 침범하니 그것이 의리에 합당한 일인가?[37]

위 기사는 온조집단이 처음 한강하류유역에 정착하여 백제를 건국할 때의 사정을 반영해준다. 온조집단이 한강하류유역에 정착하였을 때 이 지역을 관할하고 있었던 마한왕의 배려로 마한 지역의 동북 100리 땅을 할양받아 정착한 것으로 되어 있다. 이때의 마한왕은 마한의 맹주국인 목지국目支國의 왕으로 생각된다. 이는 위만衛滿이 고조선에 망명을 해왔을 때 고조선의 준왕準王은 100리 땅을 주고 박사博士라는 벼슬을 주어 대우했던 사례와 유사함을 알 수 있다. 마한이 부여 · 고구려계 이주민들을 기꺼이 동북변에 거주케 한 이유는 마한이 당시 이들 이주민들을 제압할 힘이 없었던 점도 있지만, 무엇보다도 빈번히 침입해오는 낙랑과 그에 부용된 말갈세력의 침입을 막아내기 위한 일종의 방파제 역할을 맡긴 것으로 이해된다.[38] 이때 온조집단이 확보한 영역은 100리의 규모였다고 하였는데, 이는 다분히 상징적인 표현이라 하더라도 『삼국지』 권30 위서 동이전 한조에 전하는 마한 한 소국의 규모 정도에 해당하는 크기로 볼 수 있다. 이처럼 온조집단은 마한이 인정한 공간에서 우세한 단조철기문화를 바탕으로 선주민세력을 흡수 · 통합하면서 독자적인 세력을 형성하였다. 한강하류유역은 한반도의 중심부에 위치하여 남북문화

---

37 『삼국사기』 권23 백제본기 온조왕 24년 추7월.
38 이종욱, 1976, 「백제의 국가형성」, 『대구사학』 11, 44~45쪽.

가 서로 융합하는 점이지대이고, 수운을 통해 동서간의 교류가 활발한 곳이다.[39] 아울러 비옥한 충적평야를 배경으로 농업의 발달을 가져왔는데, 백제국은 내륙의 농업생산력과 서해의 소금생산을 연결시켜 경제기반을 강화시킬 수 있었다.[40] 그렇지만 온조집단은 마한의 제후국으로 인식될 정도로 한동안 마한의 영향력 하에 있었음을 보여준다. 온조집단은 빈번히 침입해오는 낙랑과 말갈세력의 공세를 막아내면서 단위정치체인 십제단계로 성장해나간 것으로 이해된다.

4. 십제는 어떤 나라인가

십제단계에서는 온조계가 왕위를 장악하고 있었으며, 우보右輔라는 관직을 통해 군사와 행정업무를 포함한 국정 전반을 총괄하도록 한 것이다. 이 시기 우보에 임명된 인물은 연장자나 왕족이 임명되었지만 독자적인 기반을 가진 세력이었다. 특히 대외전쟁이 빈발하였기 때문에 군사동원과 통병統兵 등과 같은 군사업무에 효율성을 기하기 위해 우보라는 제도를 활용한 것으로 보인다.

이 시기에 주목되는 일은 하남위례성과 같은 원초적인 형태의 도읍을 설치 운영하고 있었다는 점이다. 왕도는 왕성과 그 주변에 형성된 지배자의 중심지를 뜻하는 것으로 국가형성의 중요 요소로 거론되어왔다.[41] 이와 관련하

39 신형식, 2002, 『한국의 고대사』, 삼영사, 448~453쪽.
40 이도학, 1995, 『백제 고대국가 연구』, 일지사, 155쪽.
41 김정아, 2010, 「백제 온조왕 14년의 천도와 그 의미」, 『한국고대사탐구』 5, 69쪽.

여 온조왕 14년의 하남위례성의 정도定都 기사가 주목된다.[42] 종래 이 기사를 하북위례성에서 하남위례성으로 천도하는 것으로 이해하였다. 이와는 달리 백제가 처음부터 한강 이남에 자리잡았다는 견해가 최근 풍납토성에 대한 발굴조사로 인해 그 가능성이 높아지고 있다. 하남위례성의 위치에 대해서는 여러 견해가 있지만 풍납토성으로 보는 견해가 지배적이다. 풍납토성이 본격적으로 축조되기 전에는 3중 환호시설이 설치되어 있는 것으로 드러났다. 이 환호시설과 관련이 있는 유구로는 기원전 1세기~기원후 2세기로 추정되는 말각방형계 주거지와 수혈이다.[43] 풍납토성 지역에는 많은 사람들이 거주했음을 시사해준다. 하남위례성으로의 정도가 단행된 이후 왕도로서 갖추어져야 할 여러 시설들이 마련되었다. 하남위례성을 방어하기 위해 한강 서북쪽에 성곽을 축조한 다음 이곳에 사민을 하여 군사적 거점 지역으로 정비하였고,[44] 이듬해 정월에는 새로운 궁궐을 지었는데 '검소하면서도 누추하지 않고, 화려하면서도 사치스럽지 않을儉而不陋 華而不侈' 정도였다고 한다.[45]

이처럼 고구려계 온조집단이 한강하류유역에 이주해와서 세운 단위정치체는 십제였으며 그 건국 시기는 계루부 중심의 세력교체를 단행하는 과정에서 이탈한 고구려 주민들이 대거 남하하는 배경과 관련하여 서력기원 전후로

42 『삼국사기』 백제본기 온조왕 14년 정월. 이 기사를 『삼국사기』 백제본기 기록 그대로 온조왕 14년으로 보는 견해(천관우, 1976, 앞의 논문, 116~117쪽), 초고왕대로 보는 견해(노중국, 1983, 「해씨와 부여씨의 왕실교체와 초기백제의 성장」, 『김철준박사화갑기념 사학논총』, 지식산업사), 비류왕대로 보는 견해(이병도, 1976, 『한국고대사연구』, 박영사, 491~497쪽) 등이 있으나 풍납토성의 3중 환호의 상한에 해당하는 서력기원 전후의 사실로 받아들이고 싶다.

43 국립문화재연구소, 2001, 『풍납토성』 I, 589쪽.

44 『삼국사기』 권23 백제본기 온조왕 13년 7월.

45 『삼국사기』 권23 백제본기 온조왕 15년 정월.

보았다. 십제는 마한 맹주국의 승인을 받아 사방 1백리 규모의 거주 공간을 확보하였는데 소국의 규모와 맞먹는 것이었다. 십제는 우월한 단조철기문화를 바탕으로 하고, 한강유역이 갖는 수운 교통로상의 이점, 그리고 빈번한 대외전쟁의 수행을 통해 국가적 성장을 한 것으로 보았다. 십제는 온조계에 의해 왕위가 이어졌으며, 독자적 기반을 가진 세력을 우보右輔라는 관직을 통해 행정과 군사업무를 효율적으로 수행하였다. 특히 십제의 성립 직후 단행된 하남위례성으로의 정도는 십제가 단순한 읍락단계를 넘어 단위정치체를 형성하는 중요한 계기가 된 것으로 보았다. 이런 면에서 볼 때 십제의 국가적 성격은 성읍국가에 해당하는 소국단계로 볼 수 있다.

Ⅳ. 초기 왕계와 왕성의 검토

1. 백제 초기 왕계 기록은 무엇이 문제인가

『삼국사기』 백제본기 초기 기록에 대한 신빙성 여부가 학계의 오랜 논쟁이 되어왔다. 이는 상이한 역사상을 담고 있는 『삼국지』 위서 동이전과의 문제점뿐 아니라 『삼국사기』 백제본기 초기 기록 자체에 대한 의문점을 주고 있기 때문에 지금까지 불신론 · 긍정론 · 절충론이 제기되어왔다. 『삼국사기』 백제본기 초기 기록의 신빙성문제는 백제의 건국 시기문제에도 직결되고 있기 때문에 근초고왕 이전의 백제 초기 왕계와 이에 따른 왕성문제를 검토할 예정이다.

먼저 백제 초기 왕계에 관한 기사 중에서 왕의 재위 및 생몰년수, 그리고 왕실계보문제에 있어서 합리적으로 이해되지 않는 점을 지적하고 있다. 1대 온조왕부터 5대 초고왕까지 왕들의 재위년수를 살펴보면 각각 46년 · 50년 · 52년 · 39년 · 49년으로 되어 있어 그 이후의 백제 왕들보다 훨씬 길어

백제 초기 왕위계승

대수	왕명	재위기간	재위년	전왕과의 관계	
				『삼국사기』	『삼국유사』
1	온조왕	BC18~AD28	46	주몽의 아들	동명의 셋째 아들(三子) 혹은 둘째 아들(二子)
2	다루왕	AD28~77	50	온조왕의 맏아들(元子)	온조의 둘째 아들
3	기루왕	77~128	52	다루왕의 맏아들(元子)	다루의 아들
4	개루왕	128~166	39	기루왕의 아들	기루의 아들
5	초고왕	166~214	49	개루왕의 아들	개루의 아들
6	구수왕	214~234	21	초고왕의 맏아들(長子)	초고왕의 아들
7	사반왕	234~234	1	구수왕의 맏아들(長子)	구수의 아들
8	고이왕	234~286	53	개루왕의 둘째 아들	초고의 어머니의 동생(母弟)
9	책계왕	286~298	13	고이왕의 아들	고이의 아들
10	분서왕	298~304	7	책계왕의 맏아들(長子)	책계의 아들
11	비류왕	304~344	41	구수왕의 둘째 아들	구수의 둘째 아들, 사반의 동생
12	계 왕	344~346	3	분서왕의 맏아들(長子)	분서의 아들
13	근초고왕	346~375	30	비류왕의 둘째 아들	비류의 둘째 아들

다분히 작위적인 면을 배제할 수 없다는 것이다.[46] 그리고 고이왕의 경우 '개루왕의 둘째 아들이며 초고왕의 어머니의 동생'이라는 기사와 '구수왕의 둘째 아들이며 사반왕의 동생'이라는 기록을 따를 경우 각각 120세와 110세까지 생존한 것으로 돼서 인간의 일반적인 수명을 감안해 볼 때 부자연스럽다는 것이다.[47]

46 김철준, 1982, 「백제건국고」, 『백제연구』 특집호, 8쪽.
47 김철준, 1982, 앞의 논문, 14쪽 및 이도학, 1993, 「백제 초기사에 관한 문헌자료의 검토」, 『동아시아문화연구』 23, 19쪽.

다음으로 왕의 계보에 작위성이 나타난다는 점이다. 4대 개루왕, 5대 초고왕, 6대 구수왕은 13대 근초고왕, 14대 근구수왕, 21대 개로왕(근개루왕近蓋婁王)과 어떤 연관이 있는 것으로 보인다. 이를 후대의 왕명을 갖고 조작해낸 가공의 존재로 보고 있기 때문에 근초고왕 이전의 왕계는 믿을 수 없다고 하였다.[48] 그리고 5대 초고왕과 13대 근초고왕의 즉위년이 모두 병오년丙午年인 166년과 346년으로 양자가 정확히 3갑자甲子나 차이가 난다고 하였다.[49]

또한 백제 왕위계승관계를 살펴보면 백제 왕 31명 중 80%에 달하는 23명으로 나타나고 있어서 『삼국사기』 백제본기의 왕통계보가 후대의 가부장적 관념에 의해 수식 내지는 조작되었을 가능성을 제기하였다.[50] 특히 둘째 아들로 기록되어 있는 온조왕 · 고이왕 · 비류왕 · 근초고왕 · 무령왕은 왕위계승 과정에서 정변을 통해 집권하였을 가능성도 제기하였다.[51]

2. 온조계와 비류계는 교립하였을까

근초고왕 이전의 백제 초기 왕통계보를 살펴보면 몇 가지 현상이 찾아진다. 2대 다루왕부터 4대 개루왕대까지 인명에 공통적으로 '루婁'자가 들어 있는 왕들이 이어지고 있다. 그리고 8대 고이왕부터 12대 계왕에 이르기까지 11대 비류왕을 제외하고는 고이왕의 후손들이 왕위를 계승하고 있는 반면 5

48 이러한 견해는 津田左右吉, 太田亮 등 일본학계에서 주장되는 불신론의 근거이기도 하다.
49 太田亮, 1928, 『日本古代史新研究』, 430~431쪽.
50 이기백, 1959, 「백제왕위계승고」, 『역사학보』 11, 1~45쪽 및 김기섭, 2000, 『백제와 근초고왕』, 학연문화사, 46~57쪽.
51 김기섭, 2000, 앞의 책, 50~53쪽.

대 초고왕부터 7대 사반왕까지 초고왕계가 왕위를 잇고 있어 대조를 이루고 있다. 또한 11대 비류왕比流王은 백제의 건국시조로 주장되는 비류沸流와 이름이 같을 뿐 아니라 정변에 의해 집권하였을 가능성이 높은 6대 구수왕의 둘째 아들로 기록되어 있다. 앞에서 지적하였듯이 13대 근초고왕과 14대 근구수왕은 5대 초고왕과 6대 구수왕과 왕명상으로 볼 때 연관되어 있다.

백제 초기 왕계에 있어서 이런 불합리한 문제들이 제기되고 있기 때문에 백제 왕실의 구성세력을 다원적으로 보고 이들 왕실세력간에 왕실교체현상이 있었다고 보는 왕실교체론이 대두되었다. 이에 대해 천관우는 왕실세력을 우태優台-비류沸流-고이계古爾系와 주몽朱蒙-온조溫祚-초고계肖古系의 두 세력으로 나누고 고이계는 왕성을 우씨優氏로, 초고계는 왕성을 부여씨扶餘氏로 각각 명명하면서 두 세력이 경쟁을 벌였고, 이로 인해 몇 차례 왕실교체가 있었던 것으로 파악하였다.[52] 이기동과 이도학도 4세기경 부여족의 남하에 따른 정복왕조설을 원용하여 백제 왕실이 근초고왕대에 교체되었을 것으로 보았다.[53] 또한 노중국도 4대 개루왕까지를 비류계 해씨로 보고 5대 초고왕부터 온조계 부여씨로 파악하여 초고왕대(166~214)에 해씨에서 부여씨로 왕실이 교체된 것으로 보았다.[54] 이에 대한 김기섭의 견해는 독특한 일면이 있다. 즉 고이왕계와 구수왕계가 병존할 가능성을 인정하고 고이왕계가 우씨優氏이며

---

52 천관우, 1976, 앞의 논문, 142~143쪽. 그는 (1)온조~(7)사반왕은 주몽·온조계로, (8)고이~(12)계왕은 온조계인 (11)비류왕을 제외하고는 우태·비류계로, (13)근초고~(21)개로왕은 주몽·온조계로, (22)문주~(24)동성왕은 비온조계로 어쩌면 우태·비류계일 가능성이 있다고 하였고, (25)무령~(31)의자왕은 주몽·온조계로 파악하였다.

53 이기동, 1982, 「백제왕실교대론에 대하여」, 『백제연구』 특집호, 24~28쪽 및 이도학, 1995, 「백제의 기원과 국가형성에 관한 재검토」, 『한국고대국가의 형성』, 민음사, 143~163쪽.

54 노중국, 1983, 앞의 논문.

우태의 후예로 보고 그 종족 계통을 부여의 예족濊族으로 파악한 반면 초고왕계를 부여씨로 보았다. 이에 따라 우태 · 비류 · 고이왕계의 세력 근거지를 서해 근처의 임진강유역으로 보았다.[55]

3. 백제 초기 왕계를 어떻게 이해해야 할 것인가

백제에는 4세기 후반 박사 고흥高興에 의해 『서기書記』가 편찬될 때까지 그 이전에는 문자화된 역사 기록물들이 아직 편찬되지 못하였다.[56] 따라서 『삼국사기』 백제본기에 나타난 백제 초기의 왕계 기사는 암송 · 기억과 구전을 통해 전해온 것을 근초고왕대에 일괄 정리한 것으로 볼 수 있다. Chiefdom단계에 있는 폴로네시아의 족장들은 그들 족장의 계보를 대대로 암송해왔던 인류학적 사례가 참고가 된다.[57] 이처럼 왕실계보 기사는 어떤 공식화된 문서기록에 의해 전해지는 것이 아니고 주로 구전口傳에 의한 것이 많기 때문에 구전과정에서 망실되는 경우도 생긴다. 아울러 집권세력의 현실적인 이해가 반영되어 왕계의 조작이나 수정이 부분적으로 나타날 여지도 있다. 따라서 초기 기록에 왕계 기사가 다소 정확성이 떨어지더라도 백제 초기의 다른 기사에 비해 대체로 신빙할 수 있을 것이다.

그리고 백제의 건국과정에는 여러 세력이 관여했을 것이라는 점도 고려해 보아야 한다. 백제의 시조로 주장되는 온조를 비롯하여 그와 경쟁관계에 있

55 김기섭, 2000, 앞의 책, 62~65쪽.
56 『삼국사기』 권24 백제본기 근초고왕 30년 11월.
57 Elman R. Service, 1971, 『Primitive Social Organization』, 148쪽.

던 비류, 그리고 구태 등이 나타난다. 그 밖에 온조가 남하할 때 수행한 10신으로 지칭되는 세력집단, 말갈과의 전투에서 군공을 세운 북부의 진씨와 동부의 흘우세력 등도 백제 초기에 독자적 기반을 가진 세력이었다. 따라서 왕위 계승후보자가 나이가 어리거나 또는 왕권이 취약할 때에는 이러한 경쟁세력들이 대두하여 왕위계승에 직·간접적으로 관여하게 되기 때문에 왕위계승 관계가 그리 단순치는 않았을 것이다. 고구려와 신라에 비해 건국시조로 주장되는 인물이 다원적이라는 것은 어떤 점에서 백제의 건국과정이 다른 나라에 비해 그만큼 순탄치 않았음을 보여준다. 백제의 건국설화는 고구려나 신라와는 달리 신화적 요소나 설화적 윤색이 많이 없어지고 오히려 백제가 건국과정에서 거친 여러 역사적 경험들을 반영해준다는 점에서[58] 시조 온조의 건국과정에서의 역할만큼은 부정할 수 없다고 생각한다.

예컨대 왕명 앞에 붙여진 '근近'자는 왕계 혈통상 직계의 계승관계를 강조하는 의미로 사용된다. 이러한 용례가 백제 왕실과 관련이 있는 부여와 고구려의 왕실에서도 나타나고 있어 주목이 된다. 부여의 경우 2세기 후반에는 위구태尉仇台라는 왕이 존재하였고, 고구려의 경우 3세기 초 동천왕이 태조왕 궁宮의 체모를 닮았다고 해서 '위궁位宮'으로 불린 사례와 같은 맥락으로 이해할 수 있다. 그리고 『신찬성씨록新撰姓氏錄』에는 일본에 이주하여 살고 있던 백제 왕족의 후예들에 관한 계보를 기록하고 있는데, 여기서는 속고왕速古王과 귀수왕貴須王, 또는 근속왕近速王과 근귀수왕近貴須王이 각각 구별해서 기록되어 있으며, 7대 사반왕과 11대 비류왕도 기록되어 있어[59] 그 실재를 부정하

---

58 김철준, 1982, 앞의 논문, 9쪽.

59 『新撰姓氏錄』 左京諸蕃下 百濟 및 右京諸蕃下 百濟.

기 어렵다. 왕실교체론의 경우 왕계상의 교체를 말하는 것인지 또는 새로운 왕실세력의 대두를 말하는 것인지 분명치가 않다.

이상으로 백제 초기 왕계기록상에 나타날 수 있는 몇 가지 문제점을 중심으로 초기사 이해의 방향에 대해 언급하였다. 그 결과 백제 초기 관련 기록들이 부분적으로 잘못되었다고 해서 이를 곧바로 불신론의 근거로 받아들여서는 안 된다. 오히려 그 기사 자체를 인정하는 가운데 문제점이 제기될 경우 그 기사가 갖는 한계와 역사적 의미를 찾아 재구성하려는 태도가 필요하다. 그리고 백제와 유사한 역사적 경험과 과정을 거쳤던 고구려나 신라의 연구성과도 비교사적 관점에서 검토되어야 한다.

V. 맺음말

이 글은 『삼국사기』 백제본기의 초기 기록을 비판적으로 검토하여 백제의 실제 건국연대를 밝히기 위해 작성된 것이다. 이를 위해 먼저 십제十濟 → 백제국伯濟國 → 백제百濟로 바뀌는 백제 국호의 변천과정을 검토하여 백제가 국가형성과정에서 과연 어느 시기에 백제가 실질적으로 건국되었는가를 살펴보았다. 이어 논란이 많은 백제 초기 왕계를 비판적으로 검토하여 백제 초기 왕계의 계승관계를 살펴보고 백제 초기사 이해의 방향에 대해 언급하였다. 이를 요약하면 다음과 같다.

백제의 건국 시기를 검토하는 데에는 기본 사서인 『삼국사기』 초기 기록과 중국 사서인 『삼국지』 위서 동이전 내용에 대한 신뢰성 여부가 큰 쟁점이 되고 있으며 이에 따라 부정론 · 긍정론 · 분해론이 제기되고 있음을 살펴보았다. 그 가운데 분해론이 현재까지 상이한 역사상을 담고 있는 두 사서를 함께 원용할 수 있는 유효한 역사연구 방법론의 하나로 보았다.

백제의 건국은 계루부 출신의 주몽집단이 소노집단을 누르고 새로운 맹주 세력으로 대두하였고, 또한 유리왕이 집권하던 정치적 변동 속에서 기원 전후에 온조와 비류집단이 남하하여 한강하류유역에 정착한 것으로 보는 것이 이 지역에 철기문화가 유입되는 새로운 문화상으로 볼 때 보다 합리적인 해석임을 밝혔다. 그리고 고구려계 온조집단이 한강하류유역에 이주해와서 세운 단위정치체는 십제十濟였으며, 그 건국 시기는 계루부 중심의 세력교체를 단행하는 과정에서 이탈한 고구려 주민들이 대거 남하하는 배경과 관련하여 서력기원 전후로 보았다.

십제는 마한 맹주국의 승인을 받아 사방 백리 규모의 거주 공간을 확보하였는데 소국小國의 규모와 맞먹는 것이었다. 십제는 우월한 단조철기문화를 바탕으로 하고, 한강유역이 갖는 수운 교통로상의 이점, 그리고 빈번한 대외 전쟁의 수행을 통해 국가적 성장을 한 것으로 보았다. 십제는 온조계에 의해 왕위가 이어졌으며, 독자적 기반을 가진 세력을 우보右輔라는 관직을 통해 행정과 군사업무를 효율적으로 수행하였다. 특히 십제의 성립 직후 단행된 하남위례성으로의 정도定都는 십제가 단순한 읍락단계를 넘어 단위정치체를 형성하는 데 중요한 계기가 된 것으로 보았다. 이런 면에서 볼 때 십제의 국가적 성격은 성읍국가에 해당하는 소국단계로 볼 수 있다.

백제 초기 왕계기록상에 나타날 수 있는 몇 가지 문제점을 중심으로 초기사 이해의 방향에 대해 언급하였다. 이는 백제의 건국 시기를 어느 때로 보느냐의 문제와 깊은 관련이 있기 때문이다. 그 결과 백제 초기 관련 기록들이 부분적으로 잘못되었다고 해서 이를 곧바로 불신론의 근거로 받아들여서는 안 되며, 오히려 그 기사 자체를 인정하는 가운데 문제점이 제기될 경우 그 기사가 갖는 한계와 역사적 의미를 찾아 재구성하려는 태도가 필요하다는 점을 지적하였다. 아울러 백제와 유사한 역사적 경험과 과정을 거쳤던 고구려나 신라의 연구 성과도 비교사적 관점에서 검토해야 한다고 지적하였다.

주제발표 2

백제, 언제 세웠나
-고고학적 측면-

박 순 발 충남대학교 고고학과 교수

요 약

백제의 국가 성립 시기를 고고학적으로 비정함에 있어 근거가 되는 것은 다음의 3가지이다. 토기 양식의 형성과 통일성, 대형분묘의 출현과 특정 지역 집중, 그리고 성원城垣의 등장이다.

최근 백제 발상지인 한강유역의 원삼국시대~한성기 백제의 편년체계에 대한 이견들이 있으나, 그에 대한 면밀한 검토 결과 다음과 같은 결론에 이르게 되었다.

우선 한강유역의 기존 원삼국시대 편년체계에는 문제가 없으며, 연대 하강을 주장하는 견해들은 영남지역의 특정 편년관을 유지하기 위한 의도의 혐의가 짙다. 한성 양식의 백제토기는 흑색마연토기 재질로 등장하는데, 그 형성 시점은 3세기 중후엽으로서, 기존의 연대관과 차이가 없다. 가락동 2호분으로 대표되는 지상 봉분을 갖춘 대형분묘의 출현 역시 3세기 4/4분기 이전으로 판단된다.

성의 등장은 최근 풍납토성 절개조사 결과 새로운 자료가 확보되어 한 층 분명해지고 있다. 성벽 축조를 위한 정면 구지표에서 출토된 흑색마연암문토기호는 2세대 낙랑 고분 출토품과 동일하며, 초축 성벽의 골조토루에 혼입된 견부수장문토기는 3세기대의 낙랑 · 대방 토기로 판단되므로 풍납토성 축조의 상한은 3세기 4/4분기 무렵으로 비정 가능하다. 몽촌토성은 성벽 축조 이후 성내측 퇴적토에서 전문도기편이 출토된 점으로 보아 3세기 4/4분기를 하한으로 한다. 몽촌토성이 먼저 축조되고 이어서 풍납토성이 축조되었을 가능성이 많다.

이상의 검토를 통해 백제의 국가 단계 사회로의 성립은 3세기 중후엽, 구체적으로 3세기 4/4분기로 판단된다. 백제가 한강유역에서 국가로 성장할 수 있었던 근본적인 동력은 2세기 후반 이후 군현민들의 유입과 대군현 교역망 장악에 있으며, 특히 200~250년 사이 주로 예계집단이 장악하고 있던 내륙 교역로를 확보한 것을 계기로 두각을 나타냈다. 이를 토대로 마한의 맹주로 부상하여 3세기 3/4분기 이후 중국 동북지역 랴오양遼陽 소재 동이교이부와 장거리 대외교섭을 주도하면서 국가 수준의 사회로 도약하였다.

I. 백제 국가 성립의 고고학적 지표는 무엇인가

국가단계 정치체 출현과 관련되는 고고학적 증거들이 무엇인가에 대한 문제는 결코 간단히 해결되기 어려운 것이다. 이와 관련해 필자는 다음과 같은 3가지의 고고학적 근거를 통해 백제 국가 성립과 밀접한 것으로 이해한 바 있다. 특정 토기양식의 형성 및 그에 의한 공간적 통일성의 출현, 대형봉분을 가진 분묘의 등장 및 특정 지역에의 집중, 그리고 성원城垣 취락의 출현이다(박순발 2001a: 39~46).

1. 토기 양식의 성립과 국가

토기양식 형성 및 그 공간적 분포 현상과 국가 단계 정치체 성립과의 관련성에 대해 살펴보자. 여기의 양식(style)이란 같은 쓰임새(funtion)를 지향하는 대안적 방법이라는 정의(James R. Sackett 1990)에 따른다. 이를 동위행위론同位行爲論(isochrestism)이라 한다. 이러한 의미의 양식은 당해 물질문화의 제작 · 사용자들간의 시간적 · 공간적 상호관련성의 정도에 비례하여 그 유사도가 증가하는 것으로 본다. 특히 집단내적으로는 긴장이 상대적으로 높으면서, 집단간 경쟁이 심한 경우(within group tension between group competition)에 그러한 현상이 더욱 뚜렷하다는 견해도 제시된 바 있다. 집단간 경쟁이 치열하면 집단 내 물질문화의 양식적 통일성이 증가하는 반면, 집단간 물질문화 사이에는 차별성이 더욱 부각된다(Ian Hodder 1982). 유럽의 선사문화에서도 동질적인 물질문화는 일정 정도 종족성種族性(ethnicity) 혹은 집단 정체성을 반영하고 있는 것으로 관찰되고 있다(Kristian Kristiansen 1998 : 406). 국가 형성 과정에서 실제로 토기로 대표되는 물질문화 상의 양식적 통일성의 증가 현상은 관찰되고 있다. 기원전 5500년경 서남아시아 지역에 등장하는 최초의 토기 양식들인 사마라Samarra와 하리프Haraf 양식의 성립 배경은 전문제작 집단의 출현이다. 사회복합도의 증가는 국가 사회 성립의 전제인데, 이는 집단 성원들 사이 혹은 서로 다른 지역 집단간의 상호 의존도의 증가를 의미한다. 토기 전문제작 집단의 출현은 바로 그러한 측면의 상호 의존성의 증대를 보여 주는 지표가 되는 것이므로 토기 양식의 성립은 그 이전에 비해 사회복합도 증가된 것으로 평가되는 것이다. 인류사상 최초의 국가로 평가되는 우룩Uruk 출현 직전에 해당하는 우바이드Ubaid기 후반대에 이르면 그러한 경향은 더욱 진전되어 토기 대량생산의 지표 가운데 하나인 물레성형이 보편화된다. 전문제작 집단에 의한 토기 생산은 양식의 성립으로 이어지고 그에 수반된 사회 내 상호의존성의 증가는 마침내 국가 사회의 출현으로 이어지는 것이다. 이러한 점은 비단 서남 아시아뿐 아니라 이집트에서도 확인되는 것으로서 토기의 제작의 전문화 및 대량 생산에 의한 양식의 통일성은 국가 성립과 밀접한 관련이 있다(Robert J. Wenke 1999 : 98~120).

2. 대형분묘의 출현과 국가

이어서 대형분묘의 출현과 국가 성립 사이의 연관성을 살펴보자. 분묘는 그 피장자 생전의 소속 사회에서의 사회적 인성(social personality)이 반영되어 있다. 분묘의 규모, 부장품의 질과 양등의 형태로 피장자의 성별 · 연령 · 정치사회적 지위 등이 상징화되어 있다. 이는 특정 분묘의 축조에 지출된 사회적 비용 혹은 흔히 노동대가(labor cost) 상의 차이로 관찰될 수 있다. 동시대 사회 성원들 사이에서 그 차이가 크면 클수록 사회의 계층분화 정도는 현저하다고 할 수 있으므로 분묘는 그 피장자 사회의 계층 분화의 정도를 관찰하는 유력한 고고학적 지표가 되는 것이다(Joseph A. Tainter 1978).

그런데 대형분묘의 기준을 설정하기는 쉽지 않으며, 계량적으로 구체화하기는 더욱 어렵다. 한반도라는 특정 공간으로 한정하여 통시적으로 일별 한다면 현재의 지표면 상으로도 봉분의 흔적이 뚜렷이 확인되는 정도의 분묘를 대형분묘의 범주에 넣을 수 있을 것이다. 우리가 흔히 고총高塚으로 부르는 정도의 분묘는 분명 특정 시기에 등장하는 것은 두말할 필요 없다. 그렇다고 하여 고총의 등장이 곧 국가 사회 성립의 부동의 고고학적 근거가 될 수는 없지만, 유럽 국가 성립 과정을 보면 힐포트hillfort라고 부르는 위장圍墻 취락 주변에 대형 봉토묘가 밀집분포하는 할슈타트Hallstatt D기(기원전 600~기원전 475)는 인접한 국가 단계의 사회와 교역을 통해 부와 권력을 축적한 엘리트의 등장과 더불어 국가 형성기에 해당되는 시기이다(John Collis1984 : 81~102).

대형분묘의 출현과 함께 주목되어야 할 또 다른 중요한 특징은 그것이 특정 지역에 밀집하고 있다는 점이다. 이는 해당 정치체내에서 이들 대형분묘의 피장자들이 지속적으로 정치 · 사회적 우위를 유지하고 있음을 보여주는 현상이다. 즉 대형분들로만 구성된 묘역 형성은 곧 그 묘역을 사용하는 집단들이 해당 정치체 내에서 지속적이고 독점적으로 사회적 정점頂点을 점유하고 있었던 사실을 반영하는 것으로 볼 수 있기 때문이다. 따라서 그러한 대형분묘들이 밀집된 곳은 정치엘리트들이 집중된 특정 정치체의 중심지임을 보여주는 고고학적 증거인 셈이다. 한반도 삼국시대의 경우 이러한 양상을 보이는 대형분묘군은 국가 단계 정치체의 중심지, 즉 도성都城임은 잘 알려진 바와 같다. 이로써 대형분묘의 출현 및 그 집중화는 국가의 성립을 지시하는 고고학적 지표 가운데 하나라 할 수 있다.

3. 성의 출현과 국가

마지막으로, 성의 출현과 국가 성립과의 관련성을 살펴보자(박순발 2012b). 취락을 담장 형태의 시설물로 에워싼 위장 취락의 최초 예는 기원전 7000년 경으로 비정되는 예리코Jerico유적이다. 암반을 굴착한 폭 8m, 깊이 2.1m의 외구外溝 내측에 높이 8m에 달하는 석축 성벽과 감시대가 설치되어 있다. 그러나 이 사회는 아직 본격적인 농경이 시작되기 전으로서 전체 인구 규모가 수백명 정도의 부족 공동체로 평가되고 있다. 그러나 예리코를 제외한 대부분의 위장圍墻 취락은 국가 단계 사회의 성립과 밀접한 연관을 가지고 있다.

동아시아 지역에서 성의 출현이 가장 앞서는 중국의 취락유형 변화 과정을 통시적으로 개관해보면, 원형환호圓形環壕→원형위장圍墻圍墻→근원성원近圓城垣→방형성원方形城垣으로 요약할 수 있다. 현재까지 알려진 동아시아 최고最古 위구圍溝 취락은 기원전 6,000년 전후의 후난성湖南省 리셴澧縣 빠스당

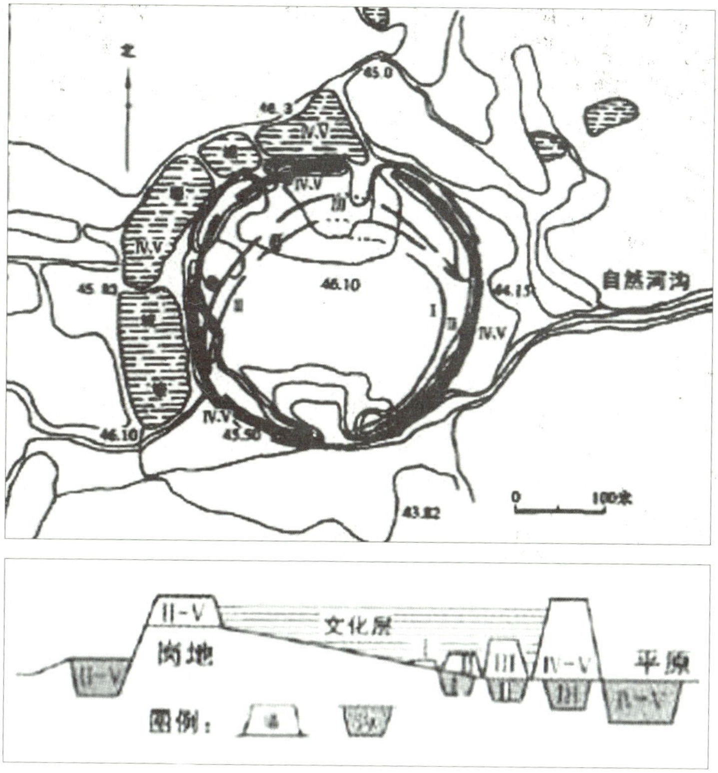

〈그림 1〉 청토우샨 유적 평면 및 변천

八十壋유적이다. 중원지역에서 위구취락이 등장하는 시점은 장강유역보다 늦어 앙샤오仰韶문화 중기의 빤포半破유적이 가장 이르다.

환호취락에 이어서 성장과 환호를 구비한 성호城壕는 기원전 4,000년경에 등장하는데, 그 역시 청토우산유적이다. 이 유적은 최초 환호취락의 규모가 점차 확대되면서 동시에 성호가 등장하는 연속적인 과정을 보여주는 중요 자료이기도 하다.

〈그림 2〉 정조우 시산청 성벽 판축틀 주공

중원지역에서 가장 이른 성호취락의 예는 기원전 3000년경의 정조우鄭州 시산西山 유적인데, 판축 성장의 외측에 폭 4~7m 깊이 4m의 외호를 두르고 있어 최초의 판축성장으로 이해되고 있다. 원장의 축조의 변화는 굴토한 흙을 단순 성토하는 퇴축堆築에서 다지면서 성토하는 항토퇴축夯土堆築을 거쳐 판곽板郭을 짜고 그 내부를 다져 쌓아 올리는 항토판축夯土版築 순으로 발전한다. 그와 동시에 성벽 기부와 축조 구지표면과 관계에 의해 지면식地面式과 기조식基槽式으로 구분하여 세분해보면, 지면퇴축地面堆築→지면항토퇴축地面夯土堆築→기조항토퇴축基槽夯土堆築→기조항토판축基槽夯土版築 순으로 전개된다. 지면퇴축의 예는 구 굴착토를 내측에 얕아 장체墻體를 만든 빠스당이나 빤포 유적의 경우이며, 지면항토퇴축은 청토우샨 유적이 그에 해당된다. 기조판축의 최초 예는 전술한 바와 같이 시샨청이다. 기조판축은 이후 기조의 깊이가 더욱 깊어지는 방향으로 발전하는데, 성의 평면형이 방형 혹은 장방형인 경우는 대부분 심기조深基槽 판축 성원에 해당된다.

환호에서 발전된 성원취락의 성격과 관련해서는 당시의 정치적 종교적 중심지로 보는 입장이 일반적이다. 그 가운데 가장 이른 청토우샨 유적은 성 내부 면적이 약 8만m^2에 달한다. 성 내부에는 제단祭壇과 함께 제사를 지낸 다음 제물을 묻은 제사갱 등이 발견되어 이곳이 정치적 종교적 중심지였음을 짐작하게 한다. 정주 시샨에서는 살해된 인골이 다수 발견되어 당시의 집단 간 군사적인 긴장 상태를 반영하고 있으며, 부부합장묘의 존재 등으로써 씨족제보다 높은 모종의 사회제도가 태동되고 있던 단계로 이해되고 있다.

기원전 2,400년경으로 비정되는 샨시셩山西省 샹펀襄汾 타오쓰陶寺 유적에서 발견된 성지의 규모는 약 56만m^2에 달하고 있고, 뒤이어 그를 확대한 280만m^2에 달하는 대규모 성이 출현하고 있다. 천문현상을 관찰하는 관상대觀象臺와 신분별 거주 구역의 차이 등 국가 사회의 면모를 뚜렷이 보여주고 있다. 이 유적을 하왕조 이전의 전설상의 요순堯舜 시기의 도성으로 이해하기도 한다.

거의 같은 시기에 황하 하류의 샨뚱셩山東省 지역의 대문구大汶口 문화(기원전 4,500~2,500년)에서도 성원취락이 확인되고 있다. 산동지역의 예를 분석한 결과를 보면 대체로 3단계의 위계관계가 인정되는데, 성벽 내부 면적이 수십만 m^2급을 중심으로 그 주변에 수만 m^2급이 분포하고 다시 그 외곽에는 성벽이 없는 작은 취락들이 분포하고 있다. 룽샨문화龍山文化(기원전 2,500~2,000년) 시기의 성벽 취락들을 하夏 왕조 성립 이전의 '소국小國'의 중심지로 보기도 하는데, 구체적으로 '고국古國'의 중심지-읍邑-취聚로 구성된 위계적인 관계로 이해하는 견해가 유력하다. 무덤에서 나타나는 계층화의 정도, 초기 형태의 궁전으로 볼 수 있는 대형 건축물의 존재, 사람을 희생한 제의 관련 유구, 발달된 야동冶銅 기술 등으로 볼 때 여기의 '소국' 혹은 '고국'은 국가國家 단계의 정치체로 볼 수 있다.

근동지역은 기원전 6,000~5,000년 사이에 이라크 중북부 티그리스 강변 농경 취락 주변에 건구乾溝와 위장을 갖춘 예는 텔 에스소완Tell es-Sawwan이다. 전문장인의 존재를 상정할 수 있는 정교하고 장식성이 높은 새로운 양식의 토기와 더불어 세습 계층의 존재를 보여주는 무덤 등이 확인되어 국가 사회로 이행할 무렵의 중심지로 이해된다.

기원전 3,400~3,100년 사이의 후기 우륵Uruk 시기에 이르면 성내의 규모가 더욱 확대된 도시가 등장한다. 유프라테스 강 중하류에 위치한 이라크의 와르카Warka는 우륵 초기 국가의 도성이다. 종교 혹은 제의 시설과 일반인의 거주구역을 포함한 성벽 내부 면적은 80ha(80만m^2)정도 되며, 약 1만명 정도가 집주하였을 것으로 추정되고 있다.

이집트는 기원전 3200~3100년 무렵에 이르러 나일강 상류의 나카다Naqada와 하류의 히에라코노폴리스Hierakonopolis에서 각각 성원 취락이 등장한다. 이들은 각각 초기국가의 중심으로 볼 수 있는데, 히에라코노폴리스에 통합되면서 파라오pharaoh시대가 개시된다. 인더스강 유역에서도 기원전 3,000~2,600년 사이에 위장취락이 확인되며, 하라파Harappa 문명(기원전 2,600 ~기원전 2,000)의 각급 취락은 성원을 구비하고 있다.

이상의 원초原初 국가 출현 지역 이외에 그 영향으로 국가가 성립된 2차 국가 성립 과정에서도 성의 출현은 국가의 등장과 밀접한 관련을 보인다. 유럽 지역 가운데 국가 성립이 비교적 이른 곳은 근동지역 및 소아시아반도와 지

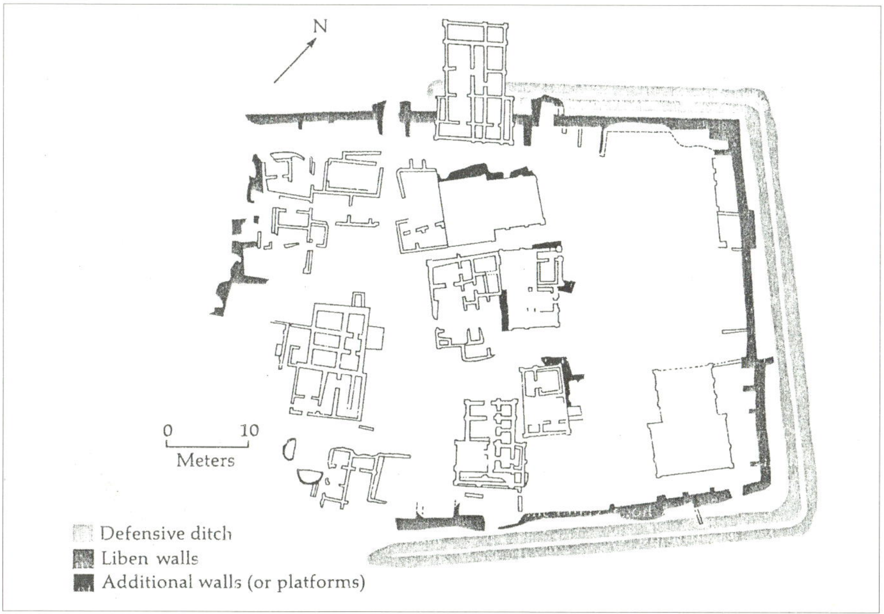

〈그림 3〉 이라크 텔 에스 소완 유적

리적으로 가까운 그리스지역이다. 그 가운데 지중해 동부 에게해의 안드로스 Andros 섬의 자고리Zagora 유적이 시기적으로 이른 예에 속한다. 기원전 9~8세기에 해당하는 성벽 내부 6.7ha에 걸쳐 사원과 주거지 등이 분포하고 있는 그리스 식민도시로 이해되고 있다. 앗시리아 및 그에 이은 아케메네스 왕조 페르시아의 영향은 그리스 식민도시의 중개를 통해 기원전 8세기 무렵에는 이탈리아 반도 중부의 에트러스칸Etruscan 문명의 형성에도 미치게 되고, 머지 않아 성원 취락이 출현한다. 에트러스칸 문명의 출현은 페르시아-그리스의 교역망을 통해 유입되는 동방문물을 알프스산맥 이북의 중부 유럽으로의 독점적 무역에 의해 창출된 부에 기반한 것으로 이해되고 있는데, 그 교역로 상

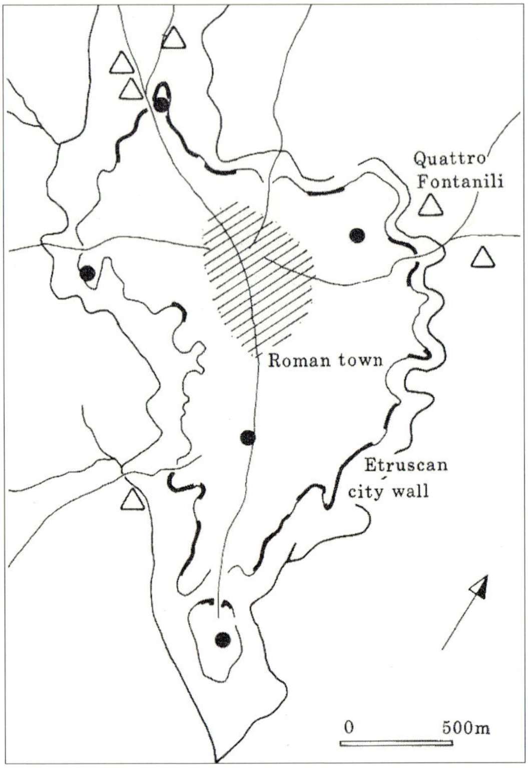

〈그림 4〉 이탈리아 에트러스칸유적

에 위치한 할슈타트Hallstatt C기(기원전 700~기원전 600)와 D기(기원전 600~기원전 475)의 유적에서도 그 이전과 다른 취락형태가 등장하는데, 이에 대해서는 앞서 말한 바와 같다.

기원전 250~기원전 100년 무렵에 걸치는 라테느La Tene C기가 되면 국가단계의 성원 도시가 본격적으로 등장한다. 이러한 성벽을 두른 도시를 오피다(Oppida)라고 부르는데, 그 어원은 시저Caesar의 갈리아Gaul 정복 시기에

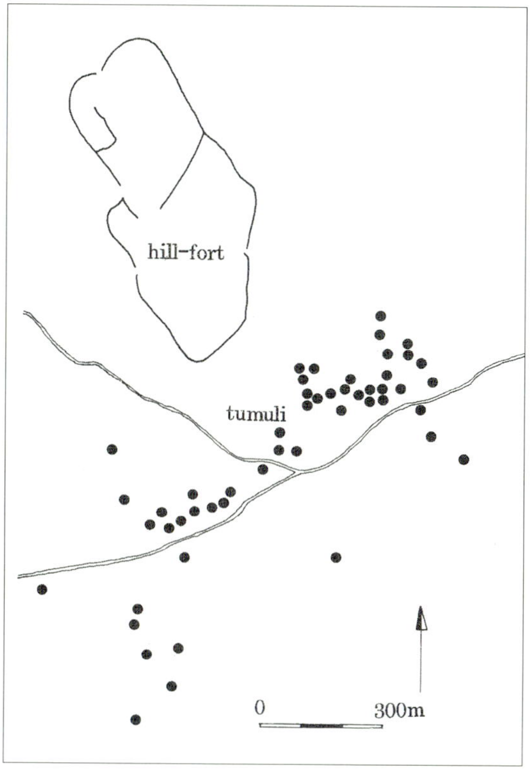

〈그림 5〉 스타체나Stična 힐포트와 고총

토착 켈트 사회의 도읍을 일컫는 라틴어에서 유래된 것이다. 성벽은 가로 세로로 각목角木을 교차시켜 일종의 퇴축 성토 틀을 만들어 그 내부를 흙으로 채워 넣은 기법으로 축조되었는데, 이를 일컬어 시저는 '갈리아의 성벽Murus gallicus'이라 하였다. 오피다 가운데 가장 규모가 큰 것은 독일의 만힝Manching인데, 7.2km의 성벽 내부의 면적은 380ha에 달한다. 이전의 힐포트와 달리 일반 주민들의 주거지도 오피다 내부에 분포하기 때문이다.

Ⅱ. 고고자료로 본 백제 국가 성립 시기

국가 성립과 관련된 고고학적 지표로서 제시한 토기 양식의 성립, 대형분묘의 출현과 집중 그리고 성원 취락의 출현 각각에 대한 시기의 비정은 백제의 국가 성립 시기를 판단하는 고고학적 근거가 된다. 이 문제에 대한 기왕의 필자 결론은 기원후 250년 무렵 백제는 국가 사회로 성장하였다는 것이다(박순발 1998). 그런데 근래 필자의 한강유역 고고학 편년 체계에 대한 이견을 제기하면서 백제 국가의 성립 시점에 대해서도 필자와 다른 견해를 제시하는 연구자들도 있어 우선 그에 대한 검토를 통해 한강유역 편년을 확실히 해 둘 필요가 있다.

1. 한강유역 원삼국시대 편년, 문제 있나

고고학 편년은 새로운 자료의 출현에 자유롭지 못하다. 근래 한강유역에서 등장한 신자료의 양은 매우 많으며, 그것이 기존 편년 체계에 미치는 영향도 적지 않다. 그에 따라 필자의 편년관도 부단히 변화를 거듭해 왔는데, 우선 필자의 최근 편년관(박순발 2009)을 제시하면 〈표 1〉과 같다.

〈표 1〉 한강유역 원삼국시대 편년안(박순발 2009)

분기		연대	토기	주요유적
원삼국 I기		BC100 AD1~50	경질무문토기 (한대 철기)	가평 달전리 목곽묘 철원 와수리 26호 주거지
원삼국 II기	1	AD150	경질무문토기 승문타날 단경호	대성리 A-9호 주거지 미사리 고려대 88-1호 주거지
	2	AD 200	경질무문토기 격자타날 호류	미사리 한양대 A-1호 주거지
원삼국 III기	1		경질무문토기 : 발, 평저증 격자타날 : 심발형토기, 유경호류	하천리 F지구 1호 발안리 1호 등 주거지 청당동 20호 묘
	2	AD 225	경질무문토기 : 발, 원저증 격자타날 : 심발형토기, 장란형토기, 유경호, 평행타날호류	청주 명암동 1호 주거지 송절동 93B-1 · 2 · 3호 묘 공주 장원리 19호 묘 진천 요지 1단계
	3	AD 250	격자타날 : 장란형토기, 심발형토기 승문타날 : 장란형토기, 심발형토기(한강유역) 승문+격자타날 : 심발형토기, 원저증(한강유역), 평행타날+격자 단경호, 평행타날 단경호, 낙랑계토기	풍납토성 나-8호 · 가-2호 주거지 청주 명암동 99-5호 주거지 파주 주월리 96-7호 주거지 중도 1 · 2호 주거지 청원 송절동 93A-6호 묘 화성 기안리 유적 중도, 양평리 1 · 2호, 연천 학곡리 등 즙석식적석묘
한성 I기			승문+격자 : 장란형토기 승문타날 : 심발형토기(깎기수법), 평저증 평행타날 단경호, 심발형토기 한성양식 기종 등장 : 고배, 직구단경호, 흑색마연직구광견호 등	도화리 즙석식적석묘 송대리 6호 묘 진천 요지 2~5단계 마하리 목곽묘 가락동 2호분 등 봉토목관묘 풍납토성, 몽촌토성

최근 이성주(2011)는 필자의 원삼국시대 III기 1단계에 해당하는 남양주 장현리長峴里 16 · 29호 주거지 출토 토기들을 4세기 중엽으로 비정하여 필자의 연대관과 현저한 차이를 노정하고 있다. 이 시기는 경질무문토기의 기종이 그대로 유지되고 있는 가운데 제작 기법상 새로운 타날이 부가된다. 격자타날문 호에 적용되는 기법이 경질무문토기의 대형 심발 및 소형에 적용되면서 심발형토기深鉢形土器가 등장하지만 아직 대형 심발의 저부는 평저 상태여서 그것이 원저화된 장란형토기長卵形土器는 출현하지 않은 단계이다. 이와 같은 단계에 해당되는 것으로는 장현리 16 · 29호 주거지 뿐 아니라 중원 하천리荷川里 F-1호 주거지도 있다.

이제 구체적으로 장현리 29호 주거지 출토 토기의 연대를 검토해보자. 종전의 경질무문토기 심발 외면에 격자타날이 채용된 하천리 F-1호 주거지에는 철제 삽날이 함께 나왔다. 필자는 이를 3세기 초로 비정한 바(박순발 2009) 있다. 하천리 F-1호 주거지에는 격자 타날된 대형호도 공반되는데, 장현리 29호 및 미사리 A-1호 주거지에서도 동일한 기형의 호가 출토되어 시기적인 특징을 보여주고 있다. 하천리 F-1호 주거지를 미사리 A-1호와 대체로 유사한 단계로 설정한 까닭이다. 미사리 A-1의 연대는 함께 나온 방제경에 근거하는데, 원경原鏡인 방격사유경方格四乳鏡이 2세기 말~3세기 초에 유행하기 때문에 200년을 전후한 시점으로 본 것이다. 미사리 A-1호 주거지의 연대에 대해 김일규(2006)는 3세기 3/4분기로 설정하기도 하지만, 이는 일본고고학에서도 없는 늦은 연대를 부회한(이창희 2009) 의도적 하강의 결과일 뿐이어서 무시한다. 대성리 9호 주거지에서도 철 삽날과 이조돌대주조철부二條突帶鑄造鐵斧, 그리고 철제무경만입촉이 함께 나왔다. 이 철부에 대해 김일규(2006)는 3세기 1/4분기로 비정하였다. 고구려지역과 영남 출토 예와 교차편

〈그림 6〉 남양주 장현리 29호 주거지 유물

년한 결과이다. 동아시아 지역의 철부 변천에 관한 연구(村上恭通 1988)에 따르면 이러한 형태의 이조돌대주조철부는 왕망기王莽(기원후 8~23) 이후에 등장하는 것으로 비정되어 왔다. 현재까지 한강유역에서 가장 이른 시기에 해당하는 소형화된 이조돌대주조철부의 예는 철원 와수리瓦水里 출토품이다. 함께 나온 철경동촉이 기원전 1세기~기원후 1세기대(정인성 2002) 사이의 어느 무렵에 해당함은 분명하다. 사실 소형화된 이조돌대주조철부는 왕망기 이전에 분명히 존재하고 있다. 베이징 다바오타이大葆臺 1호 한묘 출토품이 그 예이다. 이 무덤의 피장자는 한漢 광양廣陽 왕 유건劉建(기원전 73~기원전 45)이므로, 이 주조철부의 하한은 기원전 45년이 된다. 따라서 왕망기 이후에 등장한 것으로 보는 견해는 수정되어야 하며, 와수리 출토품 역시 기원전 1세기대 후반~말까지 소급될 여지가 있다. 철기의 형식변화는 시간 변화에 민감하지 않기 때문에 대성리 9호 주거지 출토 철부의 구체적인 위치 비정은 여

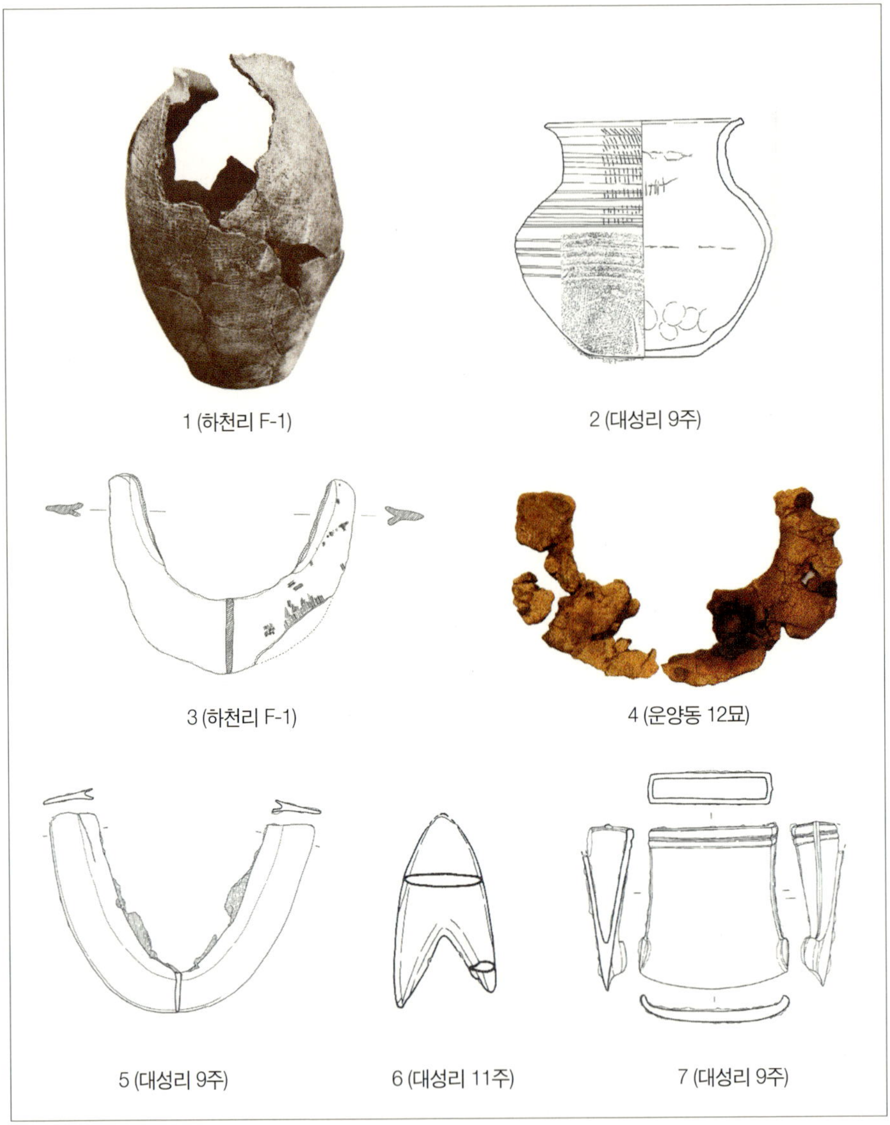

1 (하천리 F-1) 2 (대성리 9주)

3 (하천리 F-1) 4 (운양동 12묘)

5 (대성리 9주) 6 (대성리 11주) 7 (대성리 9주)

〈그림 7〉 비교자료

〈그림 8〉 다바오타이 한묘 출토 이조돌대주조철부(하한 기원전 45년)

전히 쉽지 않으나, 그렇다고 기원후 2세기 후반대로 내려 보는 견해(김일규 2007a)는 너무나 자의적이다. 대성리 출토 탄착炭着 경질무문토기 C14 연대 측정 결과 그 시기는 기원후 2세기 전 · 중반으로 보아야 하므로(이창희 2009) 함께 나온 철기 역시 2세기 중엽 이후로 내려 보기는 어려울 것이다.

이상의 검토를 통해 하천리 F-1호 주거지와 동일한 단계인 남양주 장현리 29호 주거지를 4세기 중엽으로 내려 본 이성주의 견해는 전혀 사실과 다름이 명백해졌으며, 200년 직후로 비정한 최근의 필자의 연대관 역시 다소 상향조정될 여지가 있다. 향후 발견 자료의 추이를 보아 별도로 검토하기로 하고 여기서는 기존 필자의 최근 편년안을 유지하기로 한다.

2. 백제토기의 성립과 대형분묘의 등장 시기

백제토기란 국가 단계 백제인들이 제작 · 사용한 토기를 지칭한다. 백제토기는 초현기初現期에 해당하는 3세기 중 · 후엽에 흑색마연토기 재질의 직구광견호直口廣肩壺 · 무개고배無蓋高杯 · 직구단경호直口短頸壺 · 삼족기三足器 등으로 대표되는 일련의 새로운 기종들이 등장한다. 이후 흑색마연 재질이 회색연질로 바뀌고 대략 4세기 중엽 이후 회청색경질로 변화한다는 것이 필자가 생각하는 백제토기 성립 및 전개 과정이다. 흑색마연토기가 5세기 초 · 전엽까지 지속될 가능성은 있으나 전체적인 편년 골격을 전면적으로 교체하여야 할 필요성은 느끼지 않는다.

그런데 최근 이성주는 한성양식 백제토기의 출현을 5세기 초 이후로 비정하는 대담한 주장을 펼치고 있다(이성주 2011). 논지는 전술한 바와 같이 한강유역 원삼국시대의 편년관을 대폭 하향한 것에 기초하고 있어 별도로 이에 대해 재언할 필요는 없다. 이성주보다는 다소 이르게 비정하지만 여전히 필자의 편년관과는 현저한 차이가 있는 견해가 있다. 주로 영남지역 출토품 특히 마구馬具 등과의 교차 편년을 통해 백제토기의 연대관을 제시하고 있는 것이 특징이다. 그 가운데 백제토기 성립 및 백제지역 대형분묘 출현 시기와 관련해 매우 중요한 가락동可樂洞 2호묘 출토 흑색마연토기 직구광견호를 구체적으로 330년 이후로 비정하고 있는 점이 주목된다(김일규 2007b). 그는 직구광견호와 직구단경호를 동일한 기종으로 여기고 있으나 전자의 출현이 후자에 비해 이르며, 그 지속 기간도 후자에 비해 짧아 서로 다른 기종으로 보아야 한다. 아무튼 그는 직구단경호의 조형이 중국 청자라고 하면서도 구체적으로 왜 330년을 상한으로 설정하였는지에 대한 설명은 없다.

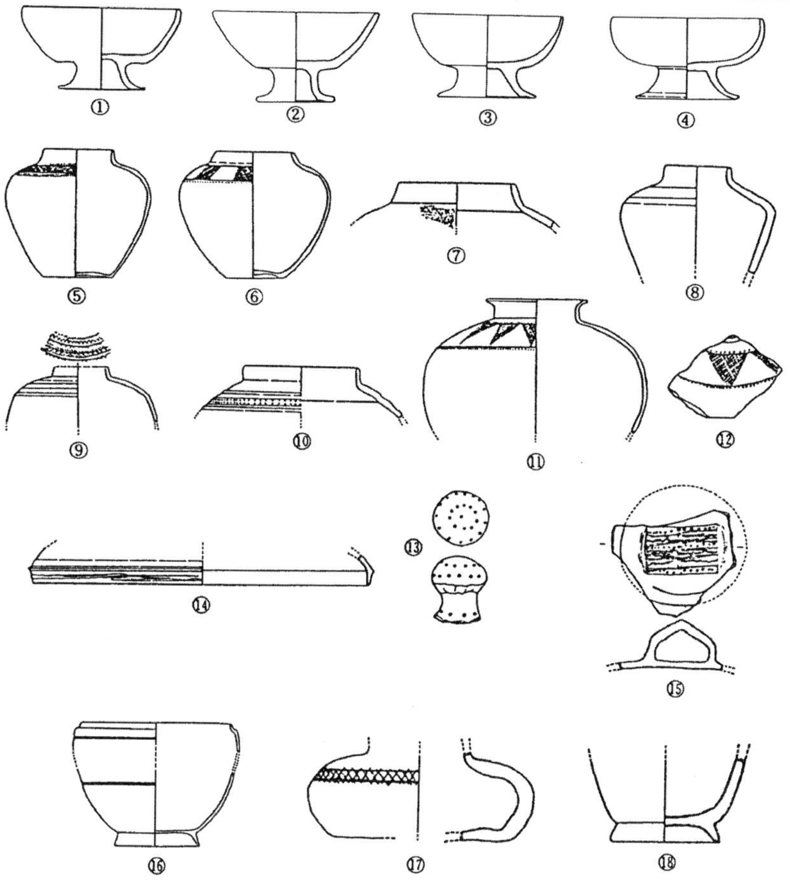

① 석촌동2호분하층(BF) ②,③ 석촌동 즙석봉토분(下) ④ 몽촌토성88-4호 저장공(H) ⑤,⑥ 가락동2호분(BF) ⑦ 몽촌토성탐색트렌치(BF) ⑧ 석촌동1호석곽묘(下) ⑨ 석촌동3호분동쪽 대형토광적석부(BF) ⑩ 몽촌토성88-4호주거지주변(BF) ⑪ ,⑫ 석촌동3호분동쪽대형토광적석부(BF) ⑬ 몽촌토성 동남지구 탐색트렌치(BF) ⑭ 몽촌토성 88-2호 저장공(BF) ⑮ 몽촌토성 동남지구 탐색트렌치(BF) ⑯ 석촌동87-1호 토광묘하층(BF) ⑰ 몽촌토성87-1호 저장공 충진층(BF) ⑱ 석촌동3호분 동쪽 대형토광 적석부(BF)

〈그림 9〉 백제토기 성립기의 흑색마연토기

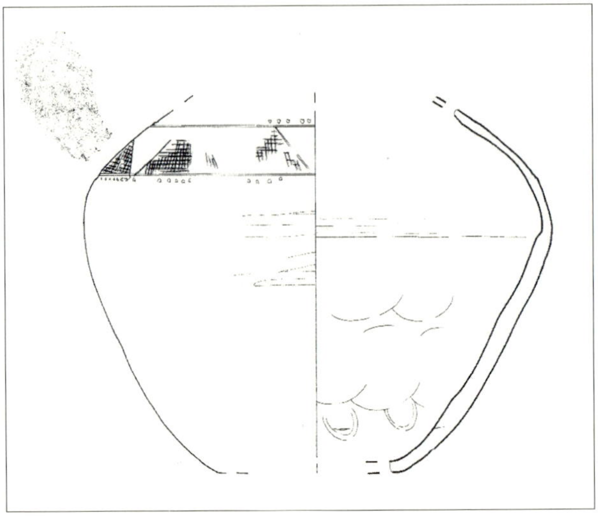

〈그림 10〉 풍납토성 경당지구 196호 직구광견호

직구광견호와 직구단경호의 가장 큰 특징은 견부肩部 문양대이다. 견부에 음각 격자문대를 배치한 것은 서진대西晉代 장강長江유역 청자관靑瓷罐의 특징이다. 동진東晉 이후에는 그러한 견부 문양대가 소멸되므로 백제 직구광견호 및 직구단경호의 견부 문양대는 시기적으로 서진과 관련됨은 분명하다(한지선 2005). 후술하는 바와 같이 장강유역의 문물은 산동-요동-낙랑의 경로를 통해 한반도에 유입되며, 동일한 루트를 통해 백제를 포함한 마한 제 세력과 라오양遼陽에 소재한 동이교위부東夷校尉府와의 대외교섭을 통해 영향을 미쳤을 가능성은 충분히 상정된다. 그러한 국제적인 유행은 원삼국 후기 단계에 영남지역에도 영향을 미치면서 노형토기에 음각 격자문양대가 출현하는 것으로 이해된다.

한편 평저平底인 직구광견호와 달리 둥근 저부의 직구단경호의 가장 큰 특

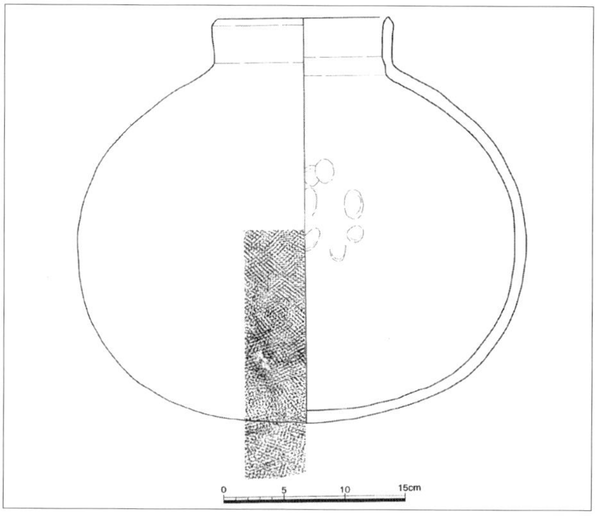

〈그림 11〉 포항 옥성리 90호묘 직구단경호

징은 동체 중하부에만 격자 타날이 되고 상부는 타날을 지운 것이다. 견부에 문양대가 있는 경우가 대부분이지만 없는 것도 다수 있다. 그러한 예에 해당하는 직구단경호가 포항 옥성리 나지구 90호 목곽묘에서 출토된 바 있는데, 이 목곽묘는 3세기 말~4세기 전엽으로 비정되고 있다(안순천 1998). 견부 문양대가 없는 직구단경호는 이른 시기가 아니므로 직구단경호는 적어도 그보다 이른 시기에 등장하였음을 말해주는 자료이다. 이 역시 3세기 중후엽으로 보는 필자의 백제토기 성립 연대관과 부합되는 것이다.

가락동 2호분에 대해서는 최근 새로운 보고서(윤세영 · 박준범 · 김일규 · 이창엽 · 정호섭 · 류지현 2012)가 발간되었다. 이전 보고서에는 미처 수록되지 않은 새로운 유물들도 포함되어 이 분야 연구에 좋은 자료가 제공된 점은 다행이다. 그러나 그 내용 특히 연대관은 김일규(2007)의 견해에 기반하고 있어 문제를 지적하지 않을 수 없다. 우선 가락동 2호분 출토품 각각에 대해 구체적으로 검토해 보자.

직구광견호의 출현 시기 비정과 관련해 매우 중요한 자료가 풍납토성 경당지구 196호 출토품이다(그림 10). 이 유구는 화재 폐기된 것이어서 출토품의 폐기 동시성이 분명한 제1급 편년자료이다. 함께 나온 중국제 회유옹 및 회유전문도기를 통해 중국과의 교차 역연대 비정이 가능한데, 관련 연구(韓芝守 2010)에 따르면 3세기 후반~4세기 전반경에 비정되고 있다.

풍납토성 경당지구 196호 전문도기에 대해서는 아직 중국측 연구자들 사이에도 견해가 엇갈리고 있다. 당시의 역사적 정황상 서진西晉과 백제 사이의 직접적인 교류보다는 228년 전후 손오와 요동遼東 공손연公孫淵 사이의 교섭을 계기로 백제에 전해졌을 것으로 보는 견해(韋正 2011)와, 5세기 이후로 비정하는 견해(王志高 2012)로 나뉘고 있다. 왕지고는 기벽이 두꺼운 전문도기 옹은 동진의 늦은 시기와 관련된다는 점에 기반한 판단인데, 몽촌토성 출토품은 기벽이 얇은 소형이어서 그 연대는 당연히 그보다 소급되어야 하며, 사실 남경지역 출토품의 정확한 맥락이 소상하지 않은 점도 문제로 지적될 수 있다. 이처럼 크게 관점이 엇갈리는 상황에서는 경당 196호 주거지 출토 목탄을 시료로 한 2건의 C14연대가 참고될 수 있다. 약 95%의 신뢰수준에서 각각 120~340년, 220~420년으로 도출되었는데, 이들의 중복구간을 취하여 신뢰도를 제고해보면 220~340년 사이의 어느 시점에 위치할 확률이 95%이다. 이러한 상황에서 필자는 여전히 서진대의 동이교위부東夷校尉府를 매개로 진행되었던 백제와 서진의 외교교섭이 중요한 계기였을 가능성에 무게를 두고 있다.

서진과 백제 사이의 문물교류의 가능성과 관련해 주목하여야 할 자료가

1. 샨뚱 죠우청 서진 유보劉寶 묘(301년)

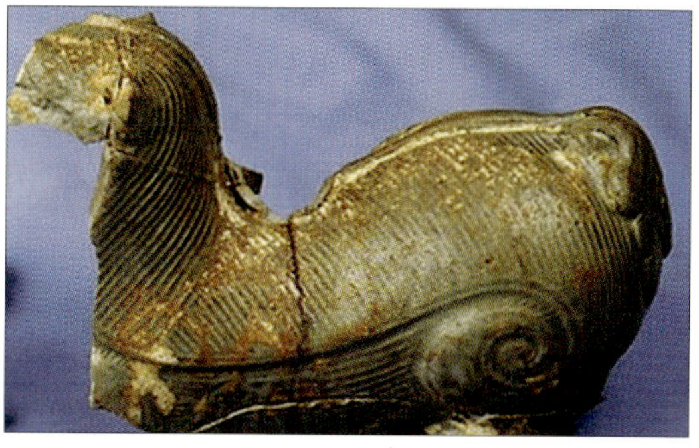

2. 평양 동산동 벽화묘

3. 유보劉寶 묘

4. 랴오양 샹왕자

5. 전 개성

〈그림 12〉 백제와 서진 사이 문물교류 관련 자료

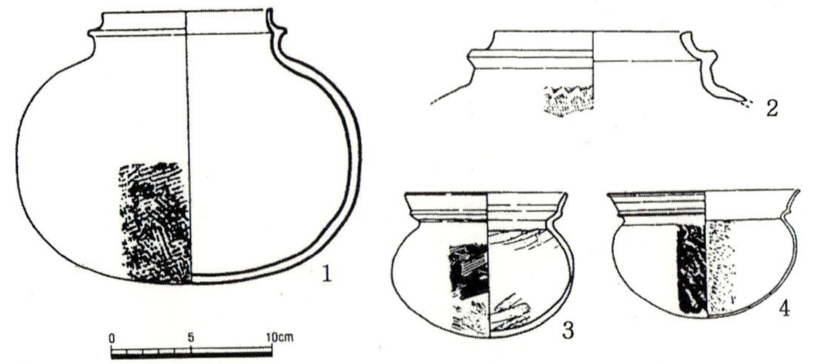

1 : 서울 可樂洞2號墳(尹世英1971)
2 · 3 : 釜山 東萊貝塚 (洪潽植1997)
4 : 日本 吉備10期 段階(高橋護1991) ※ 축척 1~3 : 1/5, 4 : 불명
5 · 6 : 金堤 新浦里住居址(兪炳夏 崔興鮮1999)
7 · 8 · 9 : 淸州 松節洞4號墳(趙詳紀1994)

〈그림 13〉 가락동 2호분 대경호와 비교자료

2011년 평양 낙랑구역 동산동東山洞에서 출토된 서진 청자사자형기靑瓷獅子形器이다. 이와 완전히 동일한 것이 1974년 산뚱山東 죠우청鄒城시에서 발견된 서진西晉 안북장군安北將軍 유보劉寶(301년 사망)묘에서도 출토되었다(山東鄒城市文物局 2005). 이 무덤에서는 전 개성 출토 호자虎子와 동일한 호자도 출토되었는데, 이는 또한 랴오양遼陽시 샹왕자上王家 진묘晉墓에서 출토된 것과도 동일하다. 랴오양은 당시 서진의 동이교위부가 소재한 곳이므로 『진서晉書』동이전 마한조에 보이는 빈번한 교섭을 통해 서진의 문물이 유입되었을 가능성을 가시적으로 보여주는 자료이다. 청자사자형기나 호자 그리고 전문도기 등은 모두 당시 장강유역, 즉 동오東吳의 고토故土에서 생산된 것이지만, 이처럼 서진대에 산동-요동을 거쳐 한반도의 낙랑군 및 그 주변지역으로 유입되고 있기 때문이다(박순발 2012a).

이상의 검토를 통해 풍납토성 경당지구 196호 출토 전문도기의 유입은 서진대로 비정하는 것이 적당하며, 구체적으로 대략 3세기 4/4분기 무렵으로 잠정할 수 있다. 그러므로 가락동 2호분 출토 직구광견호 역시 그 무렵으로 비정하는 것이 적절하다. 이러한 연대관은 함께 나온 대경호帶頸壺의 시간적 위치를 통해서도 뒷받침 될 수 있다. 이에 대해서는 김일규(2007)는 동래패총에서 대경호편과 공반된 하지키土師器계 토기가 3세기 후반~4세기 초라는 사실을 언급하면서 김해 대성동 고분의 연대관을 들어서 4세기 2/4분기가 상한이라 하였다. 그 근거는 대성동 연대관을 불가침으로 둔 채로 나머지를 그것에 맞추기 위한 설명에 지나지 않는다.

필자는 동래패총 출토 하지키계 토기에 대해 3세기 중엽경으로 비정 가능하다는 견해를 이미 발표한 바(박순발 2001b) 있다. 그 내용을 다시 요약하면 이러하다. 하지키계 토기 가운데 기형 파악이 가능한 유단구연소형발有段口緣小型鉢은 기비吉備지방 특유의 기종인데(그림 13 참조), 이는 킨키近畿지방의 쇼나이庄内식에 병행하는 기비吉備 10기에 해당한다(高橋護 1991). 북부 큐슈九州에서도 확인되는데, 현지 편년 상 북부 큐슈 하지키 II단계에 해당하며, 역시 킨키의 쇼나이시키 혹은 쇼나이-후루布留식 교체기에 대응된다(柳田康雄 1991).

쇼나이시키 토기의 연대는 지역에 따라 얼마간 차이가 있으나 최초 출현지인 기비지방의 경우 대략 3세기 후반에 시작되어 4세기 중엽에 이르는 100년간으로 비정되어 왔으나, 1996년 오오사카시 이케가미池上 소네曾根 유적 신전神殿 건물지 12번 목주를 시료로 한 수륜연대측정樹輪年代測定 결과 기존의 연대관보다 전체적으로 50년 상향조정되어야 함이 드러났다(光谷拓實 1996). 그에 따라 쇼나이시키의 출현은 기원후 200~220년으로 비정하는 견해(森岡秀人 1996)와 함께 야요이 종말~고훈古墳기 개시연대를 기원후 260년

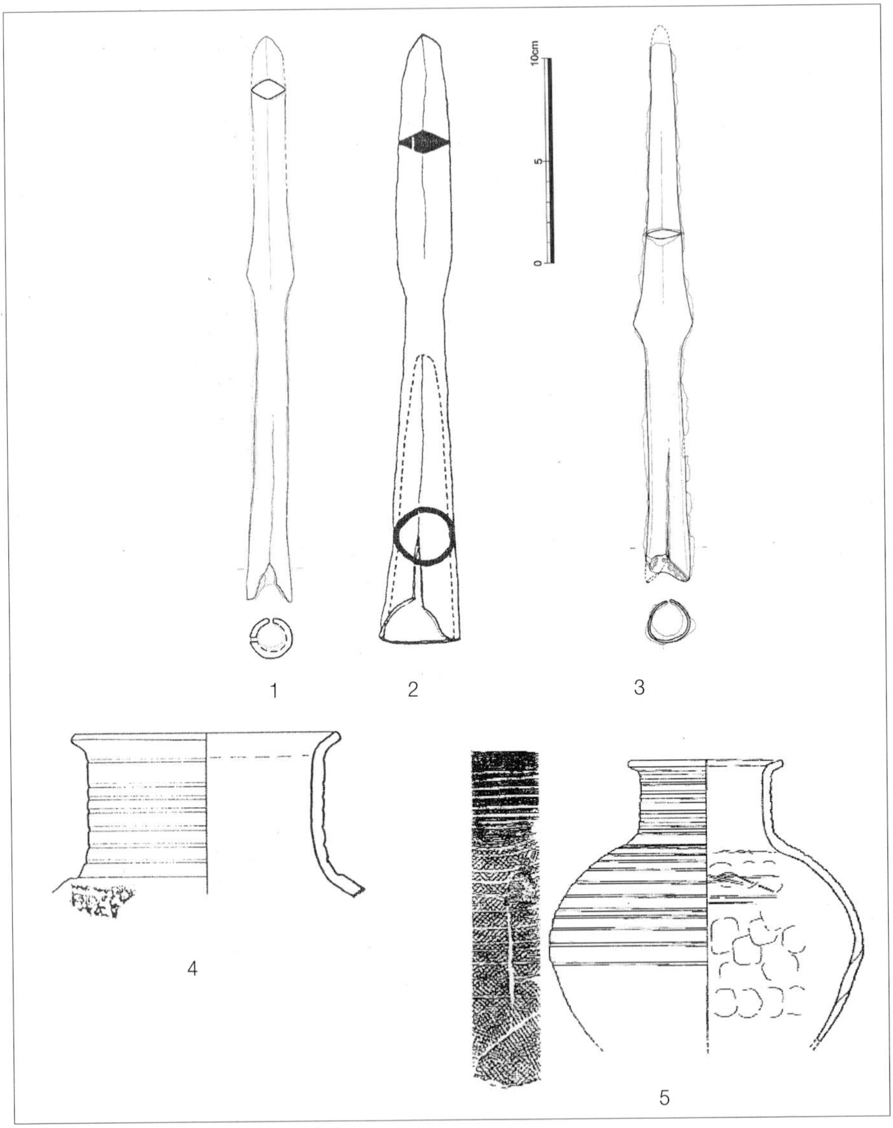

〈그림 14〉 가락동 2호분 철모와 비교자료

경으로 보는 견해(都出比呂志 · 松田常子1997)도 이미 제시되었다.

이러한 일본의 연대관에 따르면 동래패총 출토 하지키계 토기는 3세기 중엽보다 더 내릴 수 없다. 이에 대해 井上主税(2006 : 140~141)는 종전의 연대관에 의거하여 3세기 후반대로 볼 수 있다고 하면서 일부는 4세기까지 내려갈 가능성도 있다고 하였다. 이처럼 일본의 연대관 역시 확고하지 않는 상황이므로 필자는 종전의 견해처럼 3세기 중엽경으로 비정하고자 한다.

그렇다면 대경호편 역시 그 무렵으로 보아야 하는 것이 당연하다. 동래패총 대경호의 연대가 그러하다면 가락동 2호분의 대경호 역시 그보다 늦게 보아야 할 논리적 근거는 없다. 대경호의 비교적 많은 분포를 보이는 곳이 호남지역이기는 하나, 3세기대로 비정 가능한 평양 석암리石巖里 99호 전실묘(高久健二 1995 : 282)에서 대경호의 조형祖形으로 볼 수 있는 토기가 있는 점(서현주 2006 : 59)등에서 낙랑에 인접한 한강유역에서 먼저 출현하였을 가능성(박순발 2001b)을 배제하기 어렵다. 그러므로 가락동 2호분 대경호 역시 동래패총 대경호와 거의 같은 시점으로 비정할 수 있다.

가락동 2호분은 목관묘 1기, 토광묘 2기, 옹관묘 1기가 조영의 시차를 두고 안장되면서 하나의 봉토를 형성한 것으로 이해되어 왔다. 최근 보고서에 의하면 봉토에서도 다수의 유물이 출토되었는데, 그 가운데는 관정棺釘이 포함되어 있어 앞의 4기 이외에 별도의 주체부가 하나 더 있었을 것으로 판단된다. 봉토 출토품 가운데는 앞서 살펴 본 직구광견호를 이외에도 철모(그림 14의 1) 등이 있다. 이 철모는 공銎 기부가 연미형燕尾形인데, 한반도 남부지역에서는 2세기 후엽~3세기 초로 비정되는(안순천 1998) 포항 옥성리玉城里 43호 목곽묘 출토품(그림 14의 3)이 현재로서는 가장 이르다. 백제 고지故地에서는 천안 신풍리新豊里 1호 주구周溝 목관묘 출토품이 이르지만, 가락동 2호분과 비교해보면 모신鋒身 단면이 능형菱形이어서 그보다 늦은 형식이다. 신풍리에서는 같은 시기에 해당하는 6호 목곽묘에서 공기부가 직선형인 직기형(直基型)도 확인되어 이들이 공존하고 있다(성정용 2004). 공 기부가 연미형은 아니지만 모신 단면이 가장 유사한 예로는 제천 양평리陽坪里 2호 즙석식적석묘 출토품(그림 14의 2)이 있다. 철모의 공 기부 형태는 계통적인 차이를 반영하고 있는 것으로 이해되고 있다. 연미형은 고구려계, 직기형은 한漢·낙랑계로 보기도 한다(高久健二 1995 : 223~255). 모신 단면형은 시기적인 변화에 민감한 속성으로서 편능형偏菱形에서 정능형正菱形으로 변화되는 양상이다. 이러한 점에 비추어 가락동 2호분 철모는 양평리 2호 단계에 병행하는 것으로 볼 수 있다.

한강유역 및 임진강유역의 즙석식적석묘의 연대에 대해 필자는 200~250년으로 비정하고 있다(박순발 2005). 최근 한강유역 각지에서 출토되고 있는 낙랑계토기가 양평리 2호 즙석식적석묘에서도 출토된 바(그림 14의 4) 있어 그러한 필자의 연대관을 뒷받침하고 있다. 발굴조사 당시는 물론이고 최근까지 낙랑계토기의 존재를 몰각하고 있었으나 춘천 근화동槿花洞 B지구 3호 주거지에서 동일한 예(그림 14의 5)가 출토된 것을 계기로 재인식하게 되었다. 근화동 B3호 출토품은 200년 이전으로 비정(홍주희 2012)되고 있으므로 양평리 2호분의 연대도 상향 조정할 여지가 있다. 아무튼 양평리 2호분 출토 철모의 연대로 보면 가락동 2호분 출토 철모는 3세기 중엽 이전으로 보는 데에 문제가 없다.

가락동 2호분 옹관으로 전용된 장란형토기는 전술한 바와 같이 경질무문토기 심발에 격자 타날이 채용되고 저부의 형태가 오이도烏耳島나 화성 기안리旗安里 낙랑계 자비煮沸 용기의 영향을 받아 3세기 전반에 등장한다(박순발

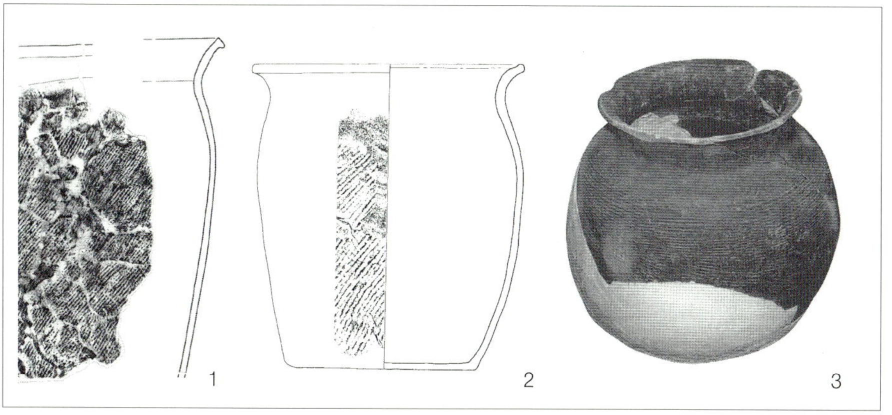

〈그림 15〉 가락동 옹관과 비교자료

2004). 심발형토기와 마찬가지로 백제 중심지에서는 승문타날이 먼저 등장하여 주변으로 확산되는 양상이 확인되고 있다. 가락동 2호분 옹관으로 쓰인 장란형토기는 비교적 이른 시기의 특징을 구비하고 있다. 아직 본격적인 경부가 형성되지 않고 구연단의 처리 역시 아래로 꺾이지 않은 등의 속성이 그러하다. 구연단의 형태는 회전 조정 기술을 반영하는데, 가락동 옹관의 구연단(그림 15의 1)은 파주 주월리舟月里 97-12호 주거지 출토 승문 심발형토기(그림 15의 2)의 구연단과 비교하면 직선적이다. 둥근 기미가 있는 주월리 심발형토기가 약간 후행하는 것으로 이해되지만 승문의 타날 기법이 동일하여 거의 같은 단계로 보아도 무방하다. 그런데 주월리 97-12호 심발형토기는 낙랑계 평행타날호(그림 15의 3)와 함께 나왔다[1]. 낙랑 · 대방 등 군현지역 생활

1 이 토기에 대해 필자는 낙랑계토기로 인식하면서 96-7호 주거지 출토품으로 소개한 바(박순발 2005: 27) 있으나, 97-12호 주거지 출토품으로 바로 잡는다.

유적 출토 자료가 알려진 바 없어 이 토기의 정확한 시기 비정은 어렵지만, 적어도 낙랑군이 축출된 4세기 초 이전으로 볼 수 있을 것이다. 따라서 가락동 옹관으로 전용된 장란형토기은 3세기 후반대로 비정하여도 문제되지 않을 것이다.

지금까지 다소 장황하게 백제토기의 성립 시기와 대형분묘의 출현 시점과 관련된 최근의 이견들을 중심으로 필자의 견해를 피력하였다. 그 결과 현재의 자료상으로는 종전의 필자 연대관을 바꿔야 할 필요성을 느끼지 않는다는 것이다. 그간의 이견들은 사실 영남지역 중심의 마구 편년이나 부산 등 특정지역 편년관을 잣대로 한강유역 편년을 조정하려는 시도라는 혐의를 강하게 풍긴다. 백제토기의 성립 시점은 3세기 중후엽이 적당하며, 그 무렵 가락동 2호분으로 대표되는 대형분묘도 등장하고 있었다.

3. 한강유역 성원 취락의 출현 시점

한강유역에서 성을 갖춘 취락, 즉 성원 취락은 풍납토성과 몽촌토성이 있다. 이들의 초축시점에 대해서는 그간 여러 주장들의 있었으나, 그 근거는 마땅히 성벽 절개 조사를 통해 확보된 고고자료여야 할 것이다. 풍납토성은 현재까지 모두 3지점에 걸쳐 절개조사가 있었고, 몽촌토성 축조 시기 문제와 관련되는 절개 지점은 1곳이 있다. 여기서는 이러한 조사 결과를 중심으로 한강유역에서 어느 시기에 성이 등장하는 지를 살필 것이다. 이는 곧 백제의 국가 성립 시기와 같은 것임은 두 말할 필요 없다.

풍납토성 축조 시기 비정과 관련해 검토되어야 사항은 토성 축조 이전 단계인 3중 환호의 폐기 시점과 1999년 동벽 2개 지점 절개 조사시 성벽 축조

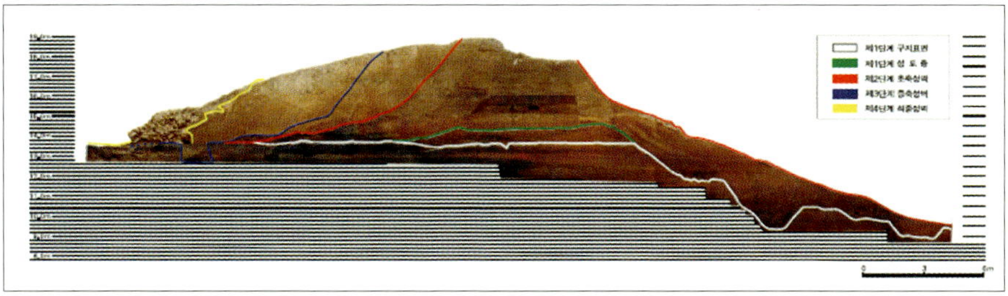

〈그림 16〉 풍납토성 2011년도 동벽 절개 단면(국립문화재연구소 2010)

구지표 및 퇴축토 혼입 유물에 대한 연대 비정이다. 3중 환호 폐기면에서 출토된 토기와 성벽 축조시 혼입된 토기는 크게 다르지 않은데, 앞서 한강유역 편년체계를 점검하면서 언급된 바 있는 심발형토기와 장란형토기 등이다. 이 토기의 연대관에 대해서는 앞의 검토를 통해 분명히 한 바와 같이 기원후 2세기 1/4분기 무렵에 등장한 것으로 보아야 한다. 전술한 바와 같이 그보다 터무니 없이 늦춰보는 견해도 있으나, 아무리 늦춰 잡아도 3세기 중엽 이후로 내릴 수는 없다. 그러므로 1999년도 풍납토성 동벽 절개 조사 보고서에서 제시한 바와 같은 3세기이전 풍납토성 축조 가능성은 성립될 수 없다.

풍납토성 성벽의 축조 과정 및 시기에 대한 새로운 자료는 2011년도 조사를 통해 보다 분명해졌다. 약보고서에 의하면, 구지표면을 평탄하게 정면한 뒤 제 1단계 성토가 이루어지고, 제 2단계는 그 위에 중심 골조가 되는 토루를 먼저 쌓은 후 그 양측면에 가축加築하여 성벽을 완성하였다. 제 3단계는 기존의 제 2단계 초축 성벽 내측에 가축한 것이며, 제 4단계는 다시 그 내측에 먼저 가축 성토한 다음 석축으로 마감한 것이다. 따라서 풍납토성의 성벽은 축조 및 사용에 의해 초축(제 2단계), 제 1차 수축修築(제 3단계), 제 2차 수축(제 4단계) 등 모두 3개의 시점에 걸쳐 변화가 있었음이 드러났다.

〈그림 17〉 풍납토성 축조 구지표면 출토 낙랑 흑색마연 암문호편 및 비교자료

각 공정 단계별 혼입 유물에 의해 그 시기도 추정할 수 있는데, 초축 성벽 축조를 위해 기초 성토한 제 1단계 구지표면에서는 승문 타날 후 횡선을 두른 전형적인 백제 중앙지역 심발형토기편과 경부에 암문暗紋이 있는 흑색마연토기 호편(그림 17의 1) 등이 채집되었다. 흑색마연 암문호는 2세기대로 비정되는 석암리石巖里 205호 왕우王旴묘 출토품(그림 17의 2 · 3)과 유사하여 그 시간적 위치를 짐작할 수 있다(原田淑人 · 田澤金吳 1931). 낙랑계토기는 풍납토성 미래마을 부지에서 이미 다수 확인된 바 있어 성벽 축조 이전 시기 풍납토성 내부 취락 단계와 관련된다.

심발형토기는 전술한 바와 같이 3세기 전반에 등장한다. 초축 성벽의 골조가 되는 중심토루에 축토층에 혼입된 토기 가운데 주목되는 것은 견부 수장문垂帳紋이 있는 토기이다(그림 18의 1). 이 토기는 태토와 문양의 특징으로 보면 고구려계 토기와 유사하며, 파주 주월리 한양대 조사 2호 주거지 출토품과(그림 18의 2) 비교된다. 주월리 토기의 연대에 대해, 집안集安 국내성國內城 체육장 지점 저장공에서 동진東晋 청자 등과 함께 출토된 수장문 토기가 338년으로 비정되는 무술戊戌(338년 비정)명 권운문卷雲文 와당이 사용된 건

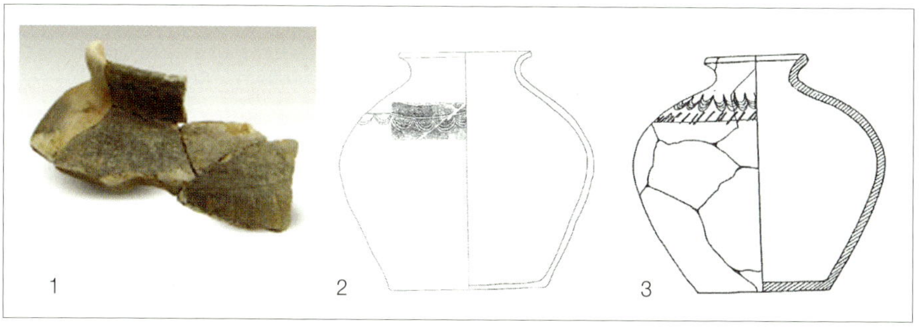

〈그림 18〉 풍납토성 초축 골조토루 혼입 수장문호 및 비교자료

물지의 하층에 해당하는 점에 근거하여 4세기 1/4분기 무렵으로 비정한 바(박순발 2005 : 27)있다. 357년 하한이 분명한 안악 3호분에서도 주월리와 유사한 평저호(그림 18의 3)가 있어 풍납동 수장문호의 대략적인 시간적 위치를 가늠할 수 있다.

그런데 당시 고구려와 백제의 관계로 보아 이 토기를 고구려 토기로 이해하기는 어렵다. 안악 3호분 피장자 동수冬壽는 잘 알려진 것처럼 『자치통감』 권95 진기17에 성제 함강2년(336)에 고구려에 망명해 온 동수佟壽이다. 낙랑 · 대방군이 축출된 지역에 안치하여 구 군현지역으로 세력을 확대하려는 백제를 견제하기 위한 고구려의 정치적 배려가 작용하였을 것으로 볼 수 있다. 백제는 『삼국사기』 백제본기 책계왕 원년(286)조의 기사에서 잘 알 수 있듯 대방과는 친밀한 관계를 유지하고 있었으므로 314년 대방 멸망 이전부터 군현민들이 백제에 유입되었을 가능성이 있으며, 그러한 정세로 인해 특히 멸망시점에 다수의 대방군민들이 백제로 들어왔을 것으로 추정된다. 그 무렵 대방지역의 토기가 여하한 지는 잘 알 수 없으나 동수묘 · 주월리 · 풍납토성 출토 수장문 호의 공통성은 대방지역의 토기를 모태로 한 것일 가능성을 배제하기 어렵다.

그 무렵은 또한 고구려 역시 적대관계에 있는 전연前燕을 견제하기 위해 동진과 친밀한 관계를 유지하였음은 동수묘의 존재를 통해 짐작할 수 있다. 『삼국사기』에는 342년 고국원왕이 국내성을 수즙한 것으로 기록되어 있는데, 그 과정에서 역시 낙랑 · 대방의 군민들을 활용하였을 가능성이 있다. 이러한 시대적 배경에서 집안 국내성 출토 토기와 안악 3호분 · 주월리 · 풍납토성의 수장문 토기가 등장하였으며, 그 모태는 모두 멸망이전의 군현지역 토기일 것으로 볼 수는 없을까.

필자의 이러한 추정은 1982~1984년 사이에 발굴조사된 평양 낙랑구역 낙랑 고분 조사 결과로써 뒷받침된다. 이 때 조사된 332기 무덤 가운데 전실묘 塼室墓 4기에서 견부 문양대에 물결무늬가 있는 평저호가 출토되었다(리순진 · 김재용 2003 : 405). 도면이나 사진이 제시되지 않았지만 기술 내용으로 보아 동수묘 · 주월리 · 풍납토성 등지에서 확인되는 수장문 호와 동일한 계보일 것이라는 추정은 가능하다. 낙랑동 62호 방형단실묘, 낙랑동 65호 감실 龕室 달린 이실二室전실묘, 남사리 4호 이실전실묘, 남사리 16호 방형단실묘 등이 그것이다. 전실묘의 천장은 붕괴되어 잘 알 수 없으나 그 가운데 낙랑동 65호 감실은 궁륭상 천장으로 되어 있다. 궁륭상 천장은 3세기대에 들어 유행하며 낙랑 전실묘 가운데 가장 늦은 단계에 해당된다(高久健二 1995 : 272).

이러한 사실로 미루어 낙랑 · 대방 군현지역에는 3세기대에 이미 견부 수장문 평저호가 존재하고 있었으며, 파주 주월리나 풍납동 것은 그와 연계되는 군현계 토기임을 알 수 있다. 그럼에도 불구하고 풍납동 출토 수장문호의 정확한 연대를 비정하기는 어렵다. 낙랑 · 대방군의 멸망 시점을 고려하면 314년 무렵이 하한이겠으나 전술한 책계왕대의 정치적 사정을 감안할 때 고이왕대인 3세기 중후엽부터 대방군 멸망시점인 314년 사이의 어느 무렵으로 보는 데는 문제가 없을 것이다. 토성 축조 과정에 대방군의 선진 기술이 동원되었을 가능성과 함께 3세기 4/4분기 무렵을 상한으로 비정해 두고자 한다.

몽촌토성의 축조 시기 비정과 관련하여 중요한 근거가 되는 자료는 1985년도에 실시된 동북지구 성벽 절개 조사 결과이다. 성벽의 성내측 퇴적토 속에 전문도기편이 혼입되어 있어 중국과의 교차연대 비정이 가능하기 때문이다. 성벽이 축조된 이후 얼마간 경과한 뒤 퇴적된 층이므로 초축 시기는 전문도기의 연대보다는 이른 것이 되므로 전문도기는 몽촌토성 축조 하한을 말해주는 자료로 이해할 수 있다.

전술한 바와 같이 백제지역 출토 전문도기의 연대를 둘러싸고 이견이 상존하고 있어 구체적인 역연대 비정은 쉽지 않으나, 기벽이 얇은 소형 전문도기는 서진 이전에 집중되는 경향성은 인정되고 있다. 이 경우 전문도기의 유입 경로는 전술한 바와 같이 장강유역-산동-요동지역-백제로 상정할 수 있을 것이다. 『진서』 동이전의 마한과 서진의 교섭 기간인 3세기 4/4분기 무렵에 유입되었을 가능성이 높으므로, 몽촌토성의 축조는 적어도 그 이전의 어느 무렵으로 비정할 수 있을 것이다.

종래 몽촌토성의 축조 시기를 4세기 중엽 이후로 비정하는 견해도 있었으나 이는 동남지구의 동문지 남쪽 망루지 부근의 탐색갱에서 출토된 남조 청자를 근거로 한 것이다. 이 지점은 초축 성벽이 아니라 개수와 관련된 지점으로 보아야 하며, 그 시점은 5세기 초엽으로 비정할 수 있다. 이곳을 제외한 여타 성벽 절개 조사에서 축성토 내부에 유물이 혼입된 예가 없는 점도 그러한 판단의 타당성을 뒷받침함은 물론이다.

이상의 검토를 통해 한강유역에 성원취락은 3세기 4/4분기 몽촌토성을 시작으로 하며, 거의 같은 시기 혹은 그보다 조금 늦은 시점에 풍납토성이 축조된 것으로 이해된다. 성원의 출현은 국가 성립의 지표가 될 수 있으므로 백제는 3세기 중후엽, 즉 3세기 4/4분기에는 국가 단계의 사회로 성장하였음을 알 수 있다.

III. 맺음말-백제 국가 성립의 배경

위에서 백제가 한강유역에서 국가로 성장한 시기에 대해서 검토하였다. 특히 최근 영남지역 연구자를 중심으로 잇달아 제기된 한강유역의 원삼국시대 편년체계 및 백제 토기 성립 시기에 대한 이견들에 대해 자세히 검토해 보았다. 그 결과 기존의 필자를 비롯한 한강유역 원삼국시대 편년안은 여전히 성립 가능하다는 사실을 재확인하였다.

그러한 편년관에 의해 한강유역의 고고자료를 살펴본 결과 백제가 국가 단계의 사회로 성장한 시점은 기원후 3세기 중후엽, 구체적으로 250~300년 사이일 것으로 판단되었다. 그렇다면 백제는 다수의 마한 소국을 제치고 어떻게 한강유역에서 국가로 성장할 수 있었을까. 이 문제와 관련해 필자는 이전에 의견을 제시한 바(박순발 2001c) 있다. 최근 양호한 고고자료의 축적으로 좀더 구체적인 설명이 가능하게 되었다.

백제 건국을 주도하였던 온조집단은 기원전 1세기 말경 한강유역에 정착하였던 것으로 볼 수 있다. 이들이 정착한 한강하류 지금의 서울지역은 세형동검기 후기 즉, 초기철기를 수반한 단계에는 뚜렷한 고고학자료가 확인되지 않는 점으로 보아 당시 주변지역으로서, 한강 및 임진강 중상류 유역에 분포하였던 예계집단과 마한의 경계지역에 해당한다. 고조선 병행기 한강유역 정치체의 모습은 적어도 다뉴경多鈕鏡 등 청동의기의 분포를 통해 보는 한 확인되지 않아 주변지역에 비해 정치 · 사회적 발전이 늦은 것으로 이해된다.

그러나 낙랑 등 군현설치 이후 한강유역은 교역의 요충으로 부상하게 된다. 가평 대성리을 비롯한 전한前漢 시기 군현 문물을 출토하는 유적들은 그러한 추정을 가능하게 한다. 이 무렵까지 백제 발상지인 서울지역은 아직 두각을 나타내고 있지 않다. 그렇지만 이러한 군현 문물을 풍부히 향유하던 세력이 온조와 연관된 집단일 가능성을 배제하기는 어렵다. 2세기 중후반 이후 환·령지말桓·靈之末에 들면서 후한정권의 혼미와 함께 토착 사회에 대한 군현 통제력의 쇠퇴와 더불어 다수의 군현민이 한韓으로 유입되었다. 이때 다수의 군현민이 유입될 수 있는 지정학적 위치는 바로 한강유역이다. 백제국伯濟國이 부상할 수 있는 동력은 이 무렵과 밀접한 관련이 있을 것으로 판단된다. 최근 풍납토성 내부 취락 조사과정에서 다수 출토되는 2세기 후반대의 낙랑계 토기와 오수전五銖錢 등은 그러한 당시의 사정과 무관하지 않을 것이다.

공손씨정권公孫氏政權(189~238)은 군현민의 유출로 황폐한 낙랑 남변에 대방군帶方郡을 설치하고 한·왜와의 교역창구로 삼았다. 대방군의 설치의 의도는 기본적으로 고구려와의 대결구도에 있던 공손씨 정권이 그 후방에 있는 한과의 우호적인 관계유지를 위한 측면이 있으므로 한사회의 내적 통합을 크게 제어하기는 어려웠을 것이다. 이러한 정세 하에서 백제의 북방에 인접한 "천편구臣濆沽"국 등은 그 이남의 토착사회와 군현사이의 교역으로 경제적 이득을 구가할 수 있었을 것이다. 246년 무렵 조위曹魏의 교역망 재편 시도는 한사회의 불만을 야기하고 대방군을 공격하는 사건으로 비화된 배경은 바로 그러한 사정을 반영하고 있을 것이다(윤용구 1999). 백제도 이 사건에 연루된 점으로 미루어 기존 교역망을 일정 정도 장악하고 있었던 것으로 볼 수 있다.

『삼국사기』 백제본기 책계왕 원년조의 기사는 선대에 이미 대방 왕녀王女를 왕비로 맞아들임으로써 백제가 대방의 "구생지국舅甥之國"임을 잘 보여주고 있다. 이러한 정치적 연계를 통해 백제는 여타 마한 소국에 비해 빠른 속도로 정치·사회적 성장을 달성할 수 있었을 것이다. 이 과정에서 주목되는 고고자료가 즙석식적석묘의 분포이다. 필자는 기존에 이 무덤을 예계집단의 묘제로 이해해 왔다. 그러나 최근까지 알려진 고고자료로 보면 예계 묘제가 모두 이와 같은 것은 아닌 것으로 보인다. 지역적으로는 예계집단의 분포지와 밀접한 관련을 보이는 것은 사실이지만, 시기적으로 200~250년 사이에 집중될 뿐 아니라 그 입지가 교통로 상의 도진渡津에 위치하고 있는 공통성을 보이고 있다. 그리고 거의 모든 즙석식적석묘 부장품에 낙랑 · 대방 등 군현 기원 장신구나 토기가 포함되어 있다.

이러한 점으로 미루어 각지의 즙석식적석묘 축조집단은 낙랑 · 대방으로 이어지는 내륙 교역로의 중요 거점을 장악하고 있었던 것으로 이해할 수 있다. 대체로 예계집단 분포 지역에 밀집되어 있기는 하나 개성-연천으로 이어지는 임진강 수계를 통과하는 교통로와, 화천-춘천-양평으로 이어지는 북한강 수계 교통로, 양평-제천-정선으로 이어지는 남한강 수계 교통로, 마지막으로 이들과 연계되는 것으로서 가장 남쪽에 위치한 금강 중상류의 청원으로 이어지는 교통로 등을 상정할 수 있다. 백제가 이들을 장악하는 과정에서 예계집단 혹은 해당 지역 재지세력과 빈번한 전쟁이 있었던 것으로 이해할 수 있다.

조위曹魏에 이어 등장한 서진 정권과 병행하는 3세기 중후반경에 이르러 백제는 군현으로 통하는 광역 교역망을 장악한 것으로 추정된다. 이후 한반도를 벗어나 멀리 랴오양에 소재한 서진의 동이교위부와의 원거리 교섭 주도를 통해 마침내 마한의 우이牛耳를 잡게 된다. 풍납토성 및 몽촌토성에서 출토된 장강유역 기원 전문도기 등은 이러한 과정을 통해 유입되었을 것으로 보인다. 이 시기에 풍납토성 · 몽촌토성 등 도성의 핵심 기반시설이 조영되었음은 물론이다.

참고문헌 |

국립문화재연구소, 2011, 『풍납토성』(2011년 동성벽 발굴조사 현장설명회 자료).

김일규, 2006, 「한강 중 · 하류유역 중도식토기 편년소고」, 『석헌정징원교수정년퇴임기념논총』, 부산고고학연구회 논총간행위원회.

______, 2007a, 「한강유역의 원삼국시대 성립과정」, 『원삼국시대의 한강유역』(2007년도 제3회 서울경기고고학회 정기발표회 논문집), 서울경기고고학회.

______, 2007b, 「한성기 백제토기 현년재고」, 『선사와 고대』 27.

______, 2012, 「가락동 2호분의 편년」, 『가락동 2호분』, 고려대학교박물관 · 서울문화유산연구원.

高久健二, 1995, 『낙랑고분문화 연구』, 학연문화사.

리순진 · 김재용, 2003, 『락랑구역일대의 고분발굴보고』, 백산자료원.

박순발, 1998, 『백제 국가의 형성 연구』, 서울대학교대학원 박사학위논문.

______, 2001a, 『한성백제의 탄생』, 서경문화사.

______, 2001b, 「대경호 일고」, 『호남고고학보』 13.

______, 2001c, 「마한 대외교섭의 변천과 백제의 등장」, 『백제연구』 33.

______, 2004, 「백제토기 형성기에 보이는 낙랑토기의 영향」, 『백제연구』 40.

______, 2005, 「한성기 백제 연구와 고고자료」, 『한성백제 고고자료집(상)』, 기전문화재연구원.

______, 2009, 「경질무문토기의 변천과 강릉 초당동유적의 시간적 위치」, 『강릉 초당동 유적』, 한국문화재조사연구기관협회.

______, 2012a, 「고고자료로 본 산동과 한반도의 고대 해상교통」, 성주탁교수추모논총간행위원회편, 『백제와 주변세계』, 진인진.

______, 2012b, 「동북아시아 궁성제의 변천과 경주 월성」, 『경주 월성의 보존 정비현황과 과제』, 국립경주문화재연구소.

서현주, 2006, 『영산강유역 고분 토기 연구』, 학연문화사.

성정용, 2004, 『천안신풍리유적』, 충남대학교박물관.

안순천, 1998, 「종합고찰」, 『포항 옥성리 고분군 II-나지구-』, 영남매장문화재연구원.

王志高, 2012, 「풍납토성의 세 가지 문제에 대한 시론」, 『동북아시아 속의 풍납토성』(제12회 한성백제문화제 국제학술회의 발표논문집), 백제학회.

윤용구, 1999, 「삼한의 대중교섭과 그 성격-조위의 동위경략과 관련하여-」, 『국사관논총』 85.

윤세영 · 박준범 · 김일규 · 이창엽 · 정호섭 · 류지현, 2012, 『가락동 2호분』, 고려대학교박물관 · 서울문화유산연구원.

이성주, 2011, 「한성백제 형성기 토기유물군의 변천과 생산체제의 변동-실용토기 생산의 전문화에 대한 검토-」, 『한국상고사학보』 71.

이창희, 2009, 「가평 대성리유적 출토 토기 부착 탄화물의 탄소14연대측정」, 『가평 대성리유적』 〈본문2〉 부록, 경기문화재연구원.

井上主稅, 2006, 『영남지방 출토 왜계유물로 본 한일교섭』, 경북대학교대학원 박사학위논문.

한지선, 2005, 「백제토기 성립기 양상에 대한 재검토」, 『백제연구』 41.

한지수, 2010, 「백제 풍납토성 출토 시유도기 연구-경당지구 196호 유구 출토품과 중국자료와의 비교를 중심으로-」, 『백제연구』 51.

홍주희, 2012, 「북한강 유역 원삼국시대 외래계 토기-낙랑계 토기를 중심으로-」, 『중부지역 원삼국시대 외래계 유물과 낙랑』 제9회 매산기념강좌, 숭실대학교.

〈중문〉

山東鄒城市文物局, 2005,「山東鄒城西晉劉寶墓」,『文物』1期.

韋正, 2011,「試談韓國出土錢文陶器的時代」,『東南文化』2期.

〈일문〉

高橋 護, 1991,「土師器の編年-中國・四國」,『古墳時代の硏究』6, 雄山閣.

光谷拓實, 1996,「年輪年代法」,『彌生の環濠都市と巨大神殿』,池上曾根遺跡史蹟指定20周年記念事業實行委員會.

都出比呂志・松田常子, 1997,「年輪年代法-未來へつなぐ夢 -光谷拓實さん、森岡秀人さんに聞く-」,『考古學硏究』43-4.

森岡秀人1996,「彌生時代抗爭の東方波及-高地性集落の動態を中心に-」,『考古學硏究』43-3.

柳田康雄, 1991,「土師器の編年：九州」,『古墳時代の硏究』6, 雄山閣.

原田淑人・田澤金吳, 1931,『樂浪-伍官掾王盱の墳墓』, 刀江書院.

村上恭通, 1988,「東アジアの二種の鑄造鐵斧をめぐって」,『たたら硏究』29.

〈영문〉

John Collis, 1984, *The Eropean Iron Age*, Routledge.

Ian Hodder, 1982, *Symbols in Action : Ethnoarchaeological Studies of Material Culture*, Cambridge University Press.

Kristian Kristiansen, 1998, *Erope before history*, Cambridge Univ. Press.

James R. Sackett, 1990 Style and ethnicity in archaeology : the case for isocrestism, *THE USE OF STYLE IN ARCHAEOLOGY* Edited by Margaret W.

Conkey, Cambridge University Press.

Joseph A. Tainter, 1978, Motuary Practices and the Study of Prehistoric social System, *Advances in ARCHAEOLOGICAL METHOD AND THEORY* Vol.1 Edited by Michael B. Schiffer, Academic Press.

Robert J. Wenke, 1999, *Pattern in Prehistory*, Forth Edition, Oxford Univ. Press(김승옥 역, 2004, 『선사문화의 패턴II-고대 문명의 기원과 발전-』, 서경).

주제발표 3

백제, 누가 세웠나

-문헌학적 측면-

김 영 심 공주대학교 백제문화연구소 교수

Ⅰ. 머리말

Ⅱ. 백제의 국가 형성 문제에 대한 몇 가지 사전 검토

Ⅲ. 백제의 건국 주체세력과 주민집단

Ⅳ. 맺음말

요 약

본고에서는 힘의 공백지대였던 한강유역에 이주민집단이 남하하여 백제국을 성립시킴으로써 백제의 역사가 시작된 것으로 파악하였다. 백제국의 성립 과정에서 토착 선주민의 역할은 제한되고 이주민집단의 역할이 더 컸기 때문에 건국 주체세력은 이주민계통으로 한정해서 보았다.

건국설화와 여타의 문헌기록을 통해 건국주도세력의 계통성을 추적하였는데, 적어도 문헌상으로는 부여 계통임이 강조되었다고 할 수 있다. 온조설화나 개로왕의 국서에 나오는 "與高句麗同[源]出扶餘"라는 표현은 '고구려와 계통을 같이 한다'에 방점이 있는 것이 아니라 고구려와 대등하게 '부여에서 갈라져 나왔다'는 것을 강조하는 표현이다. 동명-구태설화, 동명묘 배알 등 국가적 차원에서 표방했던 계승의식 또한 백제 건국 주체세력이 부여계임을 말해준다. 계승의식 속에서 부여계라는 의식은 더 확대된 것으로 생각된다.

백제의 건국 주체세력이 이주해 오기 전 한강유역에 살고 있던 주민집단은 『삼국지』 한전과 「광개토왕비문」에 보이는 한韓 · 예濊이다. 한인이 절대다수를 차지하고 예인이 섞여 있었다. 한 · 예의 거주지역은 구분되어 있었을 것이나, 주민의 이주에 의해 일부의 다른 종족이 섞여 있었을 가능성은 충분하다. 한강유역에서는 한인과 예인의 상호접촉과 동화를 통해 문화적 · 종족적 복합이 이루어졌을 것이다.

I. 머리말

백제의 건국시기 및 건국 주체세력에 대한 규명은 백제사의 여러 가지 논쟁 주제 중 가장 해결하기 힘든 문제가 아닌가 한다. 논란이 되어온 주제인 만큼 이에 관한 연구사 정리도 이미 여러 차례 있었다.[1] 본 발표문에서 다룰 건국 주체세력에 대해서는 부여계 내지 부여 · 고구려계의 유이민이 한韓과 연합하여 만들었다고 전체적인 방향성만을 제시한 견해가 있는가 하면, 고이왕이 백제의 실질적 시조라거나 유이민인 온조집단이 남하하여 건국했다고 함으로써 구체적인 건국자를 제시하기도 했다.

백제의 건국 주체세력 문제는 문헌을 통해서만 규명할 수도 없고, 건국시기와도 밀접하게 관련되어 있어 고고자료까지 포함한 종합적인 검토가 필요한 과제이다. 그러나 이들 주제에 대해서는 별도의 발표가 있기 때문에 본 발표에서는 주로 문헌에 국한해서 건국 주체세력 문제를 규명하고자 한다.

문헌을 통한 접근에서는 불가피하게 건국설화에[2] 대한 분석이 가장 큰 비

1 대표적인 연구사 정리를 들어보면, 이도학, 1990, 「백제의 기원과 국가형성에 관한 재검토」, 『한국고대국가의 형성』, 민음사 ; 김기섭, 2007, 「백제의 건국시기와 주체세력」, 『선사와 고대』 27 등이 있다.

2 논자에 따라 건국신화, 건국설화, 시조전승 등 여러 가지 표현을 쓰고 있다. 건국자와 시조를 구분해서 보기도 하기 때문에 명칭 자체에 대한 정리도 필요하다고 생각되는데, 일단 가장 일반적

중을 차지한다. 그런데 건국설화 자체를 당대의 사실을 반영한 것이 아니라 후대에 만들어진 일종의 조작 내지 윤색이라고 치부하면 건국설화를 통한 접근 자체가 무의미해질 수 있다. 사실 신화나 설화는 그것이 만들어진 후 구전되어오다가 어느 시기에 문자로 정착되는데, 문자화될 때의 용어와 표현양식으로 기술되기 때문에 건국 당시의 상황을 정확히 파악하기 어려운 면이 있다. 그러나 표현상의 윤색을 걷어내고 신화의 구조 자체에 주목한다면 큰 줄기를 파악하는 데는 여전히 도움이 된다. 백제의 건국설화는 신이성이 배제되고 현실적인 기술이 이루어졌다고 하므로 사료로 이용할 가치가 충분하다고 본다.

신화와 아울러 후대의 역사서와 기록도 중요한 문헌자료이다. 후대인들이 백제의 출자나 건국시조와 관련해 남긴 기록의 편린을 통해서도 건국 주체세력의 계통성을 규명할 수가 있다. 특히 백제의 왕실이나 지배층이 특정 종족이나 집단에 대한 계승의식을 가졌음이 드러나는 자료라면 그에 대한 분석은 더욱 중요한 의미를 지닌다.

본 발표에서 중점적으로 밝힐 것은 건국 주체세력이지만, 이 문제에 대한 본격적인 검토를 시작하기 전 백제의 국가형성 문제를 바라보는 필자의 기본 입장을 피력하고자 한다. 이후 문헌자료를 바탕으로 백제의 건국 주체세력과 함께 초기 백제의 주민집단은 누구였는지도 밝혀보고자 한다. 건국 주체세력이 이주해오기 전 선주토착세력은 백제사를 만들어나간 또 다른 주인공이기 때문이다.

으로 사용되는 '건국설화'라는 용어를 사용하도록 하겠다.

II. 백제의 국가 형성 문제에 대한 몇 가지 사전 검토

문헌을 통해 건국 주체세력에 대해 본격적으로 검토하기 전에 백제의 국가형성을 바라보는 시각, 건국 주체세력을 어떻게 규정할 것인지, 백제는 어디에 세워진 것인지에 대해 필자의 생각을 피력하고자 한다.

먼저 국가의 개념 및 백제의 국가형성 · 발전과정을 바라보는 시각과 관련해서이다. 국가 성립의 요건을 열거하는 것보다는 우리 고대사에 등장하는 정치체의 성격, 특히 삼한과 삼국의 문제를 거론하면서 필자의 견해를 밝히고자 한다. 그 이유는 첫째, 국가 성립의 요건을 아무리 열거한다 하더라도 이러한 요건들을 적용하는 강도는 연구자마다 모두 다르기 때문이다.[3] 둘째,

3 박순발이 설정한 초기국가의 개념 설정에 이의를 제기한 주보돈의 지적에서도 이것은 드러난다. 예컨대 도성의 존재와 같은 기준은 이미 그에 대응되는 지방의 존재를 전제로 하기 때문에 중앙집권화가 어느 정도 진전된 상태의 국가를 의미하는 것이지 초기국가의 출현을 의미하지 않는다는 지적이 그것이다(주보돈, 2001, 「백제의 국가형성과 관련한 몇 가지 문제-박순발, 2001, 『한성백제의 탄생』, 서경문화사-」, 『한국고대사연구』24, 263~273쪽). 백제의 모태가 된 백제국을 국가로 볼 수 있느냐, 아니냐에서 의견의 차이가 크기 때문에 빚어진 결과이다. 국가 형성 시점을 둘러싼 논란은 기본적으로 『삼국지』 한전의 소국小國을 국가로 보느냐, 아니냐에 대한 입장의 차이에서 비롯된다.

국가 성립의 요건으로 거론되는 여러 가지 요건이 일시적이 아니라 점차적으로 갖추어지기 때문에 특정 시기를 잘라서 국가형성의 시점으로 거론하기가 쉽지 않기 때문이다. 셋째, 각 지역의 문화수준이나 국가발달의 수준이 동일하지 않아, 즉 지역간의 편차가 있어, 고대국가의 형성시기를 획정할 때 어느 지역을 중심축으로 삼아야 할지가 대단히 곤란하기 때문이다.

현재 우리나라 고대국가의 형성 문제에서 가장 논란이 되는 것은 소위 소국과 고대국가의 연결성 문제이다. 고구려는 명칭이나, 기사의 내용에서 『삼국사기』와 『삼국지』의 차이가 크지 않고 부드럽게 연결되는 반면, 백제 · 신라 · 가야는 명칭의 차이는 물론 두 기록간의 차이가 커서 소국으로서의 백제국, 사로국, 구야국과 고대국가로서의 백제, 신라, 가야를 어떻게 연결시킬지가 관건이 된다고 할 것이다.

백제의 형성 · 발전과정을 바라보는 입장의 차이도 이 문제에서 비롯되었다. 『삼국사기』 온조 즉위년조의 "온조는 하남위례성에 도읍을 정하고, 열 명의 신라를 보필로 삼아 국호를 십제十濟라 했다. … 국호를 백제百濟로 고쳤다"는 기사에 나오는 십제와 백제, 『삼국지』 위서 한전에 마한 50여 소국 중의 하나로 나오는 백제국伯濟國의 관계를 어떻게 설정하느냐가 중요한 관건이었다. 백제의 출발점인 십제 또는 백제국의 건국 자체를 이주민 집단에 의해 이루어진 것으로 보는 입장이 있는데, 이는 다시 사용하는 용어의 차이로 인해 첫째, 십제十濟에서 백제百濟로의 발전과정을 상정하는 견해,[4] 둘째, 백제

4 노중국은 십제十濟에서 백제百濟로의 발전과정을 상정하며, 백제百濟와 백제伯濟는 동일시하였기 때문에(노중국, 1988, 『백제정치사연구』, 일조각, 54쪽) 백제국伯濟國에서 백제百濟로의 전환으로 보는 입장의 용어와 구분해야 할 것이다.

국伯濟國에서 백제百濟로의 발전과정을 상정하는 견해로[5] 구분해 볼 수 있다. 이와 아울러 선주민집단에 의해 세워진 백제국에 새로운 이주민집단이 내려옴으로써 성장 · 발전하여 백제가 된 것으로 보는 견해가 있는데, 이 세 번째 견해도 용어 자체는 백제국伯濟國에서 백제百濟로의 발전과정을 상정하는 견해라고 할 수 있다.

그러나 둘째와 셋째 입장은 똑같이 '백제국 → 백제'로의 변화라는 용어를 사용하지만, 이주민 집단이 내려오기 전 토착사회가 가지고 있던 기반을 어느 정도 인정하는가에 근본적인 차이가 있다. 백제국伯濟國이 출발하게 된 계기를 하나는 이주민집단에서 찾은 데 비해, 또 하나는 선주토착세력에서 찾은 것이라고 할 수 있다. 필자는 기원 전후 시기 상대적으로 힘의 공백지대인 한강유역에 북으로부터의 이주민 집단에 의해 백제국伯濟國이 형성되었다고 보고 있다. 그러나 완전히 무無에서 유有의 창조가 이루어진 것이 아니라고 볼 수는 없고, 기반 자체는 있었지만, 이주민집단에 의해 새로 들어온 요소가 백제국의 출발에 더 결정적인 역할을 했다고 보는 것이다.

논의의 진전을 위해 좀 더 구체적인 입장을 밝혀보도록 하겠다. 기원전 2세기 전반(BC194) 위만에게 왕위를 찬탈당한 준왕이 남쪽으로 내려와 스스로 '한왕韓王'이라 불렀을 때 이미 한은 성립되어 있었지만, 한족 사회가 삼한으로 분리되는 결정적 계기는 위만조선계 주민집단의 남하이다.

---

5 송호정은 '부여·고구려계 주민의 남하와 백제국伯濟國의 성립'이라는 표현을 하고 있으므로 이러한 견해로 분류할 수 있다(송호정, 2007, 「고고학 자료를 통해 본 백제의 기원」, 『백제의 기원과 건국』, 충남역사문화연구원, 169~182쪽). 그러나 '목지국과 한강유역의 백제국 등을 중심으로 발전하던 마한사회에 고구려지역으로부터 비류와 온조로 대표되는 집단이 이주해 정착했다'는 표현을 함께 쓰고 있어 명확하게 구분하기 힘들다.

위만조선 멸망 후 발달된 금속문화를 소유한 고조선계 주민이 이주함에 따라 한반도 중남부지역의 한족사회에 커다란 변화가 일어나면서 마한이 먼저 성립되고, 일정 시간이 지난 후 진한, 변한이 성립되어 비로소 삼한이 형성되었다고 본다. 이렇게 보면 한반도 중남부지역은 기원전 2세기 말에서 기원전 1세기 초에 걸쳐 위만조선계 집단의 남하에 의해 사회의 재편을 본 것이라 할 수 있다. 『삼국지』 한전의 '마한'사회는 철기문화의 유입과 함께 내부 상황의 변동으로 성립된 사회이다. 그러나 『삼국지』 한전에 보이는 마한 50여 국이 일시적으로 성립되었다거나, 명칭도 일괄적으로 붙여졌다고 생각하지는 않는다. 지역 사정에 따라 시차가 있을 수 있으며, 그런 면에서 백제국伯濟國은 기원 전후 시기 금속기문화에 있어서는 상대적으로 후진적이었던 한강유역에,[6] 이주해온 집단에 의해 형성된 소국이었다고 생각된다. 물론 백제국伯濟國 성립의 배경이 될 수 있는 문화적 기반은 있었지만, 다른 지역에 비해 상대적으로 열세였을 것이다. 백제국이란 명칭 자체의 시작은 언제인지 알 수 없지만, 설령 명칭 자체가 전부터 있었을지라도 명실상부한 백제의 전신으로서의 백제국의 성립은 온조집단의 남하에 의한 것으로 볼 수 있다는 의미이다.

두번째 논제인 백제의 건국 주체세력이라고 할 때는 과연 어느 범위까지를 포괄해야 할 것인가? 백제 건국에 가담한 세력에는 주도세력이 있고, 그것에 동조해서 참여한 세력이 있었을 것이며, 참여세력도 적극적 참여세력과

6 그러나 한강 이남지역의 서울, 용인, 화성지역 등에서 후기 무문토기 유적이 다수 확인되고 있으므로 철기문화가 보급되기 이전의 한강유역의 문화기반에 대한 판단은 자료의 축적을 좀 더 기다려야 할 것이다.

소극적 참여세력으로 구분될 것이다. 백제 건국의 주도세력의 범주에는 온조집단과 함께 시차를 두고 이주해온 진씨, 해씨, 즉 백제 초기 지배귀족으로서 백제사의 전개과정에서 중요한 역할을 담당했던 세력까지를 포함해야 하는 것이 아닌가 한다.[7] 이렇게 보면 원래 한강유역에 선주해 있던 토착세력은 건국 주체세력에서는 제외해야 될 것으로 생각된다. 그들이 이주민과 권력을 분점함으로써 평화적으로 통합되었든, 아니면 전쟁을 통해 이주민세력이 토착세력의 기득권을 탈취하려 하였든 백제를 구성하는 집단이 되기는 하지만 건국의 주도세력이라고 표현하기는 힘들다.

현지 선주민들과 대규모 갈등을 일으키지 않고 선주민에게서 왕비를 취하는 등 선주 토착세력이 왕비족이 되었다면[8] 왕족과 함께 건국 주체세력이라고 명명할 수 있지만, 이것은 고분을 통한 추정에 불과할 뿐 백제 초기 왕비족이었던 진씨나 해씨가 선주 토착세력이었다는 근거가 없기 때문에 선뜻 취하기 어렵다. 따라서 백제 건국의 주체세력은 이주민 집단에서 찾는 것이 타당하지 않을까 한다.

그렇다면 마지막으로 백제는 어디에 세워진 것인가? 『삼국사기』 온조 24년조의 기록에 백제가 마한으로부터 동북쪽의 100리 땅을 받아 나라를 세웠

---

7 온조 41년 우보右輔가 된 북부北部 해루解婁에 대해 '본래 부여 사람'이라고 기록되어 있다(『삼국사기』 권23 백제본기 온조왕 41년 춘정월조). 해씨의 출자가 부여 계통임을 알 수 있으며, 온조와는 다른 기반을 가지고 국정에 참여한 세력이라고 할 수 있다. 이들도 온조집단과는 구분되지만, 백제 건국에 주도적으로 참여한 세력임은 분명하다.

8 선주 토착민과 고구려계 이주민 두 세력이 권력을 분점함으로써 토착민의 반발 없이 평화적으로 통합되어 정착했을 것으로 보인다고 했다(임영진, 2003, 「적석총으로 본 백제 건국집단의 남하과정」, 『선사와 고대』 19, 94~95쪽).

다고 하고,[9] 『삼국지』 한전에도 백제국이 마한 54국의 하나로 기록되어 있어 백제가 마한 연맹체의 일원으로서 연맹체의 장인 목지국의 통제를 받았다는 것은 일반적으로 인정되고 있다. 백제국 초기의 활동 무대를 서울을 중심으로 한 한강유역으로 설정하여 한강 북쪽에서 한강 남쪽지역으로 옮겼다고 보는 것이었다.[10] 그러나 활동 무대를 경기도 북부의 임진강유역으로 보는 의견이 제시되었다.[11] 목지국의 통제권에서 벗어나 있었다는 것이다.

백제국 초기의 활동무대를 경기 북부의 어느 곳으로 본 견해는 『주서』 이역전 백제조의 "始國於帶方", 『삼국사기』 백제본기 초기기록에 자주 나오는 백제와 낙랑 · 말갈과의 충돌 기사를 근거로 삼고 있다. 한강 북쪽 경기북부지역은 한족 중심의 목지국 세력권과는 다른 집단으로서 중국 군현과 한강 이남 한족사회의 완충지대로 기능했다고 보았던 것이다. 그런데 목지국의 통제권에서 벗어났다고 한다면, 이는 바로 『주서』 백제조의 맨 첫머리에 '그 선대先代가 대체로 마한의 속국'이라 한 것과 배치된다. 대방고지帶方故地가 어디였는지에 대한 정확한 비정은 없지만, 대방군과 밀접한 접촉을 갖던 인접지역을 '대방고지'로 확대 표현한 느낌이 든다.

---

9 『삼국사기』 권23 백제본기 온조왕 24년조 "秋七月 王作熊川柵 馬韓王遣使責讓曰 王初渡河 無所容足 吾割東北一百里之地安之 其待王不爲不厚 宜思有以報之".

10 물론 하남 이주 시기에 대해서는 온조 13년설, 초고왕대설, 고이왕대설, 책계왕 이후 4세기 초 비류왕 이전설 등 다양하다. 노중국은 초고왕 23년(188) 궁실을 중수했다는 기사를 근거로 초고왕대로 추정하고 있다(노중국, 1998, 앞 책, 69쪽).

11 이현혜, 1997, 「3세기 마한과 백제국伯濟國」, 『백제의 중앙과 지방』, 충남대학교 백제연구소, 9~15쪽 ; 문안식, 2002, 『백제의 영역확장과 지방통치』, 신서원, 71~76쪽 ; 임영진, 2003, 앞 논문, 93~94쪽. 이들은 임진강유역에 자리잡았던 고구려계 이주민들이 늦어도 3세기 중엽 고이왕대에는 서울 한강 이남 지역으로 옮겨와 한강유역의 주도권을 장악했다고 보았다.

『주서』 백제전에서 백제가 대방에서 시작했다고 기록한 것은 상실한 옛 강역에 대한 백제 왕실의 집착이 반영된 것이라는 지적[12] 그대로 이것은 일종의 관념이지 사실 그대로를 반영한 것이라고 볼 수 없다. 백제국 초기의 건국지는 『삼국사기』의 표현처럼 마한연맹체의 맹주였던 목지국의 통제권 하에 있는 지역에 정착한 것으로 보는 것이 타당할 것이다.

따라서 백제국 초기의 활동지역은 『삼국사기』에 나오는 건국신화를 통해 유추할 수밖에 없다. 백제가 고대국가로서의 기반을 확립한 시기를 고이왕대로 보는 것은 대체로 타당하다고 생각되지만, 고이왕대까지 이르는 발전과정을 경시 내지 부인하는 것에 대해 문제제기를 하면서 시조설화나 초기왕실계보에 대한 검토의 필요성을 제안했던 김철준의 주장은[13] 여전히 유의미하기 때문이다.

『삼국사기』 비류설화에 나오는 "渡浿帶二水 至彌鄒忽以居之"라는 기사와 온조설화에 나오는 "遂與烏干馬黎等十臣南行 百姓從之者多 遂至漢山"이라는 기사처럼 백제 건국의 주체가 된 세력은 육로로 남하를 한 것이며, 처음 정착한 곳은 한강유역으로 생각된다. 백제 건국설화에 대한 구체적인 분석은 Ⅲ장 1절에서 하겠지만, 백제 건국 주체세력은 패수浿水와 대수帶水 모두를 건넌 것이므로 임진강유역보다 더 남쪽에 있어야 할 것으로 판단된다. 적어도 문헌상으로는 백제의 건국지가 한강보다 북쪽, 임진강유역의 어느 곳이라고만 할 수는 없을 것이다. 백제국은 서울 일대의 한강유역을 무대로 성장하던 마한의 여러 정치체 중 하나였다.

---

12 이현혜, 1997, 앞 논문, 10쪽.
13 김철준, 1982, 「백제건국고」, 『백제연구』 별책, 5~6쪽.

한강유역은 낙랑 설치 이전은 물론 기원전 1세기의 철기 유적도 안 보인다거나,[14] 기원후 1~2세기가 되어서야 비로소 이 지역에 초기 철기문화가 출현했다고 보았다.[15] 최소한 기원전 1세기 내지 기원후 1세기까지는 일종의 문화적 공백지대 내지 세력의 완충지대로 인식되어왔다. 한강유역에서 철기문화가 확산되는 배경에는 위만조선의 멸망과 한군현의 존재가 큰 영향을 미쳤을 것이다.[16] 한강유역에서 철기문화가 확산되어가는 과정은 백제국의 성장과정이라고도 할 수 있다. 백제 건국 주체세력은 서울을 중심으로 한 한강 하류 일대를 토대로 성장하면서 예계와 마한지역을 통합하여 3세기 중 · 후반에는 집권력을 갖춰간 것으로 생각되는데 이때까지를 초기백제로 규정할 수 있을 것이다.

14 이남규, 2002, 「한반도 초기철기문화의 유입양상 -낙랑 설치 이전을 중심으로-」, 『한국상고사학보』 36, 45쪽.

15 박순발, 2001, 『한성백제의 탄생』, 서경문화사, 201~216쪽.

16 화성 기안리나 당하리 유적은 남하해온 낙랑 계통의 집단이 제철활동을 벌이고 있었음을 보여주는 자료이다. 철기문화의 확산 배경으로 고구려계 주민의 유입도 거론되기는 하지만, 고구려계 철기라고 할 만한 요소가 눈에 띄지 않아 중요한 변수로 삼기는 어려운 실정이다.

III. 백제의 건국 주체세력과 주민집단

1. 건국 주체세력의 계통성

그동안 백제의 건국 주체세력에 대해서는 부여 · 고구려계, 고구려계, (범)부여계, 선주 토착민과 고구려계 이주민 등 여러 설이 있었다. 백제의 건국 주체세력에 대해 가장 풍부한 내용을 전하는 문헌자료는 건국설화이다. 구체적으로 시조의 건국과정이 나오는 설화 외에도 백제의 건국시조에 관한 여타의 문헌자료가 있다. 중국과 일본측 사서에 나오는 간단한 기록들이 이것이다. 여기에 덧붙여 『삼국사기』에 인용된 국내의 고기류古記類도 함께 검토될 수 있을 것이다. 이들 기록은 후대에 백제의 건국 주체세력을 어떻게 인식하고 있느냐를 보여주는 중요한 문헌자료가 된다.

설화를 자료로 이용할 때는 이 설화가 언제 어떠한 과정을 거치면서 현재와 같은 형태로 정착되었는지를 먼저 살펴보아야 할 것이다. 현재까지의 연구결과 온조설화는 근초고왕대 서기가 편찬될 때 일단 정리된 것으로 보고 있다.[17] 그러나 백제 건국설화에 주몽-온조로 이어지는 고구려적 요소가 가

17 김두진, 1991, 「백제시조 온조설화의 형성과 그 전승」, 『한국학논총』 13, 국민대학교 한국학연

미된 시기는 적어도 근초고왕대는 아닌 듯하다. 근초고왕대에 백제의 시조를 굳이 자신들의 전쟁의 대상이었던 고구려에서 찾으려고는 하지 않았을 것이라 판단되기 때문이다. 근초고왕 당시의 백제는 고구려 평양성을 공격하여 고국원왕을 전사시킬 정도인데 굳이 주몽을 끌어와 권위를 표방할 이유도 없거니와, 더욱 중요한 것은 온조설화가 주몽과의 관련성 부각에 초점이 맞춰져 있지도 않다고 생각되기 때문이다.

『삼국사기』 백제본기에는 두 가지의 백제 건국설화가 실려 있다. 본문에는 온조 중심의 설화가 수록되어 있고, 본문의 세주細注에는 비류 중심의 설화가 수록되어 있는 것이다. 『삼국유사』 기이편 남부여 · 전백제 · 북부여조에서도 『삼국사기』 본기의 기사를 인용하여 시조 온조설화의 내용을 그대로 수록하고 있다. 먼저 온조설화를 살펴보도록 하자.

A - 백제 시조 온조왕의 아버지는 추모인데, 혹은 주몽이라고도 한다. [주몽은] 북부여에서 난을 피하여 졸본부여에 이르렀다. 부여왕은 아들이 없고, 딸만 셋이 있었는데, 주몽을 보고는 보통 사람이 아니라는 것을 알고 둘째 딸을 아내로 삼게 하였다. 얼마 지나지 않아 부여왕이 죽자, 주몽이 왕위를 이었다. [주몽은] 두 아들을 낳았는데, 맏아들은 비류라 하였고, 둘째 아들은 온조라 하였다〈혹은 주몽이 졸본에 도착하여 월군의 여자를 아내로 맞아들여 아들을 낳았다고도 하였다〉. 주몽이 북부여에 있을 때 낳

구소, 15~23쪽. 임기환은 최종적으로 하나의 건국전승으로서 동명신화가 정리된 시기를 근초고왕대로 추정하였다(임기환, 1998, 「백제 시조전승의 형성과 변천에 관한 고찰」, 『백제연구』 28, 23쪽).

은 아들이 와서 태자가 되자, 비류와 온조는 태자에게 용납되지 못할까 두려워 마침내 오간, 마려 등 열 명의 신하와 더불어 남쪽으로 갔는데, 백성들이 따르는 자가 많았다.

드디어 한산에 이르러 부아악에 올라가 살 만한 곳을 바라보았다. 비류가 바닷가에 살고자 하니, 열 명의 신하가 간언하기를 …… 비류는 듣지 않고 그 백성을 나누어 미추홀로 돌아가 살았다. 온조는 한수 남쪽의 위례성에 도읍을 정하고, 열 명의 신하를 보좌로 삼아 국호를 십제라 하였다. 이때가 전한 성제 홍가 3년(기원전 18)이었다. 비류는 미추홀의 땅이 습하고 물이 짜서 편안히 살 수 없어서 위례에 돌아와 보니, 도읍은 안정되고 백성들도 평안하므로 마침내 부끄러워하고 후회하다가 죽으니, 그의 신하와 백성들은 모두 위례에 귀부하였다. 그 후 처음 올 때 백성들이 즐겨 따랐다고 하여 국호를 백제로 고쳤다. 그 계통은 고구려와 더불어 부여에서 같이 나왔기 때문에 부여를 씨로 삼았다.[18]

위 설화의 내용을 보면, 백제의 시조 온조의 어머니는 졸본부여왕의 둘째

18 『삼국사기』 권23 백제본기 온조왕 즉위년조 "百濟始祖溫祚王, 其父鄒牟, 或云朱蒙. 自北扶餘逃難, 至卒本扶餘. 扶餘王無子, 只有三女子, 見朱蒙, 知非常人, 以第二女妻之. 未幾, 扶餘王薨, 朱蒙嗣位. 生二子, 長曰沸流, 次曰溫祚.(或云 朱蒙到卒本, 娶越郡女, 生二子.) 及朱蒙在北扶餘所生子來爲太子, 沸流 ·溫祚恐爲太子所不容, 遂與烏干 ·馬黎等十臣南行, 百姓從之者多. 遂至漢山, 登負兒嶽, 望可居之地, 沸流欲居於海濱. 十臣諫曰 …… 沸流不聽, 分其民, 歸弥鄒忽以居之. 溫祚都河南慰禮城, 以十臣爲輔翼, 國號十濟, 是前漢成帝鴻嘉三年也. 沸流以弥鄒土濕水鹹, 不得安居. 歸見慰禮, 都邑鼎定, 人民安泰, 遂慙悔而死, 其臣民皆歸於慰禮. 後以來時百姓樂從, 改號百濟. 其世系與高句麗同出扶餘, 故以扶餘爲氏."

딸,[19] 아버지는 고구려를 세운 주몽으로 되어 있기 때문에 부여 · 고구려계라 할 수 있다고 한다.[20] 주몽은 고구려를 세운 주체임이 분명하나, 주몽-온조로 이어지는 온조설화에서는 모계가 강조되어 있고, 주몽의 신성성神聖性은 약화되어 있다. 주몽은 고구려 건국신화에 나온 것처럼 신이한 능력을 가지고 국가를 세운 것도 아니고, 아들이 없는 부여왕의 사위가 되었다가 부여왕 사후 왕위를 계승한 존재로 묘사되어 있을 뿐이다.[21] 백제의 건국설화이기 때문에 굳이 주몽의 능력이 강조될 필요가 없다고 볼 수도, 또 백제의 건국설화 자체가 영웅신화적인 면보다는 지극히 현실적인 기술로 일관되기 때문에 건조하게 표현된 것이라고 볼 수도 있다.

그런데 온조설화에 묘사된 온조의 아버지 주몽은 북부여에서 난을 피해 졸본부여에 온 것이기 때문에 출신 자체는 북부여이다. 더욱이 어머니는 졸본부여왕의 딸이기 때문에 온조설화에 의거하는 한 백제 건국의 주체세력은 부여계라는 표현이 더 타당할 수 있다. 물론 고구려의 시조인 주몽이 아버지로 나온다는 점에서 온조집단의 출자에 대해 부여 · 고구려계 유이민, 고구려계 유이민이라 칭할 수도 있다고 생각되지만, 계보를 엄밀히 따진다면 부여계적 요소가 많기 때문이다.

고구려본기에 실린 건국설화를 보면, 주몽의 출자는 복잡한 단계를 거쳐 표현되어 있다. 부여왕 해부루解夫婁가 아들이 없어 산천에 제사하여 금와金蛙

19 온조의 어머니로 월군녀越君女도 함께 언급되어 있다. 월군녀를 졸본부여왕의 둘째 딸로 간주하는 견해도 있기는 하지만, 비류 시조설화에 나오는 졸본인 연타발의 딸 소서노까지 모계는 모두 졸본부여로 되어 있다고 할 수 있다.

20 노중국·권오영, 2008, 『백제의 역사와 문화』, 충남역사문화연구원, 64쪽.

21 서대석, 1985, 「백제의 신화」, 『진단학보』 60, 241쪽.

를 얻어 길러 태자로 삼았으며, 동해가의 가섭원으로 천도하여, 동부여라 칭했다. 해부루가 죽은 후 금와가 왕위에 오르게 되고, 옛 도읍지에는 천제의 아들 해모수解慕漱가 와서 도읍하였다. 금와가 태백산 남쪽 우발수에서 하백의 딸 유화柳花를 만났는데 해모수와 압록강변에서 정을 나누었다고 하였다. 금와가 거두어 방 안에 가두었는데 해가 비추어주고 해서 아이를 임신하여 알을 하나 낳았다. 나중에 알을 깨고 나온 남자아이가 주몽이었다고 한다.[22]

이 건국설화에 대해 4세기 후반 이후 정립된 주몽의 북부여 출자설화에, 6세기 후반 이후 동부여 출자설화가 덧붙여진 것으로 보기도 하나,[23] 주몽의 계통 자체는 부父가 해모수이므로 북부여이고, 출생지는 금와가 왕위에 있던 동부여가 되는 셈이다. 주몽은 계보는 북부여로 이어지지만 동부여에서 남하하여 고구려를 건국한 것이고, 해부루 · 금와 · 대소로 이어지는 동부여의 중심세력은 아니었던 것이다.[24] 「광개토왕릉비」나 「모두루묘지」에도 주몽의 출생지를 북부여라 했기 때문에 당시 고구려 조정의 공식적 입장은 북부여출자설이라고 볼 수 있다.[25] 따라서 주몽은 동부여에서 남하하여 고구려를 건국한 것이지만, 계보 자체는 북부여로 이어진다고 정리할 수 있다.

다음으로 비류설화를 보도록 하자.

B- 또한 이르기를 시조 비류왕은 그 아버지는 우태로 북부여의 왕 해부

22 『삼국사기』 권13 고구려본기 시조동명성왕 즉위년조.

23 노태돈, 1999, 『고구려사연구』, 사계절, 62쪽.

24 김기흥, 2001, 「고구려 건국신화의 검토」, 『한국사연구』 113, 5~13쪽 ; 윤성용, 2005, 「고구려 건국신화와 제의」, 『한국고대사연구』 39, 22쪽.

25 노태돈, 1999, 앞 책, 30쪽.

루의 서손이었고, 어머니는 소서노로 졸본사람 연타발의 딸이었다. (소서노는) 처음 우태에게 시집가서 아들 둘을 낳았는데, 맏은 비류라 하였고, 둘째는 온조라 하였다. 우태가 죽자, (소서노는) 졸본에서 과부로 지냈다. 뒤에 주몽이 부여에서 용납되지 못하자, 전한 건소 2년(기원전 37) 봄 2월에 남쪽으로 도망하여 졸본에 이르러 도읍을 세우고 국호를 고구려라 하고, 소서노를 맞아들여 왕비로 삼았다. 주몽은 그녀가 나라를 창업하는 데 잘 도와주었기 때문에 그녀를 총애하고 대접하는 것이 특히 후하였고, 비류 등을 자기 자식처럼 대하였다. 주몽이 부여에 있을 때 예씨에게서 낳은 유류가 오자, 그를 태자로 삼고, 왕위를 잇기에 이르렀다. 이에 비류가 동생 온조에게 말하기를 "처음 대왕이 부여에서 난을 피하여 이곳으로 도망하여 오자, 우리 어머니께서 재산을 기울여 나라를 세우는 것을 도와 애쓰고, 노력함이 많았다. 대왕이 세상을 떠나시고 나라가 유류에게 속하게 되었으니, 우리들은 그저 군더더기 살처럼 답답하게 여기에 남아 있는 것은 어머니를 모시고 남쪽으로 가서 땅을 택하여 따로 도읍을 세우는 것만 같지 못하다"라고 하고, 드디어 동생과 함께 무리를 거느리고 패수와 대수 두 강을 건너 미추홀에 이르러 살았다.[26]

26 『삼국사기』 권23 백제본기 온조왕 즉위년조 할주 "一云 始祖沸流王, 其父優台, 北扶餘王解扶婁庶孫, 母召西奴, 卒本人延陁勃之女, 始歸于優台, 生子二人, 長曰沸流, 次曰溫祚. 優台死, 寡居于卒本. 後, 朱蒙不容於扶餘, 以前漢建昭二年春二月, 南奔至卒本, 立都號高句麗, 娶召西奴爲妃. 其於開基創業, 頗有內助, 故朱蒙寵接之特厚, 待沸流等如己子. 及朱蒙在扶餘所生, 禮氏子孺留來, 立之爲太子, 以至嗣位焉. 於是沸流謂弟溫祚曰 始, 大王避扶餘之難, 逃歸至此, 我母氏傾家財, 助成邦業, 其勤勞多矣. 及大王厭世, 國家屬於孺留, 吾等徒在此, 鬱鬱如疣贅, 不如奉母氏, 南遊卜地, 別立國都. 遂與弟率黨類, 渡浿 · 帶二水, 至弥鄒忽以居之."

비류의 아버지 우태優台가 북부여왕 해부루의 서손庶孫이었다는 사실에서 비류집단이 해씨解氏를 칭한 집단임을 알 수 있다. 비류의 어머니는 졸본인 연타발의 딸인 소서노召西奴였다. 남편인 우태가 죽자 고구려를 세운 주몽과 혼인하게 되었다. 온조설화에서는 주몽이 비류왕 온조의 생부生父로 표현되었지만, 비류설화에서는 의부義父로 나와 있다. 비류와 온조는 주몽과는 직접적인 혈연관계가 없는 것이다. 고구려와의 관계라면 단지 어머니가 고구려를 세운 주몽과 결혼하게 됨으로써 맺어진 관계일 뿐 특별히 주몽과 연결되는 면이 없다. 부계는 북부여, 모계는 졸본[부여]으로 되어 있어 부여계로 기록되었다고 할 수 있다.

온조와 비류설화에 나오는 비류라는 명칭이 압록강유역에서 주몽의 계루부집단과 쟁투를 벌였던 송양왕松讓王의 비류국沸流國과 동일하기 때문에 비류집단의 출자를 비류국, 즉 소노부 집단과 연결시키기도 한다.[27] 또 주몽이 북부여에서 남하할 때부터 동행했던 옛 부하 3명 중 2명인 오이烏伊 · 마리摩離가 온조가 남쪽으로 내려올 때 동행한 신하 10명 중 이름이 명기된 두 사람 오간烏干 · 마려馬黎와 동일인이고, 나머지 한 명인 협보陜父는 유리왕 때 간언이 안 받아들여지고 파직되자 남으로 달아난 사람이다. 이를 일부 집단이 고구려에서 남하했음을 보여준다고 보아 고구려와의 관계를 지적하기도 한다.[28] 고구려로부터의 남하세력의 존재를 인정할 수 있지만, 온조나 비류로 표현되는 건국의 핵심세력은 사료상 부여와의 연결성이 훨씬 명확히 드러난다 할 것이다. 특히 비류설화에서는 백제 건국세력이 고구려보다는 부여 계

---

27 권오영, 1995, 「백제의 성립과 발전」, 『한국사』 6, 17쪽.
28 권오영, 1995, 앞 논문, 17쪽 ; 송호정, 앞 논문, 166쪽.

통과 직접 연결된다는 점이 강조되었다고 생각된다.

온조와 비류설화에 대한 이상의 검토를 통해 백제 건국시조인 온조와 비류집단의 출자는 부계는 북부여, 모계는 고구려의 전신인 졸본부여로서, 부여계라고 할 수 있다. 물론 모계가 모두 졸본부여로 되어 있는 것을 두고 고구려와의 관련성을 지적하기도 하지만,[29] '출자出自'라는 용어가 출생지가 아니라 혈통의 연원을 의미하므로 이는 근본적으로 부여와의 연결성을 보여주는 예라 할 것이다.

『삼국사기』 백제본기가 시작되는 처음에 두 종류의 설화가 함께 수록된 것은 백제의 건국주체에 온조계와 비류계의 두 집단이 양립했음을 말해준다. 형과 아우로 표현된 두 세력은 이주 시기의 선후 내지 세력의 우열을 반영한 것이며, 연맹관계를 형성할 수밖에 없는 현실을 합리화한 표현이라 생각된다. 온조와 비류는 부父의 계보가 약간 다르게 표현되어 있지만, 계통상 모두 부여계이다. 다만 온조설화가 한강유역에 정착하기까지의 과정을 잘 보여주므로 온조설화를 중심으로 백제의 건국과정을 살펴보자.

온조는 10명의 신하와 함께 남쪽으로 내려와 한수 남쪽의 위례성에 도읍을 정하고, 국호를 십제라고 하였다고 한다. 미추홀의 비류세력이 귀부한 후 국호를 백제로 고치고,[30] 부여계임을 강조하여 부여씨로 성씨를 삼았다는 것이다. 그러나 설화의 내용은 본기의 기사와 상치되는 면이 있다. 온조왕 13년

29 문창로, 2007, 「백제의 건국과 고이왕대의 체제정비」, 『백제의 기원과 건국』, 281쪽.

30 십제는 건국 후 목지국 중심의 마한연맹체의 일원으로 존재하면서 복속의례도 행하다가, 미추홀의 비류집단과 지역연맹체를 형성하면서 초고왕대에 지역연맹체의 맹주의 지위를 차지하고, 국호도 십제에서 백제로 고쳤다고 한다(노중국·권오영, 2008, 앞 책, 74~77쪽).

조 기사를 보면,[31] 이주 시기 자체는 불분명하지만, 하북위례성에 먼저 자리를 잡았다가 하남위례성으로 옮긴 것으로 생각되기 때문이다.

여기에서 건국 주체세력의 문제와 관련하여 논점으로 제기되는 것이 온조를 도와 나라를 세운 십신十臣의 성격이다. 노중국은 온조가 십제를 세우게 된 정황과 십신의 성격을 분명하게 제시하고 있다. 한강유역의 진국辰國세력이 위만조선의 멸망으로 파생된 유이민의 파동으로 해체된 후, 부여족 계통의 일 지파인 온조집단이 선주토착세력인 십신十臣의 도움을 얻어 십제十濟를 세웠다고 하였다. 온조의 십제 건국에 협력한 십신에 대해 선주 토착의 10개 읍락 수장이라고 본 것이다.[32] 그러나 건국설화에 선주토착집단이 '십신十臣'으로 표현되는 것이 가능할까? 설화의 내용으로 보았을 때 십제를 세운 십신은 분명 온조와 함께 남으로 내려온 오간 · 마려 등 10명의 신하를 가리킨다. 신하라는 표현을 쓰려면 처음부터 온조의 뜻에 동조하여 같이 내려온 사람으로 보는 것이 자연스럽기 때문이다.

십신을 선주토착세력이라 보기 어렵다면, '십제十濟'라는 명칭 또한 역사성을 가진다기보다는 백제에서 부회된 것으로 생각된다.[33] 백제라는 국호의 유래가 '백가제해百家濟海'이기 때문에[34] 건국설화가 정착될 때 백제라는 국호 이전의 발전 단계를 상정하면서 십제라는 명칭을 쓴 것일 뿐이다.

---

31 『삼국사기』 권23 백제본기 온조왕 13년 "秋七月 就漢山下立柵 移慰禮城民戶 八月 遣使馬韓告遷都"

32 노중국, 1988, 앞 책, 52~53쪽.

33 이도학, 1990, 앞 논문, 126~127쪽 : 권오영, 2001, 「백제국에서 백제로의 전환」, 『역사와 현실』 40, 31쪽. 권오영은 십제-백제의 구도 대신 백제국과 백제로 구분하여, 마한 제국의 한 구성분자로서 백제국을, 마한의 대표성을 띤 초월적 정치체로 백제를 상정하고 있다.

34 『북사』 권94 열전82 백제 ; 『수서』 권81 열전46 백제 "初以百家濟海 因號百濟"

온조설화 말미에 나오는 '그 계통은 고구려와 더불어 부여에서 같이 나왔기 때문에 부여를 氏로 삼았다'는 표현에 주목해보자. 온조집단의 계통이 부여에서 나왔다는 표현은 설화 앞 부분의 내용과 완전히 합치한다. 그런데 '고구려와 더불어'라는 표현을 굳이 사용한 이유는 무엇일까? 이 표현은 백제가 '고구려와 계통을 같이 한다'는 것을 강조하기 위해서라기보다는 고구려와 마찬가지로 또는 대등하게 '부여에서 갈라져 나왔다'는 것을 강조하려는 의도에서 나온 것이다. 그래야 '부여扶餘를 씨로 삼았다'는 표현과 순리적으로 연결되는 것이다. 고구려의 고씨高氏와는 엄연히 다른 성씨를 가진 백제 왕족의 성씨 '부여씨扶餘氏'를 거론했기 때문이다. 따라서 온조가 건국 후 시조묘를 세워 부여족의 족조族祖인 동명을 모신 것은 유리의 고구려보다 부여족의 정통성을 계승했음을 과시하기 위한 것이라는 지적은[35] 지극히 타당하다고 하겠다.

『삼국유사』에서는 『삼국사기』의 온조설화를 그대로 싣는 가운데 설화 말미의 국호를 백제로 고쳤다는 부분 다음에 나오는 기록만을 약간 바꿨다.

> C- 성왕 16년 … 국호를 남부여라 했다. … 백제왕의 성이 부扶(여餘)씨이므로 그렇게 일컬었다. … 본기에는 백제의 시조는 온조요, 그의 아버지는

---

35 노중국·권오영, 2008, 앞 책, 64쪽. 그런데 노중국은 '부여·고구려계인 온조'라는 표현을 쓰고 있어서 서술 내용과 차이가 있다. 혹시 온조가 '고구려의 건국자'인 주몽의 아들이라는 점에 지나치게 얽매인 것은 아닌가 생각된다. 설화의 내용을 보면 온조나 비류는 주몽이 졸본부여의 왕이 된 후 낳은 자식으로 되어 있지만, 이때의 졸본부여왕이 후사가 없었기 때문에 자연스럽게 왕위를 이은 것일 뿐 스스로 독자적인 나라를 세운 단계는 아니다. 자연히 온조, 비류는 '졸본부여에 와 있다가 왕이 된 주몽'과의 관계가 형성되었을 뿐이지, '고구려라는 국가를 세운 주몽'과의 관계 형성은 아니라고 할 수 있다.

> 추모왕雛牟王 혹은 주몽朱蒙이라고 하는 이니, (주몽은) 북부여에서 피난하여 졸본부여에 왔던 바 … 그 세계는 고구려와 더불어 부여에서 나왔기 때문에 해解를 씨로 삼았다.[36]

"其世系 與高句麗同出扶餘 故以解爲氏"라고 하여 『삼국사기』의 "故以扶餘爲氏"에서 '부여扶餘'를 '해解'로 바꾼 것이다. 그러나 그 앞 부분에는 부여라고 칭하는 이유를 '百濟王姓扶餘氏 故稱之'라고 하는 기록도 있기 때문에 왕성으로서 부여씨와 해씨를 함께 들고 있다고 할 수 있다. 이어서 「고전기古典記」를 인용하여 온조를 '동명왕의 제3자'라고 표현하고 있는데,[37] 이는 『삼국사기』 권37 지리지에 나오는 내용을 그대로 인용한 것으로 생각된다. 동명의 셋째 아들인 온조가 졸본부여로부터 내려와 위례성에 도읍을 세우고 왕을 칭했다는 것이다. 남부여 · 전백제 · 북부여조 마지막에 백제의 여러 왕들을 실으면서도 온조는 '동명왕의 제3자'라고 표기하였는데,[38] 이는 바로 일연이 인식한 온조의 계보였다고 할 수 있다.

『삼국사기』 제사지에도 중국측 기록과 국내 고기류古記類[39]를 인용하여 백

36 『삼국유사』 권2 기이 남부여·전백제·북부여조 "百濟 聖王十六年戊午春 移都於泗沘 國號南扶餘 … 百濟王姓扶氏故稱之 … 史本記云百濟始祖溫祚 其父雛牟王 或云朱蒙 自北扶餘 逃難至卒本扶餘 … 其世系與高句麗 同出扶餘 故以解爲氏"

37 『삼국유사』 권2 기이 남부여·전백제·북부여조 "按古典記云 東明王第三子溫祚 以前漢鴻佳(嘉) 三年癸酉(卯) 自卒夲扶餘 至慰礼城 立都稱王"

38 『삼국유사』 권2 기이 남부여·전백제·북부여조 "又始祖溫祚 乃東明第三子 体洪大性孝友善騎射 又多婁王 寬厚有威望 又沙沸王 一作沙伊王 仇首崩 嗣位而幼少不能政 卽廢而立古爾王 或云至樂初二年己未乃崩 古爾方立"

39 『삼국사기』에는 고기古記, 삼한고기三韓古記, 해동고기海東古記, 본국고기本國古記, 신라고기新羅古記, 제고기諸古記 등의 표현으로 24회 정도에 걸쳐 고기古記가 인용되고 있다. 이 고기의 성

제 시조에 관한 전승에 세 계통이 있음을 언급하였다.

D- ①『책부원귀冊府元龜』에서는 이렇게 말했다. "백제는 매년 네 철의 가운데 달[2월 · 5월 · 8월 · 11월]에 왕이 하늘 및 오제신五帝神에게 제사지냈다. 그 시조 구태仇台의 사당을 나라의 도성에 세워, 한 해에 네 번 제사지냈다." ②『해동고기海東古記』를 살펴보면 혹은 시조를 동명東明이라 했고, 혹은 시조를 우태優台라고 했다. ③『북사北史』 및 『수서隋書』에서는 모두 "동명東明의 후손에 구태가 있어 대방帶方에 나라를 세웠다"고 했다. 여기서는 시조 구태라 했으나, 동명이 시조가 된 것이 사적이 명백하니 그 나머지 것은 믿을 수 없다.[40]

위 사료에서 보이듯 제사지에서는 동명東明 · 우태優台 · 구태仇台 등 3인이 백제의 시조로 등장하고 있다. 「해동고기海東古記」에 근거하여 시조 동명설과 우태설을, 중국계 사서에 근거하여 구태설을 전하면서 동명시조설이 명백하다는 입장을 밝히고 있다. 제사지에는 본기에 나오는 온조 · 비류 시조설이

격에 대해 고려초에 편찬된 삼국사三國史를 지칭한다는 견해와 '옛 기록'을 의미하는 원자료명이라는 견해가 대립되고 있다. 작성 시기는 삼국통일 이후 신라 말이나 고려 초까지로 보고 있다. 정구복은 고려 초에 편찬된 삼국사를 지칭하는 것으로 본 반면(정구복, 1995, 「삼국사기의 원전 자료」, 『삼국사기의 원전 검토』, 15~18쪽), 신동하는 해동고기에 대해 구삼국사를 제외한 고려 전기의 사서들 중의 하나 또는 그 가운데 전해오는 옛기록일 가능성이 있다고 보았다(신동하, 1995, 「삼국사기 고구려본기의 인용자료에 관한 일고」, 『삼국사기의 원전검토』, 50~53쪽).

40 『삼국사기』 권32 잡지1 제사 "冊府元龜云 百濟每以四仲之月 王祭天及五帝之神 立其始祖仇台廟於國城 歲四祠之 按海東古記 或云始祖東明 或云始祖優台 北史及隋書皆云 東明之後有仇台 立國於帶方 此云始祖仇台 然東明爲始祖 事迹明白 其餘不可信也"

없고, 본기에는 동명 · 우태 시조설에 관한 언급이 없는데도 동명시조설을 확신한 이유에 대해 『삼국사기』 찬자들이 본기와 제사지의 기사를 서로 동일한 것으로 판단해서 백제 시조 동명을 고구려의 시조 주몽과 일치시켰기 때문이라고 하였다. 제사지의 동명시조설과 우태시조설은 본기의 온조설화 및 비류설화와 관련이 된다는 것이다.[41] 그러나 본기와 제사지 찬자의 상호 소통을 고려한다 해도[42] 선뜻 동의하기 어렵지 않나 생각된다. 다만 『삼국사기』나 『삼국유사』의 기록을 볼 때 온조가 동명왕을 잇는다는 인식이 확고하게 있었던 것으로 생각된다.

제사지에서는 중국 사서 중 『북사』와 『수서』를 인용하여 간략히 언급한 데 그치고 있지만, 이외에도 『위서魏書』와 『주서周書』 등 북조 계통 사서에서 백제의 시조에 관해 언급하고 있다. 또한 『북사』와 『수서』에도 백제의 시조에 대해 여러 자료를 종합하여 상당히 자세한 서술을 하고 있어 좀 더 검토할 필요가 있다.

E- ① "신臣은 고구려와 함께 부여에서 나왔으므로 선대에는 우의를 매우 돈독히 하였습니다."[43]

② 백제는 그 선대가 대체로 마한의 속국이며 부여의 별종인 듯하다. 구태

---

41 임기환, 1998 앞 논문, 3~6쪽. 『고전기古典記』처럼 『삼국사기』 편찬 이전부터 온조의 부(父)를 주몽이 아닌 동명왕으로 기술한 자료가 존재했을 가능성이 있지만, 『삼국사기』 편찬자들은 주몽을 동명과 동일인이라고 생각하는 데 거리낌이 없었고, 우태-비류의 혈연적 관계를 통해 비류설화와 우태시조설을 동일한 것으로 파악했다는 것이다.

42 비류설화 말미에도 "北史及隋書皆云 東明之後 有仇台 篤於仁信 初立國于帶方故地"라는 문구가 나오고 있어 상호 소통의 가능성은 충분히 인정된다.

43 『위서』 권100 열전88 백제 "又云 臣與高句麗源出夫餘 先世之時 篤崇舊款"

仇台란 사람이 처음으로 대방에 나라를 세우니, 그 땅의 경계는 … 왕은 계절마다 가운데 달에 하늘 및 오제五帝의 신께 제사를 지내고, 또한 해마다 시조 구태의 사당에 네 번 제사를 지낸다.[44]

③ 백제국은 그 선대가 대체로 마한의 족속이며, 색리국索離國에서 나왔다. 그 왕이 출행出行 중에 시녀가 후궁에서 임신하였다. 왕은 환궁하여 그녀를 죽이려고 했다. … 왕은 이를 신령스럽게 여겨 그 아이를 기르도록 명하고, 이름을 동명이라 했다. 장성하면서 활을 잘 쏘자 왕은 그의 용맹스러움을 꺼려 또 다시 죽이려 했다. … 동명은 그것을 딛고 물을 건너 부여에 이르러 왕이 되었다. 동명의 후손에 구태가 있으니 매우 어질고 신의가 두터웠다. [그가] 처음으로 대방의 옛 땅에 나라를 세웠다.[45]

④ 백제의 선대는 고[구]려국에서 나왔다. 그 나라 왕의 한 시비侍婢가 갑자기 임신을 하게 되어 왕은 그녀를 죽이려고 하였다. … [왕이] 신령스럽게 여겨 기르도록 명하고 이름을 동명이라 하였다. 장성하자 고[구]려왕이 시기하므로 동명은 두려워하여 엄수淹水로 도망갔는데, 부여 사람들이 그를 모두 받들었다. 동명의 후손에 구태라는 자가 있으니, 매우 어질고 신의가 두터웠다. [그가] 대방의 옛 땅에 처음 나라를 세웠다.[46]

44 『주서』 권49 열전41 이역 상 백제 "百濟者 其先蓋馬韓之屬國 夫餘之別種 有仇台者 始國於帶方故其地界 ... 其王以四仲之月 祭天及五帝之神 又每歲四祠其始祖仇台之廟"

45 『북사』 권94 열전82 백제 "百濟之國 蓋馬韓之屬也 出自索離國 其王出行 其侍兒於後姙娠 王還欲殺之 … 王以爲神 命養之 名日東明 及長 善射 王忌其猛 復欲殺之 … 東明乘之得度 至夫餘而王焉 東明之後有仇台 篤於仁信 始立國于帶方故地"

46 『수서』 권81 열전46 백제 "百濟之先 出自高麗國 其國王有一侍婢 忽懷孕 王欲殺之 … 以爲神 命養之 名日東明 及長 高麗王忌之 東明懼 逃至淹水 夫餘人共奉之 東明之後 有仇台者 篤於仁信 始立其國于帶方故地"

⑤ 백제는 부여의 별종이다.[47]

사료 E-①은 472년 개로왕이 북위에 보낸 국서에 나오는 표현으로 고구려와 함께 부여에서 나왔다는 것이 강조되고 있다. 특히 E-①의 "臣與高句麗源出夫餘"라는 기사는 중국계 사서에 백제왕족 부여기원설이 전승되는 시발점으로서, 이 기록을 필두로 E-②는 물론 E-⑤에서도 백제는 '부여의 별종別種'이라 하여, 고구려에 대한 언급은 빠지고 백제의 원류가 부여계와 직결되었다. 특히 E-②는 백제의 계통과 건국시의 정황이 압축적으로 기록되어 있는데, 백제가 본래 마한에 속한 소국으로 출발하였으나, 왕족은 부여에서 나왔음을 표현한 것이라고 할 수 있다.[48]

여기에서 더욱 주목되는 것은 E-②, ③, ④ 모두 구태 시조설을 거론하고 있다는 점이다. E-③에서는 백제가 마한에 속한 나라인데 색리국에서 출자했다고 기술하고 있다. 『삼국지』 위서 동이전 부여조에 인용된 『위략魏略』의 동명신화와 유사한 내용을 싣고서 말미에 동명의 후예 구태가 대방고지에서 나라를 세웠음을 언급하였다. E-④에서는 백제의 선대가 고구려에서 나왔다는 기사와 함께 동명신화를 수록하고 있는데, 이 또한 E-③과 마찬가지로 시비에게서 태어난 동명이 왕의 시기 때문에 도망가서 부여 사람들로부터 떠받들어졌다는 내용으로, 백제의 건국자가 아니라 부여의 왕이 된 동명의 이야기다. 말미에 구태가 대방고지에 나라를 세웠다는 기사를 실은 것도 E-③과 동일하다.

---

47 『신당서』 권220 열전145 백제 "百濟 扶餘別種也"
48 윤용구, 2004, 「구태의 백제건국기사에 대한 재검토」, 『백제연구』 39, 4쪽.

E-③과 ④, 즉 『북사』와 『수서』 백제전에 동명신화가 수록될 수 있었던 것은 아마도 당시 백제에서도 동명을 시조로 하는 신화가 성립되어 있었기 때문이 아닐까 한다. 백제 왕실이 부여족 공동의 시조신인 동명을 숭배하는 관념을 계승시켜 왔기 때문에 동명이 직접 남래하여 백제를 건국했다는 동명신화도 성립될 수 있었다는 것이다.[49]

이들 기록에 나오는 구태에 대해서는 다양한 견해가 있다. 구태를 비류설화의 우태優台와 동일한 인물이라고 보기도 하고,[50] '구이'로 읽어 고이왕과 동일한 것으로 보는 견해,[51] 부여왕 '위구태尉仇台'의 음이 '위구이'가 아니라

---

49 노명호, 1981, 「백제의 동명신화와 동명묘」, 『역사학연구』 X, 43~49쪽 : 노명호, 1989, 「백제 건국신화의 원형과 성립배경」, 『백제연구』 20, 55쪽 ; 이현혜, 1991, 「마한 백제국의 형성과 지배집단의 출자」, 『백제연구』 22, 24쪽.

50 한치윤의 『해동역사』 권18 제례의 '묘제'조에 이미 보인다. 『수서』를 인용하여 "百濟立其始祖仇台廟於國城 歲四祠之"라 기술한 다음 "按仇台或作優台 蓋仇與優音轉也 百濟始祖溫祚 而此云仇台者 以仇台又爲溫祚始祖故也"라고 하여 자신의 생각을 밝히고 있다. 한치윤은 구태(우태)가 온조의 시조라고 보고 있다. 천관우도 한치윤의 주장을 따르고 있다(천관우, 1976, 「삼한의 국가형성(하)」, 『한국학보』 3, 143쪽).

51 이병도, 1959, 「백제의 흥기와 마한의 변천」, 『한국사』 고대편, 진단학회 편, 을유문화사, 345~347쪽 ; 이병도, 1976, 앞 책, 476쪽. 이병도는 동명을 비조로 삼은 온조계통의 백제왕실에서 비류파의 조祖라는 우태를 시조로 받들 수 없고, 또 구태는 동명의 후예라고 하므로 구태와 우태는 전혀 별개인이라고 하였다. 구태는 우태와 같이 반전설적인 방계의 시조가 아니고 실제 건국의 태조라고 보았다. 고ko와 구ku는 자음상 서로 일치하고 '尒爾'는 ni, I, ji로 발음되는데 '台' 또한 원음은 '以i'이고 '台'자의 '厶'는 원래 '以'의 약略이므로 구태는 '구이'로 발음된다는 것이다(1959, 앞 책, 351쪽).

는 점에서 '구이'로 읽을 수 없다는 주장,[52] 구태는 온조라는 주장[53] 등이 있다. 구태설화의 등장에 대해서도 다양한 해석들이 있다. 구태시조설이 등장한 것은 별도의 전승이 있었다기보다는 온조나 비류 시조설과는 다른 정치적 상황, 즉 웅진천도 이후 정치적 상황의 변화에 따른 시조관의 변화에서 비롯된 것이 아닐까 추측하고 있다.[54] 또 동명-구태시조설은 주몽-온조설화와는 달리 부여의 시조인 동명의 전통을 계승한 구태가 '始國於帶方' '始立其國'했다고 기술되어 있지만, 건국시조보다는 구태에 의해 비로소 국가체제가 갖추어졌다는 의미로 동명왕설화의 분화라는 차원에서 동명-구태시조설로 명명하기도 했다.[55] '대방고지'가 강조된 것은 백제를 건국한 집단이 일정 기간 낙랑 · 대방군과 주거나 문화적 접촉을 가졌을 개연성이 있었음을 보여준다고 해석하였다.[56]

백제의 기원 자체는 동명으로 이어진다는 것을 밝히는 가운데 구태시조설이 등장한 것이므로 구태가 누구인지를 해명하는 데 너무 집착할 필요는 없다고 생각된다. 다만 온조는 동명왕 제3자로 되어 있는 데 비해 구태는 '東明

52 이홍직, 1971, 「백제 건국설화에 대한 재검토」, 『한국고대사의 연구』, 신구문화사, 331~332쪽. 왕민신王民信은 구태의 발음은 Kuchi, Kudhi, Kudzi로서 건길지鞬吉支의 '길지吉支'와 상통하며, 왕의 의미라고 보았다(왕민신, 1986, 「백제시조 구태고」, 『백제연구』 17, 165쪽).

53 임기환, 1998, 앞 논문, 23~24쪽. 서영대는 구태를 수장을 의미하는 일반명사로 파악하면서도 시조묘의 치제致祭 대상이기 때문에 실체가 있어야 한다는 의미에서 구태묘의 주신主神은 온조왕이라고 보았다(서영대, 2000, 「백제의 오제五帝신앙과 그 의미」, 『한국고대사연구』 20, 123~124쪽).

54 정재윤, 2007, 「백제 건국의 주체세력과 그 계통」, 『한성백제의 역사와 문화』, 서경문화사, 40~43쪽.

55 이종태, 1998, 「백제 시조구태묘의 성립과 계승」, 『한국고대사연구』 13, 110~111쪽.

56 김기섭, 2007, 앞 논문, 17쪽.

之後'로 표현되어 있어 범부여계 공통의 시조로 되어 있는 동명과 구태가 시기적으로 떨어져 있음을 의미한다. 이것이 『속일본기續日本紀』에도 도모都慕에 대해서 백제의 원조遠祖 내지 태조太祖로 표현된 이유가 아닐까 한다. '도모'에 관한 기사를 살펴보도록 하겠다.

> F-① 백제의 먼 조상인 도모왕이라는 사람은 하백의 딸이 태양의 정기에 감응해서 태어난 사람인데, 황태후는 곧 그 후손이다. 이로 말미암아 시호를 받들었다.[57]
>
> ② 백제의 태조 도모대왕은 태양신이 몸에 내려 온 분으로 부여에 머물러 나라를 열었습니다. 천제가 녹籙(부적)을 주어 모든 한韓을 통솔하고 왕을 칭하게 하였습니다.[58]

위 기사에 나오는 백제의 원조, 태조 도모왕은 과연 누구일까? 도모와 추모의 발음상의 유사성 때문에 도모=추모=주몽으로 연결시켜 보고 있으나, 『신찬성씨록新撰姓氏錄』을 보면 백제와 관련된 성씨의 출자로 '백제국도모왕百濟國都慕王의 몇 세손 ○○왕'이라는 표현만 나오지 '추모'는 단 1회도 나오지 않는다. 통용했다기보다는 백제의 시조로서는 도모왕만을 인정한 것이다. 도모와 추모는 명확히 구분되고 있다고 생각된다. 원조나 태조라는 표현을 주

---

57 『속일본기』 권40 환무천황 연력 8년 12월 "其百濟遠祖都慕王者 河伯之女感日精而所生 皇太后卽其後也 因以奉謚焉"

58 『속일본기』 권40 환무천황 연력 9년 추7월 "夫百濟太祖都慕大王者 日神降靈 奄扶餘而開國 天帝授籙 惣諸韓而稱王"

목한다면 도모는 주몽이라기보다는 동명으로 보는 것이 합리적일 것이다.[59]

도모설은 백제 멸망 후 백제계 유민들이 백제의 태조를 도모로 인식했음을 보여준다. 도모가 실제의 건국자임을 떠나서 그 후손들이 백제가 도모에서 비롯되었다는 인식을 반영한 것이라는 점에서 시조 구태설과 마찬가지로 일종의 계승의식의 차원에서 언급해야 될 문제이다. 구태설이나 도모설 모두 백제의 시조로서 동명을 내세운 것이므로 동명묘 배알, 시조 구태묘 제사와 함께 논의될 필요가 있다.[60]

이상에서 문헌자료를 통해 백제 건국 주체세력의 계통성을 살펴보았는데, 건국시조의 계통성 차원이 아니라 만주지역에 실재했던 백제의 문제를 언급하면서 백제의 국가형성 문제를 다룬 '만주백제설'에 대해 잠시 살펴보도록 하겠다. 4세기 중엽 이전 만주 방면에 소재했던 백제가 1차 분파되어 현재의 서울 지역에 정착해서 마한의 하나의 국으로 자리잡았고, 종가격인 만주의 백제는 부여를 위시하여 고구려, 모용 선비와 다투다가 4세기 중반경 남하하여 서울지역의 세력을 통합하고 왕실교체를 단행했다는 주장이다.[61] 서울지역에 무기단식 적석총은 존재하지 않고, 석촌동 3 · 4호분에서 보이듯 4세기 중반 이후에 조영된 계단식 적석총만 존재하기 때문에 부여씨에 의한 서울지역의 백제 건국은 4세기 이전을 상회할 수 없다고 보았던 것이다. 4세기 중

59 박현숙은 도모는 동명을 의미한다고 보고, 더 나아가서 백제의 시조는 온조, 시조신은 동명으로 인식되었기 때문에 건국신화에서 고구려적 요소를 발견하기는 어렵다고 보고 있다(박현숙, 2005, 「백제 건국신화의 형성과정과 그 의미」, 『한국고대사연구』 39, 46~47쪽).

60 동명묘 배알, 구태묘 제사 등을 통한 백제 왕실의 부여계 계승의식의 강화 문제는 별도의 논문을 통해 좀 더 구체적으로 밝히고자 한다.

61 이도학, 1990, 앞 논문, 153~158쪽; 이도학, 1995, 『백제고대국가연구』, 일지사, 109쪽.

반경 서울지역에 출현한 부여씨 중심의 백제 세력은 선주민과 타협하면서 세력을 구축했다기보다 무력적으로 이들을 지배했다는, 즉 정복국가설의 입장에서 백제사의 시작을 명확하게 제시하고 있어서 일정한 학설사적인 의미는 갖는다고 하겠다. 그러나 이 주장이 핵심근거로 삼고 있는 문헌자료 속의 백제가[62] 고구려의 잘못이라는 지적도 있기 때문에[63] 좀 더 면밀한 검토가 필요하다.

지금까지 검토한 바에 따르면, 백제의 건국과정에서 주도적인 역할을 했던 세력은 적어도 문헌상으로는 부여계가 중심이 되었다고 할 수 있다. 물론 『삼국사기』 온조설화에 주몽이 등장하는 점, 개로왕이 북위에 보낸 국서에서 고구려와 함께 부여에서 나왔다고 한 점, 성왕의 아들 여창이 고구려 장수와 대적하기 전 고구려 왕실과 성이 같다고 한 표현은 백제가 고구려와 어느 정도 관련되어 있음을 암시한다. 『수서』에서는 중국 사서 중 유일하게 백제의 출자를 '고려高麗'라 하고 있다.

그러나 『수서』의 기사 자체도 E-④에서 보이는 것처럼 '出自高麗國'이라는 표현을 제외한 대부분의 내용은 동명설화와 구태의 시국始國 관련 기사이다. 또한 그 동안 백제 건국 주체세력의 계통을 부여 · 고구려계라고 한 결정적 근거는 백제의 건국자 온조의 아버지가 고구려를 세운 주몽이기 때문이었

62 『자치통감』 晉紀 永和2년(346)조 "初夫餘居于鹿山 爲百濟所侵 部落衰散 西徙近燕 而不設備 燕王皝遣世子儁帥慕容軍 ·慕容恪 ·慕容根三將軍 ·萬七千騎襲夫餘"; 『진서』 권109 慕容皝載記 "句麗 ·百濟及宇文 ·段部之人 皆兵勢所徙 非如中國慕義而至 咸有思歸之心 今戶垂十萬 狹湊都城 恐方將爲國家深害 宜分其兄弟宗屬 徙于西境諸城 撫之以恩 檢之以法"

63 『자치통감』에 나오는 백제를 고구려의 잘못으로 보았다(송기호, 2005, 「부여사 연구의 쟁점과 자료 해석」, 『한국고대사연구』 37, 22쪽).

는데, 이 문제에 대해서도 생각해보자. 온조설화에 온조와 비류의 생부로 표현된 주몽은 고구려의 건국자로서보다는 졸본부여의 계승자로서의 역할에 그치고 있다. 따라서 온조와 비류가 가졌던 정체성 속에서 고구려의 존재는 자신들의 계통을 말해주는 요소였다고 보기 어렵다. 이럴 경우 과연 고구려계라는 용어를 사용할 수 있을까? 적어도 계통성을 운운하려면, 백제의 건국자로 나오는 온조와 비류가 아버지인 주몽이 건국한 고구려사회에서 일정한 경험을 할 수 있는 시간과 기회가 뒷받침되어야 한다고 생각하기 때문이다. 그러나 온조와 비류는 이러한 경험을 할 수가 없었기 때문에 백제와 고구려의 관련성을 보여주는 여타의 자료들이 있다고 해도 이 자료들이 백제의 건국 주체세력이 고구려 계통이라는 결정적 근거는 되지 않는다고 생각한다.[64]

백제가 고구려와 같은 종족 계통에 의해 세워졌기 때문에 백제 왕실이 정치적 · 외교적 목적에 따라 자신의 출자를 때로는 부여에, 때로는 고구려에 연결시켰겠지만, 실제 백제 지배계급의 계통은 단일하지 않았을 것이라는 주장은[65] 분명 타당한 면이 있다. 그러나 적어도 문헌상 백제 건국과정에서 주도적인 역할을 했던 세력은 부여계이다. 왕실을 비롯한 백제 지배세력은 동명묘 제사 등을 통해 부여족이라는 범주 속에 자신들을 위치지으면서 유대의식을 확대해갔다.

---

64 필자 또한 백제의 건국 주체세력의 계통에 대해 부여-고구려계라는 표현을 쓸 수밖에 없음을 지적한 바 있으나(김영심, 2007, 「백제 한성도읍기 문화의 계통성과 특색」, 『한성백제의 역사와 문화』, 72~80쪽), 적어도 문헌상으로는 부여계로 표방되는 면이 훨씬 강했다고 할 수 있다.

65 권오영, 1995, 앞 논문, 18쪽

2. 초기의 주민집단

문헌자료를 종합해 볼 때 백제의 건국 주체세력은 부여계가 중심이 된다. 그렇다면 백제국의 주민 집단, 즉 백제의 건국 주체세력이 이주해오기 전 한강유역에 살고 있던 주민집단은 누구였을까? 한강유역의 주민으로는 『삼국지』 위서 동이전 한조와 「광개토왕비문」에 보이는 한韓 · 예濊가 주목된다. 『삼국지』 동이전 한조에 나오는 한 · 예 사료는 다음과 같다.

> G- 한나라 때에 (한韓은) 낙랑군에 속하여 사시四時에 조알하였다. 환제(147~167)와 영제(168~188) 말에 한韓과 예濊가 강성해져 군현이 이를 능히 제어하지 못하자 많은 수의 민民이 한국韓國으로 유입되었다. 건안 연간(196~220)에 공손강公孫康이 둔유현屯有縣 이남의 거친 땅에 대방군을 설치하고, 공손모公孫模 · 장창張敞 등을 보내 유민을 모으고 한 · 예를 공벌하니, (한 · 예에 속했던) 옛 백성들이 점차 (군현에) 돌아오게 되었다. 이 뒤로 왜와 한은 마침내 대방에 복속되었다.[66]

사료 G를 보면 2세기 후반에는 한과 예가 강성해져 군현이 통제할 수 없는 상황에 이르렀다. 이에 중국측에서는 대방군을 설치하여 한과 예에 대한 공벌에 나서게 되었다. 당시 대방군의 경역이 예성강 서쪽에 한정되므로 2세기

---

66 『삼국지』 권30 위서 동이전 한조 "桓 · 靈之末 韓濊彊盛 郡縣不能制 民多流入韓國 建安中 公孫康分屯有縣以南荒地爲帶方郡 遣公孫模 · 張敞等收集遺民 興兵伐韓濊 舊民稍出 是後倭韓 遂屬帶方"

후반 예성강에서 한강하류에 이르는 지역에 한족과 예족이 함께 거주했음을 알 수 있다.[67]

『삼국지』를 통해 예성강부터 한강 하류에 이르는 지역에 한족과 예족이 함께 거주했음을 알 수 있는데, 이들이 거주하는 지역은 구분되어 있었을까, 아니면 서로 혼재되어 있었을까? 한 · 예의 거주양상을 추정하는 데 약간의 단서를 제공하는 것이 「광개토왕비문」의 수묘인守墓人 연호煙戸조 기록이다.

「광개토왕비문」에서는 광개토왕이 4세기 말 5세기 초 백제와의 전쟁을 통해 점령한 지역을 '새로 약취해 온 한과 예[新來韓濊]'로 통칭하고, 자신의 무덤을 지키는 수묘인 연호로 차출한 내역을 각 지역별로 기록하고 있다. 수묘인 연호가 차출된 36성城의 지명은 임진강유역이나 한강중상류지역으로 추정된다. 수묘인을 차출한 총 36개 지역 중 '○○韓'이라 칭한 지역이 5개, '○○韓濊'라 칭한 지역이 1개이기 때문에 종족명이 붙은 지명 중에는 '○○韓'이라 칭한 곳이 많다.[68] 이를 근거로 실제 백제 주민 중에는 한족보다 예족이 많았을 것이며, '舍蔦[鳶]城韓濊'처럼 예가 한 지역에 섞여 사는 경우도 있기는 하지만, 종족별로 거주구역을 달리 했던 경우가 일반적이라 보고 있다.[69] 한, 예의 거주지역이 구분되어 있는 것으로 보고 있지만, 종족명을 붙이지 않은 30개 지역에 대한 설명은 하지 않았다.

이에 비해 종족명을 붙이지 않은 지역은 그럴 필요가 없는 단일 종족의 거

---

67 노태돈, 2007, 「문헌상으로 본 백제의 주민구성」, 『백제의 기원과 건국』, 충남역사문화연구원, 146쪽.

68 豆比鴨岑韓, 勾底韓, 舍蔦[鳶]韓濊, 客賢韓, 巴奴城韓, 百殘南居韓 등이 종족명이 붙은 6개 지명이다.

69 노태돈, 2007, 앞 논문, 144~145쪽.

주지역으로서 한족韓族 못지않게 예족穢族의 단일 거주지도 상당수 있었을 것이며, 종족명을 부기한 지역은 복수의 종족이 혼재하고 있었기 때문에 차출 대상 종족을 특정하기 위해 그러한 표기방식을 취했을 것이라 보는 견해가 있다.[70] 한과 예의 거주지역은 따로 구분되어 있지만, 종족명을 붙인 6개의 지역은 한과 예가 섞여 살고 있는데, 그 중에서 '○○韓'이라 칭해진 지역은 한족만이, '○○韓濊'라 칭해진 지역은 한족과 예족이 모두 차출되었다는 것이다. 역시 거주지역이 구분되어 있는 것으로 보고 있지만, 종족명을 붙인 6개 지역 모두는 한 · 예가 섞여 살고 있는 지역이라고 본 점에서 차이가 있다.

다음으로 『삼국사기』 백제본기에 나오는 말갈의 활동을 영서예領(嶺)西濊, 더 나아가 『삼국지』 한전의 신분고국臣濆沽國과 연결시켜 본 연구에서도 한 · 예의 문제를 언급하고 있다. 말갈이 주로 활동한 예성강에서 한강에 이르는 경기도 북부와 북한강, 남한강 중상류 일대를 포괄하는 지역은 영서예 지역임을 밝히고, 말갈과 백제가 성장한 경기도 북부 일대는 이미 선주 토착세력인 한계韓系의 족속이 정착해 있던 지역이었기 때문에 말갈과 백제는 한 · 예계의 족속이 혼유되는 형태로 정치체가 성장했다고 주장하였다. 광개토왕이 자신이 정복한 경기도 북부 지역 일대민을 '新來韓濊'라고 표현한 것도 이러한 상황이 후대까지 지속됨을 말해준다는 것이다.[71] 「광개토왕비문」의 수묘인호 차출 지명에 의거해서 구체적으로 언급하지는 않았지만, 한 · 예가 섞여

---

70 김창석, 2008, 「고대 영서예지역의 종족과 문화변천」, 『한국고대사연구』 51, 13쪽.

71 윤선태, 2001, 「마한의 진왕과 신분고국-영서예지역의 역사적 추이와 관련하여」, 『백제연구』 34, 22~23쪽. 송만영도 한·예 지역 전체가 지역에 따라 차이가 있을 뿐 족적 구성은 한·예의 혼유에 기초한다고 보고 있다(송만영, 2003, 「중부지방 원삼국문화의 전개과정과 한예 정치체의 동향」, 『강좌 한국고대사』 10, 가락국사적개발연구원, 138쪽).

서 거주하는 것에 방점을 두고 있다.

경기도 북부 일대에서 한·예가 혼유되는 형태로 거주했다고 보는 위의 견해와 달리, 마한의 일원인 신분고국을 임진강유역으로 비정하면서, 마한의 북계가 경기도와 강원 영서 어디쯤 형성된 것으로 상정하고 그곳을 한과 예의 접경 혹은 양자가 중첩된 곳으로 보는 견해가 있다.[72] 또한 「광개토왕비문」의 '舍蔦城韓濊'에 주목하여 관미성關彌城과 아단성阿旦城 사이에 있는 사조성舍蔦城은 경기도 북부의 어느 지역이라고까지 구체화시킨 연구도 있다. 경기 북부의 연천-양평-남한강을 연결하는 선을 기준으로 예계집단은 대체로 한강 중상류지역, 마한은 한강 하류 및 경기, 충청지역을 차지하고 있다는 것이다.[73] 한·예가 섞여 사는 것이 아니라 일정 지역은 한, 일정지역은 예가 차지하고 있으며, 두 세력이 교합交合한 곳은 경기 북부로 보고 있다고 할 수 있다.

이상의 여러 견해를 종합해볼 때 임진강유역 및 한강중상류 일대의 주민이 '한예韓濊'라 통칭되었지만, 세부적으로 보면 한·예의 거주지역이 따로 구분되어 있었을 것이다. 적어도 예성강에서 한강하류에 이르는 지역은 한韓이 중심이 되었을 것이다. 많은 지역에서 특정 종족이 절대 다수를 차지하기 때문에 그 종족의 거주지로 인식되었을 것이다. 그러나 그런 지역이라 하더라도 주민의 이주에 의해 일부의 다른 종족이 섞여 있을 가능성은 충분하다.[74] 한·예의 접경 지역은 양자의 세력이 비등했을 것으로 보인다.

---

72 권오영, 2010, 「마한의 종족성과 공간적 분포에 대한 검토」, 『한국고대사연구』 60, 20쪽.

73 박순발, 2001, 앞 책, 80~82쪽.

74 비록 절대연대는 믿을 수 없지만, "남옥저南沃沮의 구파해仇頗解 등 20여 가가 부양斧壤에 귀순

따라서 한강유역 주민의 절대 다수는 한인이고 예인이 일부 섞여 있었을 것으로 판단되는데, 이들은 어떠한 성격의 종족이었을까? 한인韓人은 신석기 시대 이래 한반도 중부와 그 이남지역에서 장기간 계승 발전된 토착주민이었다.[75] 『삼국지』 동이전 진한조에 "[우리들은] 옛날의 망명인으로 진秦나라의 고된 역을 피하여 한국韓國으로 왔다"는 기록이 나오고, 앞에서도 언급했듯이 기원전 2세기 전반 준왕準王이 '한왕韓王'이라 칭했다고 하므로 기원전 3세기경에 이미 한韓으로 자리잡고 있었다. 이러한 한이 마한 · 진한 · 변한으로 분화되기 때문에 백제의 주민구성에서 삼한시대부터의 선주 세력이 많은 비중을 차지했음은 부인할 수 없다.

백제가 성장한 한강하류지역은 마한 세력권에 포함되기 때문에, 지배집단을 이루게 되는 북방으로부터의 이주민이 정착하기 이전, 이 지역의 선주민 세력은 한족韓族 계통이었다. 이들 한족 계통 주민집단의 보편적인 묘제는 토광묘였다.[76] 특히 한반도 중서부지방에서 집중적으로 확인되는 주구묘周溝墓, 즉 내부 매장주체로서 목관묘나 목곽묘를 갖추고, 봉분 주위에 주구를 갖춘 주구토광묘는 마한의 묘제로서 주목된다.

예인濊人의 주된 분포지는 동가강과 송화강유역을 중심으로 한 만주지역과 한반도 내의 함경도 및 태백산맥 이동의 동해안 일대였다. 소위 '중도유형문

하니 왕이 이들을 받아들여 한산 서쪽에 안치하였다"(『삼국사기』 권23 백제본기 온조왕 43년조)는 기사는 이러한 상황을 반영한다.

75 한강유역의 주민집단인 '한·예'에 대해서는 노중국, 1988, 앞 책, 35~45쪽; 노중국·권오영, 2008, 『백제의 역사와 문화』, 충남역사문화원, 40~45쪽 참조.

76 권오영, 1991, 「중서부지방 백제 토광묘에 대한 시론적 검토」, 『백제연구』 22, 71~72쪽.

화'[77]를 예계濊系의 문화로 보는 데에 동의하는 입장에서는 예족 집단이 백제의 북 · 동변에 존속했기 때문에 적어도 기원 전후 시기부터 백제 진출 전까지는 영서지역에 살던 주민집단도 예족 계통에 속한다고 보았다.[78] 물론 『삼국지』 기록에서도 예족이 예성강에서 한강 하류에 걸쳐 한과 거주하고 있음이 드러난다.

그러나 예족은 넓은 지역에 분포하지만, 각 예인의 실제 생활 범위는 그들 자신이 속한 읍락과 주변의 몇몇 읍락을 포괄하는 공간에 사실상 한정되었다는 지적을[79] 주목해볼 필요가 있다. 이렇게 보면 종족 단위의 문화는 형성되기 어려울 것이며, 소위 '예계문화', 중도유형문화라는 것도 성립할 수 없는 것이 아닐까 한다. 엄밀히 따져보면, 부여인은 원래 예족이므로 백제 건국의 주도세력이 된 부여(고구려)계 유이민과 백제의 주민집단이 된 피복속의 예족 집단은 '예족'이라는 동일한 종족명을 가졌지만, 서로 다른 역사적 경험을 지녔고, 백제 국가 내에서도 서로 다른 정치적 위상을 가졌다.[80] 따라서 분포 범위가 넓고, 역사 경험도 달리 한 집단을 하나의 종족으로 볼 수 있을지는 의문이다.

77 한강과 임진강유역의 원삼국문화가 중도식 무문토기, 呂자형 내지 凸자형 주거지, 즙석식 적석묘 등에서 공통된 양상을 보이는 것을 근거로 소위 '중도유형문화'를 설정하여 큰 공감을 얻은 바 있다. 예족이 주체가 되어 형성한 '예계문화'로서 백제의 기층문화를 이루었다는 것이다(박순발, 2001, 앞 책, 75~85쪽).

78 임진강, 한강 중상류의 적석총[즙석식적석묘] 분포 지역이 「광개토왕비문」의 '新來韓濊' 분포지역과 일부 중복된다고 보고서 이러한 주장을 했다(김창석, 2008, 앞 논문, 19~36쪽).

79 노태돈, 2007, 앞 논문, 153쪽.

80 노태돈, 2007, 앞 논문, 154쪽. 물론 노태돈은 백제국의 주도세력이 된 집단을 부여·고구려계 유이민이라 칭했다.

한 · 예의 문제와 관련하여 임진강을 중심으로 한 경기 북부지역과 함께 북한강, 남한강 중상류지역을 포괄하는 영서지역 정치체의 성격은 여전히 논란이 되고 있다. 한성백제의 형성, 발전과정을 복원하는 데 중요한 문제이기 때문이다. 경기 북부의 정치체에 대해서는 백제, 백제의 북부세력, 마한 54소국 중의 하나로 보기도 하고, 영서지역까지를 포괄하여 예계, 신분고국, 한예의 정치체로 보기도 한다.[81] 경기 북부와 영서지역의 정치체의 성격을 어떻게 보느냐는 초기백제의 영역 범위 설정과도 연결되는 문제인 만큼 별도의 고찰이 필요할 것이다.

이상에서 살펴본 바와 같이 백제의 건국 주체세력인 부여계가 이주해오기 전 한강유역에서 초기철기문화를 성립시킨 주인공은 한인과 예인이며, 한인이 절대 다수를 차지하고 예인이 섞여 있었다. 아마도 한강유역에서는 한인과 예인의 상호접촉과 동화를 통해서 문화적 복합과 종족적 복합이 점진적이고 완만한 속도로 이루어졌을 것으로 보인다. 백제의 선주민이었던 이들은 백제의 성립 이후에는 백제의 주민으로서 부여계의 왕실 및 지배층과 함께 각각의 종족적 · 문화적 전통을 후대까지 온존시켜 간 것으로 보인다. 이밖에 압록강유역에서 적석총을 축조하던 세력 일부가 한강유역으로 내려왔을 수도 있고, 고구려 계통의 주민이 시차를 두고 백제의 주민집단을 구성했을 수도 있다.

---

81 경기 북부 정치체에 대한 제 견해는 송만영, 2003, 앞 논문, 102쪽 참조. 송만영은 경기 북부지역과 영서지역에서는 육각형 주거지의 분포 범위에 포함되어 있으면서도 적석분구묘가 조사되기 때문에 한강 하류지역의 백제국과는 다른, 마한 54개국 가운데 군현의 변방에 있으면서 2세기 후반에 강성해진 한예의 정치체라고 보았다(송만영, 2003, 앞 논문, 134~137쪽).

Ⅳ. 맺음말

본고에서는 금속기문화에 있어서는 상대적으로 후진적이었던 한강유역에 이주민집단이 남하하여 백제국을 성립시킴으로써 백제의 역사가 시작된 것으로 파악하였다. 백제국의 성립 과정에서 토착 선주민의 역할은 제한되고 이주민집단의 역할이 더 컸기 때문에 건국 주체세력은 이주민계통으로 한정해서 보았다.

건국설화와 여타의 문헌기록을 통해 건국 주체세력의 계통성을 추적하였는데, 적어도 문헌상으로는 부여 계통임이 강조되었다고 할 수 있다. 그 동안 백제 건국 주체세력의 계통을 부여 · 고구려계라고 한 결정적 근거는 백제의 건국자 온조의 아버지가 고구려를 세운 주몽이었기 때문이다. 그러나 온조설화에 온조와 비류의 생부로 표현된 주몽은 고구려의 건국자로서보다는 졸본부여의 계승자로서의 역할에 그친다. 온조와 비류가 가졌던 정체성 속에서 고구려의 존재는 자신들의 계통을 말해주는 요소는 결코 아니었다. 따라서 이 경우 고구려계라는 용어를 사용할 수 있는지 진지하게 고민을 해보아야 할 것이다.

또한 온조설화나 개로왕의 국서에 나오는 "與高句麗同(源)出扶餘"라는 표현은 '고구려와 계통을 같이 한다'에 방점이 있는 것이 아니라 고구려와 대등하게 '부여에서 갈라져 나왔다'는 것을 강조한 표현이다. 부여 · 고구려계임을 말해주는 중요한 근거로 보기 어렵다. 동명신화, 동명묘 제사, 구태묘 제사 등 국가적 차원에서 표방했던 계승의식 또한 백제 건국 주체세력이 부여계임을 말해준다.

백제의 건국 주체세력인 부여계가 이주해오기 이전 한강유역에서 초기철기문화를 성립시킨 주인공은 한인과 예인이며, 한인이 절대 다수를 차지하고 예인이 섞여 있었다. 백제의 선주민이었던 이들은 백제의 성립 이후에는 백제의 주민으로서 부여계의 왕실 및 지배층과 함께 각각의 종족적 · 문화적 전통을 후대까지 온존시켜 간 것으로 보인다.

주제발표 4

백제, 누가 세웠나
-고고학적 측면-

임 영 진 전남대학교 인류학과 교수

요 약

본 발표에서는 공간적으로는 한강 중하류지역, 시간적으로는 1~3세기 전후에 해당하는 묘제, 주거지, 출토유물 등의 고고학 자료에 대해 계통별로 구분해 보고, 각 계통별 기원과 한강유역 정착 배경, 그 주인공들의 성격과 상호 관계 등을 고고학적으로 파악하여 문헌학적 연구 성과와 비교, 검토해 보았다.

서울 강남지역에는 기원전부터 중도문화가 파급되었고, 2세기 후반대에 토광묘를 사용하는 새로운 주민들이 들어왔으며, 3세기 초부터 분구묘 축조세력들이 성장해 나갔다. 중도문화는 북한강유역을 거쳐 동북지역으로 이어지는 문화이며, 토광묘는 한군현의 통제력이 약화된 시대적인 배경 속에서 내려온 고조선계 주민이 그 주인공이다. 분구묘는 범마한권에서 성행하였던 것으로서 당시 한강유역이 마한의 외곽권에 해당하였음을 말해주는 고고학 자료이다.

이와 같은 고고학적 상황은 이 지역이 마한 소국 가운데 하나인 백제국伯濟國에 해당하였을 가능성을 말해줄 수 있다. 당시 서울지역은 대동강유역권의 한군현과 가까운 위치에 있으면서 한강을 끼고 있기 때문에 선진 제도와 문물의 도입이 용이하였겠지만 중도문화세력, 토광묘 문화세력, 분구묘 문화세력 등 다양한 세력으로 구성되어 독자적으로 고대국가 체제를 갖추기에는 역부족이었다.

한편 임진강유역권에는 2세기 중엽경부터 고구려식 적석총이 축조되다가 3세기 중엽경에 중단되고 서울 강남지역으로 이어지고 있다. 이는 고구려지역에서 내려온 백제 건국 주도세력이 한시적으로 임진강유역에 자리잡았다가 3세기 중엽경에 한강유역으로 남하하여 본격적인 고대국가로서의 백제를 출범시켰던 고고학적 증거라고 볼 수 있다.

그러나 그 과정에서 토광묘나 분구묘를 쓰는 현지 선주민들과 대규모 갈등을 일으킨 흔적은 보이지 않는다. 적석총 세력은 고구려의 발전된 문물과 국가체제를 경험하고 있었던 만큼 자력에 의한 고대국가의 건국이 불가능하지는 않았겠지만, 석촌동 1호분 북분을 통해 볼 수 있는 바와 같이 선주민에게서 왕비를 취한 것으로 판단되는 등 기존의 선주민과 연합하여 백제를 건국하였던 것으로 믿어진다.

백제의 건국 문제는 1948년 8월 15일에 이루어졌던 대한민국의 건국과 동일한 성격을 가진 것이 아니었기 때문에 서울 강남지역의 사회 발전 과정에 있어 고대국가로서의 출발 시점을 어떻게 규정하느냐 하는 인식의 문제라고 보는 것이 합리적일 것이다. 마한 소국의 하나였던 백제국이 본격적인 고대국가인 백제를 건국하는데 있어 중요한 기반이 되었다는 점을 감안하여 백제의 건국을 논한다면 그 시기는 기원전후경까지, 그 주인공은 풍납토성 내부에서 조사된 3중 환호 축조 세력인 중도문화 담당자들까지 포괄할 수 있을 것이다.

Ⅰ. 머리말

백제의 건국 문제에 대해서는 수많은 연구 성과들이 계속해서 발표되고 있지만 여전히 핵심적인 문제에 대해서는 서로 다른 입장이 견지되고 있다. 백제의 건국과 관련된 문제는 여러 가지가 있지만 가장 핵심적인 문제는 두 가지로 요약될 수 있을 것이다. 첫째, 『삼국사기』에 묘사된 백제의 강역 획정 및 마한 정복 등으로 유추되는 고대국가로서의 백제가 성립된 시기가 언제인가 하는 점이다. 둘째, 백제百濟와 백제국伯濟國, 십제十濟의 관계는 어떠하며 그 주체는 누구인가 하는 점이다. 이 두 가지 문제는 서로 별개의 문제가 아니라 밀접하게 관련된 문제이지만 본 발표에서는 고고학 자료를 토대로 두번째 문제에 대해 살펴보고자 한다.

백제의 건국 세력으로 알려진 온조 집단은 고구려에서 남하하였다는 것이 『삼국사기』의 기록 내용이고 이는 서울 강남지역에서 조사된 적석총을 통해 고고학적으로 입증되어 왔다. 그러나 백제 건국 집단은 고구려 건국 집단과 마찬가지로 부여 계통이라는 별도의 기록이 있고 이에 대해서도 여러 연구자들이 그 가능성을 인정하고 있다.

고고학적으로 보면, 백제 건국의 핵심지역으로 인정되고 있는 서울 강남지역에는 서로 다른 전통을 가진 다양한 문화요소들이 상당한 기간동안 공존하기 때문에 특정 문화 집단에 의해 일방적으로 백제가 건국되었다고 단언하기는 어렵다. 그러나 다양한 문화요소들의 기원과 서울지역 정착 과정이 분명하지 않기 때문에 그 주인공들의 출자와 역할에 대해 여러 가지 견해들이 제기되고 있다.

본 발표에서는 시간적으로 1~3세기 전후, 공간적으로 한강 중하류지역에 분포하는 고고학 자료들을 계통별로 구분해 보고, 각 계통별 기원과 한강유역 파급, 정착 배경, 그 주인공들의 성격과 상호 관계 등을 고고학적으로 파악하여 문헌학적 연구 성과와 비교, 검토해 볼 수 있도록 하겠다.

Ⅱ. 1~3세기 한강 중하류지역 고고학 자료의 검토

1. 고분

1) 토광묘

토광묘는 삼한지역의 공통적인 묘제로서 삼국이 성립되기 전부터 마한권 뿐만 아니라 진한권과 변한권에서도 사용되어 왔으며 소아용의 옹관묘와 공반되는 경향이 있다. 서울지역에서는 석촌동 3호분 동쪽고분군의 하층에서 조사된 1 · 2호 토광묘와 집단토광묘 등이 잘 알려져 있다.

석촌동 집단토광묘는 석촌동 3호분 동쪽고분군의 최하층에서 조사된 것으로서 동일한 토광 안에 7기의 목관과 1기의 목판이 안치된 이례적인 것이다. 이미 한쪽 끝부분이 파괴된 상태에서 조사되었지만 남아있는 부분만 보더라도 길이 10m, 너비 2.6~3.2m, 깊이 0.7m 내외의 대규모 토광묘이다. 특히 7기의 목관은 서로 어느 정도 간격을 두고 배치되었지만 토광의 북쪽 끝에서 두번째에 위치한 1기의 목판은 세 번째 목관에 나란히 접해 있으면서 그 주인공은 여성인 것으로 파악되었다.

서울 강남지역 토광묘는 낮은 구릉성 대지에 입지하며 회백색 연질의 무

〈그림 1〉 석촌동 1호 토광묘

〈그림 2〉 석촌동 3호분 동쪽 즙석분구묘

문양 평저호와 적갈색 승석문 심발, 회청색 경질에 가까운 승석문 구형호 등을 내고 있어 중심 시기는 2세기 후엽경으로 추정된다. 특히 집단토광묘에서 출토된 반盤과 이배耳杯 등의 칠기는 공반된 회백색 연질토기 등과 함께 대동강유역에서 확인되는 토광묘 출토품들과 연결되고 있다.

2) 분구묘

분구묘는 매장주체부가 지하의 토광에 안치되는 봉토묘와 달리 지면이나 지상의 분구 중간에 위치하는 것이다. 범마한권에서 성행하였던 묘제로서 서울 강남지역에서는 가락동 2호분과 석촌동 3호분 동쪽에서 조사된 즙석분구묘가 비교적 구조를 잘 파악할 수 있는 대표적인 예이다[1].

가락동 2호분은 길이 15m, 너비 12m, 높이 2.2m 규모의 방대형을 띤 분구를 가지고 있으며 즙석이 덮여 있다. 분구 평면도를 보면 길이는 15m로 일정한 반면 너비는 일정하지 않아서 동북쪽이 12m이고 서남쪽이 15m로 계측된다. 분구 내부에는 단식옹관 1기와 목관 3기가 있는데 각각 독립적인 소분구를 가지고 있다가 마지막에 하나의 큰 분구로 덮힌 다장묘이다.

석촌동 3호분 동쪽에서 1986년에 조사되었던 즙석분구묘는 조사가 이루어지기 전에 이미 중심부를 포함한 대부분이 파괴되어 버리고 1/4 정도만 남아있던 고분이다. 중심 인물을 매장하는 중심 분구를 조성하되 분구 상부에 즙석을 가하였고 중심 분구 외곽에는 너비 2.5~3.0m 정도의 주구를 굴착하

1 즙석봉토분(김원용·임영진 1986: 32), 봉토토광묘(박순발 1994: 7), 목관봉토분(박순발 1998: 97), 저분구분(성정용 2000: 6) 등으로 불리기도 하는데 '지상 분구내 다장'이라는 분구묘의 특징에 즙석이 부가된 것이므로 필자는 즙석분구묘라 칭하고 있다(임영진 2005: 21).

였다. 추가장이 이루어지면서 주구를 포함한 중심분구 주위에 최소 3기의 목관과 1기의 옹관이 시차를 두고 안치되었다.

석촌동 5호분과 석촌동 파괴분 역시 추가장에 의한 다장묘로 추정되는 고분이다. 분구 평면 형태는 각각 원형과 타원형으로 보고된 바 있는데 원래 사다리꼴을 띠었을 가능성이 높다.

가락동 2호분을 비롯한 서울지역 분구묘는 3세기 중엽경부터 나타나는 것으로 보이지만 일제강점기에 확인되었던 고분들의 수효가 293기 이상에 달하였던 만큼(조가영 2012) 그보다 이른 시기에 해당하는 분구묘도 적지 않았을 것이다.

3) 적석총

서울 석촌동의 적석총들은 기본적으로 고구려의 적석총과 상통하는 것이며 백제의 건국과 관련된 중요한 자료로 논의되어 왔다. 또한 석촌동 일대 뿐만 아니라 임진강유역권의 연천 삼곶리 · 학곡리 · 선곡리 · 학운리 · 우정리, 북한강상류권의 춘천 중도 · 신매리, 양평 문호리, 남양주 금남리, 남한강상류권의 제원 양평리 · 도화리 · 교리, 평창 응암리 등지에서도 적석총 계통의 묘제를 찾아볼 수 있다. 이들은 구조적인 차이와 축조 세력에 따라 고구려식적석총, 백제식적석총, 말갈식적석총으로 세분되는데(임영진 2003) 여기서는 고구려식과 말갈식만 소개하고 백제식은 장을 달리하여 살펴보도록 하겠다.

고구려식적석총은 분구 내부 기저부에서부터 적석이 이루어진 것으로서 고구려지역에서 흔히 찾아볼 수 있는 가장 일반적인 적석총이다. 그러나 고구려 적석총의 군집권에서 멀리 떨어진 지역에 분포되어 있다는 점에서 고구려의 적석총과 구분지어 고구려식적석총이라 부르도록 하겠다.

〈그림 3〉 석촌동 3호분

연천 삼곶리 적석총은 낮은 구릉 정상부의 기저면에서부터 적석으로 구성되어 있고, 연접묘이며, 제단으로 추정되는 방단이 동분과 서분을 연결하면서 부가되어 있어 구조적으로 석촌동 1호분과 상통한다. 제단으로 추정되는 부석에서 출토된 토기들이 석촌동 3호분 동쪽고분군 최하층 출토품들과 상통하는 점에서 2세기 말~3세기 초에 해당한다고 볼 수 있다.

석촌동 1호분은 남분과 북분이 쌍분을 이루면서 서쪽에 접하여 길이 22.4m, 너비 3.2m의 부석시설을 가지고 있다. 주목되는 점은 남분과 북분이 각각 고구려식적석총과 백제식적석총으로 다르며 동시에 축조된 것이 아니라는 점이다. 네면에 정연한 석축을 가진 백제식 북분이 먼저 축조된 다음 고구려식 남분이 축조되었다. 북분에서는 동변 1단 석축에서 석축 윗면을 바닥으로 삼아 후대에 축조된 87-1호 위석분구묘가 조사되었는데 그 연대가 4세기 초를 내려가기 어려우므로 북분은 그보다 반세기 가량 앞선 3세기 중엽 무렵으로 보며(김원용 외 1989) 남분은 그보다 약간 더 늦을 것이다.

석촌동 3호분은 한 변의 길이가 50m 내외에 달하는 거대한 적석총으로서 3단까지 확인되었지만 5단 혹은 7단을 이루고 있었던 것으로 추정된다. 그 규모와 주변에서 출토된 동진대 반구병을 4C후엽경으로 보고 4C후반에 해당하는 근초고왕의 무덤으로 추정한 바 있다(김원용 · 이희준 1987: 32). 그러나 영초永初 2년(421)명을 가진 남경 사가산司家山 6호묘 출토품과 유사하기 때문에 5C초로 내려 보아야 한다는 견해가 있으며(이휘달 2005), 이를 수용한다면 이 반구병은 석촌동 3호분을 근초고왕의 무덤으로 비정하는 근거로 제시되기 어렵게 된다. 그런데 이 반구병은 석촌동 3호분 N1 시굴갱 서측 장대석에서 동편으로 4.5m 가량 떨어진 역석부 위에서 출토된 것으로서(석촌동유적발굴조사단 1984: 23) 이 역석부는 3호분 북쪽 기단 바깥쪽에 해당하는 만큼 이 반구병을 이 고분의 축조와 직결되는 것이라고 보기는 어렵고, 후행하는 것으로 보는 것이 타당할 것이다(임영진 2012).

말갈식적석총은 외관상 적석을 이루고 있고 매장시설이 석곽이라는 점에서 적석총의 범주에 해당한다고 할 수 있지만 외부로 노출되는 부분만 적석을 하고 내부는 흙으로 구성되어 있다는 점에서 고구려식적석총과 다르다. 북한강과 남한강 상류지역에서 조사된 적석총은 모두 여기에 해당하는데, 그 주인공은 『삼국사기』에 말갈로 표현된 예 세력으로 보는 견해와(박순발 1994) 예의 본거지라고 할 수 있는 동해안 지역에서는 이와같은 고분들을 찾아보기 어렵다는 점에서 영서말갈로 구분해야 한다는 견해(문안식 1995)가 있다. 연대에 있어서는 3세기초에서 4세기초에 해당하는 것으로 보는 견해가 일반적이다.

4) 백제식적석총

백제식적석총은 외형상으로는 고구려식적석총과 구분하기 어렵지만 외부로 노출되는 부분만 적석을 하고 그 내부는 점토를 채웠다는 점과 매장시설이 목관(목곽)이라는 점에서 고구려식적석총과 다르다. 서울 석촌동 1호분 북분, 석촌동 2호분, 석촌동 4호분이 대표적인 예이다. 1974년에 이루어진 석촌동 4호분의 발굴을 통해 처음으로 그 구조가 알려진 이후 고구려식적석총이 한강유역에서 지역적인 변화를 일으켜서 내부를 구하기 힘든 돌 대신 흙으로 채운 것으로 인식되어 왔다. 그러나 1987년에 이루어진 석촌동고분군의 조사를 통해 새로 확인된 2기의 백제식적석총이 세부적인 구조에 있어 이미 잘 알려진 석촌동 4호분과는 중대한 차이를 가지고 있다는 사실이 밝혀지면서 그 발생 배경과 역사적 성격에 대해 다시 검토해 볼 수 있는 계기가 마련되었다.

석촌동 1호분 북분은 고구려식적석총인 남분과 쌍분을 이루고 있다. 남분보다 먼저 축조되었으며 동서 9.9m, 남북 8.9m의 동서가 약간 더 긴 방형의 1단 석축을 저변 너비 1.4m, 높이 1.0m 내외의 규모로 방형 담장처럼 쌓았고 내부 공간에는 점토를 채워 나갔다. 정비복원을 위한 시굴조사의 성격상 매장주체시설에 대해서는 파악하기 어려웠지만 동변 1단 석축 위에서 조사된 87-1호 분구묘의 연대가 4세기 초를 내려가기 어려우므로 그보다 반세기 가량 앞선 3세기 중엽경에 축조된 것으로 본다.

석촌동 2호분은 동서 17.4m, 남북 16.2m 규모이다. 석축은 할석을 이용하여 담장처럼 쌓되 외면은 직각으로 정연하게 쌓으면서 군데군데 지탱석을 두

〈그림 4〉 석촌동 2호분

었으며 석축 내부는 비스듬히 쌓아 위로 갈수록 좁아지고 있다. 석축을 쌓으면서 형성되는 내부 공간에는 흙을 채워 나갔다. 석축은 약 1m 높이의 1단 석축만 남아있을 뿐인데 내부 성토부의 전체 높이가 3.8m에 이르고 있기 때문에 최소한 3단의 석축을 가지고 있었던 것으로 추정된다. 정비복원을 위한 조사에 국한된 것이어서 내부 전모를 파악하는 작업은 배제되었지만 서북쪽에서 1기의 목관이 확인되었다. 이 목관은 장축을 동북-서남으로 하였는데 길이 2.5m, 너비 0.6m, 깊이 0.1m 내외의 규모이고 토광을 굴착하지 않고 지면에 안치한 다음 소분구를 부가한 것이다. 이는 2호분이 축조되기 이전에 소규모의 분구를 가진 목관묘가 먼저 축조되어 있다가 나중에 이 목관묘를 포괄하여 대규모의 고분으로 확대되었음을 말해준다. 2호분의 축조 시기는 단언하기 어렵지만 서북구 목관 출토 직구호와 서남구에서 출토된 무개고배는 3세기말 무렵으로 추정된다(김원용 외 1986).

석촌동 4호분은 기단식적석총인 외관과는 달리 내부가 점토로 채워졌다는 점에서 고구려의 적석총이 현지에서 변화된 것으로 인식되고 백제식적석총이라는 명칭을 갖게 되었던 고분이다. 그러나 발굴 전까지는 분구 전체가 온통 흙으로 덮혀 있었을 뿐만 아니라 분구 정상부는 고추 밭으로 경작되고 있었기 때문에 봉토분이라고 알려져 있었다. 1974년의 조사를 통해 추정되었던 내용은 다음과 같다(서울대박물관 1975).

① 정방형으로 묘역을 조성하고 잔자갈을 깔았는데 그 범위는 한변의 길이가 30m에 달한다.

② 묘역 안에는 길이 13.2m, 너비 1.8m, 높이 2.24m 규모의 방주형 석벽을 축조하여 3단으로 하고 그 내부는 점토를 다져 충전하였다.

③ 3단 바깥으로는 2단과 1단을 설치하였는데 2단은 한변의 길이가 17.2m이고, 1단은 대부분 파괴되었지만 한변의 길이가 24m로서 전체적으로 3단의 계단식 적석총을 이루었다.

④ 각 단은 파괴가 심해 높이가 정확하지는 않지만 바닥에서 3단 정상부까지의 높이는 2.24m, 2단의 높이는 1.24m, 1단의 높이는 0.62m이며 기단 사이의 간격은 1.8~2.1m이다.

⑤ 3단 정상부 바닥 중앙에는 동서 4.6m, 남북 4.8m 규모의 석실 윤곽과 길이 2.3m, 너비 1.9m 내외 규모의 연도 윤곽을 형식적으로 조성하였다.

⑥ 형식적으로 조성한 석실의 바닥에서는 하부의 성토층을 파서 남반과 북반에 두개의 묘광을 조성하였다.

⑦ 3단 정상부에는 다시 적석하고 작은 판석을 지붕처럼 덮은 다음 그 위에 다시 자갈과 점토를 섞어 봉분처럼 조성하였다.

⑧ 고분 내부에서 출토된 유물은 없고 적석층을 덮고 있었던 흙속에서 와편과 토기편 약간이 출토되었을 뿐인데 와편은 정상부의 봉토 위에 한 겹 깔았던 것일 가능성도 있다.

⑨ 축조 시기는 형식적이기는 하지만 석실 윤곽을 표현한 것으로 보아 4세기 아니면 5세기 전반기경에 해당하며 고구려 적석총에서 시작하여 한강유역에서 지역적 변화를 일으킨 것이라고 본다.

이상은 1974년에 이루어진 조사에서 얻어진 결론인데 1984년에 재조사가 이루어지면서 새로운 사실들이 밝혀지게 되었다. 당시 문화재관리국의 요청에 따라 석촌동 5호분과 함께 복원을 위한 재조사가 이루어진 것인데 그 구체적인 내용은 다음과 같다[2].

① 먼저 고분 중심부에 한변의 길이 9.2m, 높이 1.47m 규모의 사각기둥 형태를 띤 성토부를 조성하였다.

② 중심 성토부에 붙여 길이 13.2m, 너비 2m, 높이 1.47m 규모의 방형 담장 형태의 석축을 둘렀다(제2단).

③ 그 바깥에 길이 17.2m, 너비 2m, 높이 0.52m 규모의 석축을 쌓으면서 (제1단) 안쪽의 제2단 석축에 비스듬히 기대는 장대석을 각 변에 6개 정

2 1984년의 재조사는 서울대박물관에 의해 이루어졌는데 조사내용은 복원자료를 중심으로 원고로 작성되어 문화재관리국에 제출되었다.

도씩 설치함으로써 제2단 석축을 지탱할 수 있도록 하였다.

④ 제2단 석축 상면 끝부분에서 2m 안쪽으로 들어온 내부 성토부 위에 한 변 9.2m, 너비 2.5m, 높이 0.45m 크기의 석축을 쌓고(제3단) 그 내부는 성토하였다.

⑤ 제3단 석축 전체를 덮는 분구를 0.7m 높이로 만들었다.

⑥ 각 단의 높이는 각각 달라서 외형상 1단은 0.52m, 2단은 0.95m, 3단은 0.45m이고 3단을 덮은 마지막 봉토는 0.7m이므로 전체 높이는 2.62m 인 셈이다.

이처럼 1984년에 실시되었던 재조사를 통해서는 석촌동 4호분이 3단 석축을 가진 백제식적석총임이 재확인되었지만 1974년의 1차 조사를 통해 추정되었던 내용과는 규모와 축조 방법에 있어 일부 다르다는 사실이 밝혀졌다. 특히 중요한 점은 정상부에서는 횡혈식석실의 윤곽을 찾아보기 어려웠다는 점이다. 횡혈식석실의 벽 윤곽을 구성한다고 보았던 정상부의 할석들은 제3단 석축의 내곽선과 일치하기 때문에 횡혈식석실의 윤곽을 표현하였던 것이 아니라 제3단 석축의 일부일 뿐이다. 또한 4호분은 석축 내부를 점토로 채운 것이 아니라 사각기둥 형태의 성토부가 먼저 조성된 다음 거기에 석축이 부가되었다는 점이 주목되는데 이는 백제식적석총의 발생 배경을 이해하는데 중요한 관건이 된다. 축조 시기에 있어서는 제2단의 퇴적토에서 수습된 기와편들이 4세기 후반~5세기 초 무렵에 해당하는 점(龜田修一 1984)을 감안할 필요가 있을 것이다.

백제식적석총은 외면은 적석이면서 내부는 점토로 구성되어 있다는 점에서 순수한 고구려식적석총과는 다르다. 외면이 적석부로 구성되어 외관만으

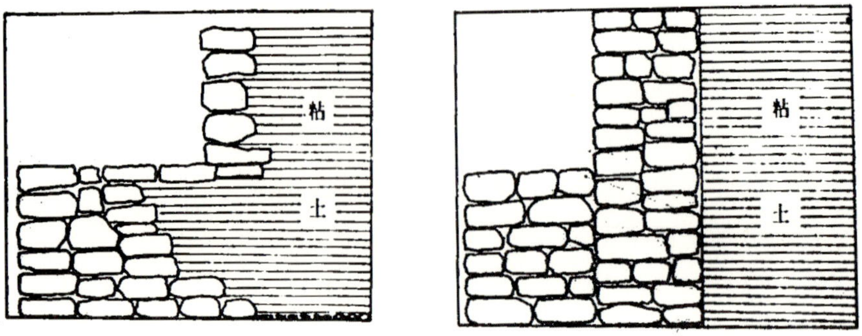

〈그림 5〉 석촌동 2호분(좌)과 4호분(우)의 차이

로는 고구려식적석총과 전혀 차이를 인식할 수 없지만 핵심적인 내부구조에 있어 큰 차이를 갖는 것이다. 내부구조에 있어서는 적석부와 성토부의 선후 관계가 중요하다. 석촌동 1호분 북분과 석촌동 2호분은 석축을 쌓으면서 내부를 점토로 채워나갔지만(先石築 後盛土) 4호분은 그와는 반대로 중심 성토부를 먼저 조성한 다음 거기에 석축을 부가하였다는 점이(先盛土 後石築) 다르며 전자는 점토충진식粘土充填式, 후자는 분구삭토식墳丘削土式으로 구분할 수 있다(임영진 2003: 88).

이와 같은 구조적 차이는 백제식적석총의 발생 배경과 그 피장자의 성격을 파악하는 데 중요한 단서가 된다. 뒤에서 자세히 논의되겠지만 특히 석촌동 4호분과 같은 구조는 고구려에서 내려온 적석총 축조자들이 서울 강남일대에서 구하기 힘든 돌을 대신하여 현지에서 쉽게 구할 수 있는 흙으로 적석총의 내부를 채웠을 것이라는 기존의 추정이 성립할 수 없다는 것을 말해준다.

백제식적석총이 가진 또 하나의 특징으로는 목관을 중심으로 한 다장을 들 수 있다. 석촌동 2호분에서 조사된 1기의 목관은 중심부가 아닌 외곽부에 위치한 데다가 별도의 작은 선행 분구를 가지고 있었는데 이는 아직 전면발굴이 이루어지지 않은 나머지 부분에 다른 매장시설이 존재할 가능성을 말해주고 있다. 즉 이 고분은 서북구에서 확인된 목관이 주체가 된 소규모의 분구묘가 이미 존재하는 상황에서 이를 포괄하는 백제식적석총으로 조성되었음을 말해 주는 것이다. 석촌동 4호분에서는 내부 성토층의 남반과 북반에 동서방향의 두 묘광을 조성하여 각각 목관을 안치하였던 것으로 추정되고 있다. 석촌동 1호분 북분의 경우 조사된 시굴갱의 범위에서는 매장주체시설이 확인되지 않았는데, 남분과 함께 쌍분을 이루면서 그 주인공이 왕비와 같은 고위 신분에 해당할 가능성이 높기 때문에(김원용 외 1989: 49) 단독분일 가능성이 높을 것이다.

백제식적석총이 가지고 있는 다장의 가능성과 지상매장의 특징은 이미 가락동 2호분을 통해 잘 알려져 있었던 것으로서 백제식적석총의 발생이 가락동 2호분과 같은 분구묘와 밀접하게 관련되어 있을 가능성을 암시하는데, 이에 대해서는 장을 달리하여 살펴보도록 하겠다.

2. 주거지와 유물

서울 강남지역에서 조사된 주거지는 풍납토성과 몽촌토성에서 조사된 呂자형 주거지가 대표적이며 이와 같은 주거지에서 경질의 무문토기가 출토된다. 呂자형 주거지는 凸자형 주거지나 육각형 주거지와 함께 돌출된 출입구를 가진 점에서 공통적이며 동일한 문화에 해당하는 것으로 볼 수 있다.

呂자형 주거지와 경질의 무문토기는 북한강유역을 중심으로한 중부지역에서 광범위하게 조사되고 있으며 중도유형문화(박순발 1996), 중도식토기문화(최병현 1998), 중도문화(최종규 2008, 박중국 2011) 등으로 불리고 있다. 지금까지 서울 풍납토성과 몽촌토성을 비롯하여 하남 미사리, 가평 달전리 · 대성리 · 항사리, 양평 양수리, 춘천 중도, 포천 자작리, 연천 삼곶리 · 강내리, 화성 발안리, 남양주 장현리, 용인 고림동 등지에서 확인되고 있기 때문에 중부지역 전체에 해당한다고 해도 과언이 아니다.

그러나 呂자형 주거지는 김포 양촌리-부천 여월동-수원 서둔동-화성 발안리를 잇는 선을 경계로 한 서해안지역에서는 확인되지 않으며 서해안지역에서는 서남부 마한권에서 유행하는 4주형 주거지가 조사되고 있기 때문에(박중국 2011:65) 서로 그 주인공이 달랐음을 알 수 있다.

한강유역을 중심으로 한 중부지역에서는 기원전부터 3세기 무렵까지 낙랑계토기가 출토되며 특히 2세기에 집중되어 있는데(김무중 2012:5), 임진강유역에서는 기원전 2세기경부터 서북한지역과 관련된 화분형토기와 승석문 단경호가 나타나기 시작하다가 2세기 중반경부터 마연, 깎기, 도칠 등 낙랑토기 영향이 강하게 나타나고 있다(황윤희 2012: 68).

북한강유역에서는 4세기대에 이르기까지 경질무문토기의 제작에 타날기법이 적극적으로 채용되지 않았던 것으로 미루어 낙랑계 공인이 존재하였으나 큰 영향을 미치지는 못하였던 것으로 추정되고 있다(홍주희 2012: 20).

김포 운양동 · 양촌 · 양곡, 인천 연희동 · 운북동 · 운남동, 파주 갈현리 등지에서는 분구묘 계통의 고분과 주거유적에서 토기, 장신구, 철기 등 2~3세기경의 낙랑계 유물들이 출토되고 있어(김기옥 2012:43) 북한강유역과 약간 다른 상황을 보여주고 있다. 이 가운데 김포 운양동에서 출토된 금제품은 중국 길림 유수 노하심 출토품이나 자강도 운봉 수몰지구 고구려 고분 출토품

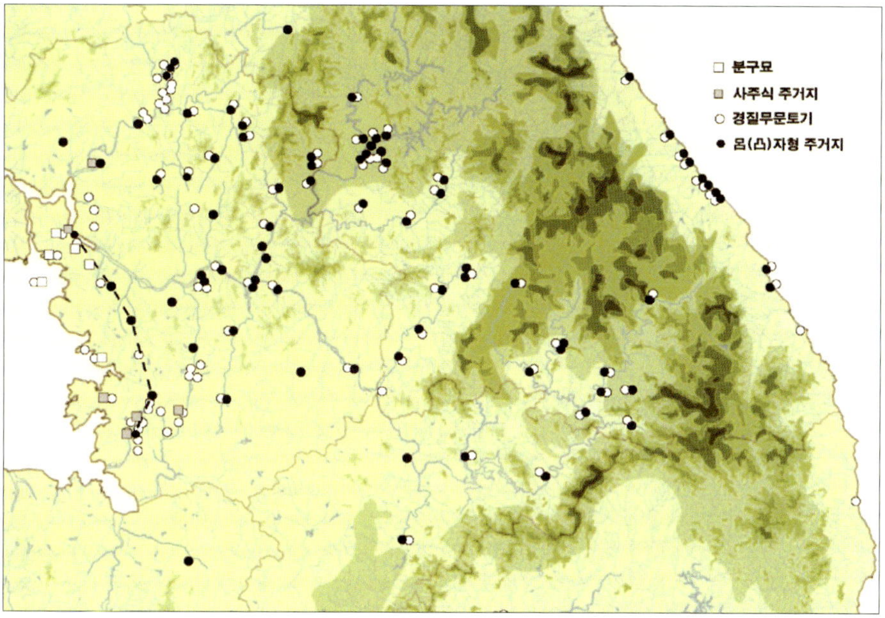

〈그림 6〉 중도문화 분포권(박중국 2011)

과 상통하는 것으로서 귀걸이인지 손톱장식인지에 대해 논란이 남아있지만 김포 양촌 출토 금박유리옥과 함께 인천 · 김포 등 한강 하류지역의 대외교류 능력을 잘 보여주고 있다. 한편 인천 운북동 유적에서는 낙랑으로 보기 어려운 한식 토기와 기와도 출토되고 있다(정인성 2012: 84).

Ⅲ. 고고학 자료로 본 1~3세기 한강유역권 주요 세력의 형성 과정

앞장에서는 1~3세기 한강유역권의 주요 고고학 자료들을 검토해 보았다. 시간적으로, 공간적으로, 계통적으로 서로 구분된다고 판단되는 고고학 자료들은 그 주인공에 있어서도 각각 다를 가능성이 높다고 판단된다. 따라서 시간적으로 가장 선행하는 세력으로부터 한강유역에 정착하게 된 과정에 대해 살펴보도록 하겠다.

1. 중도문화 세력의 확산

한강유역권은 청동기시대의 비파형동검문화 단계까지 중부지역의 선진지역으로 발전해 나갔다. 세형동검문화 단계에서는 점토대토기 관련 유적이나 청동기를 내는 유적이 보이기는 하지만 상당한 세력을 형성하였던 것으로 보기는 어렵다. 북으로 한군현세력, 동으로 영서말갈세력, 남으로 마한세력 사이에서 완충지대 역할을 하면서 별다른 발전의 계기를 마련하지 못하였던 것으로 추정된다.

기원전후경부터는 중도문화가 확산되는데 중도문화를 대표하는 경질의 무문토기는 송국리형토기와 관련된다는 견해(이홍종 1991), 점토대토기와 관련되었다는 견해(김일규 2007, 2009), 대동강유역의 명사리형 토기와 연결된다는 견해(박순발 1996), 세죽리-연화보유형과 관련된다는 견해(최병현 1998), 연해주 일대와 관련된다는 견해(노혁진 2004, 유은식 2006) 등이 제기되고 있다.

중도문화의 동북지방 관련설은 중도유적 조사 직후 거론된 바 있는데(이건무 외 1980) 중도문화의 분포권이 시기적으로 빠른 연해주지역으로 연결되고 있다는 점에서 중도문화가 연해주 일대 주민의 이주와 관련된다는 견해도 나온 바 있다(강인욱 2007). 중도문화를 구성하는 제반 요소를 감안하여 보면 단순한 문화요소의 파급으로 설명하기는 어려울 것이므로 그 담당자의 이주를 상정하지 않을 수 없을 것이다. 또한 중국 길림성 동남부와 흑룡강성 일대에 분포하고 있는 단결문화에 무산 호곡동, 회령 오도, 나진 초도 등 두만강유역의 초기철기문화와 동일하게 凸자형, 呂자형 주거지와 온돌시설 등이 있다는 점과 분포 범위로 미루어 옥저와 관련된다는 견해도 있다(홍형우 2006, 김재윤 2007).

중도문화 세력은 기원전후경 한강을 통해 서울 강남지역을 비롯한 경기지역에 진출하였지만 이미 분구묘 세력이 자리잡고 있었던 서해안지역에는 미치지 못하였던 것으로 보인다.

2. 토광묘 세력의 남하

서울 강남지역에는 2세기 중후엽경부터 토광묘가 나타나는데 석촌동에서 조사된 집단토광묘는 비교적 깊은 토광에 판재를 이용한 목관을 다수 안치한 이례적인 것이지만, 토기 · 철기 등의 부장품으로 미루어 서북한의 토광묘 세력과 관련된 것으로 보인다. 진한권과 변한권의 토광묘 역시 서북한지역에서 남하한 집단에 의해 축조되기 시작하였지만 그 시기가 마한권과는 큰 차이가 있다. 진한권과 변한권은 기원전 2세기말 고조선의 사회 혼란 속에서 남하한 주민들에 의해 파급되었고(최병현 1990), 마한권에는 2세기 중후엽경 한군현의 통제력이 약해진 상황에서 시작되었을 가능성이 높다.

서북한지역 토광묘의 마한 지역 파급은 아산만권에서 잘 나타나고 있다. 이 일대는 세형동검문화기 이래 3세기대까지 마한권의 핵심적인 위치를 고수하면서 발전한 지역이다. 이 지역에는 세형동검문화기 후반에 철기가 수용되었지만 본격적인 철기문화의 발전은 이루어지지 못하다가 2세기 중엽 무렵부터 새로운 면모로 바뀌는 것으로 보인다. 대표적인 예로 청당동유적을 들 수 있는데, 토광묘에는 목관이나 목곽이 안치되어 있고 대부분 눈썹형의 주구가 갖추어져 있다. 출토 유물은 서북한지역 토광목곽묘 단계(정백동 53호 · 62호 등)의 회색타날문 단경호와 적갈색 심발형토기가 세트를 이루고 있으며 환두대도 · 환두도자 · 철모 · 철극 등의 철기가 있다.

석촌동 일대의 토광묘는 아산만 일대와 큰 차이 없이 2세기 중후엽경부터 등장하는 것으로 보이지만 그 규모에 있어서는 소규모였던 것으로 추정된다. 특히 집단토광묘의 구조는 1 · 2호를 비롯한 일반적인 토광묘와는 크게 다른 것으로서 8인 이상이 일시에 매장되었으며 북쪽에 나란히 매장된 2인은 부부였을 가능성을 말해 준다. 이와 같은 현상은 이 집단토광묘에 묻힌 사람들이 일시에 사망하였을 가능성을 보여주기 때문에 당시 특별한 사정이 있었음을 암시할 것이다.

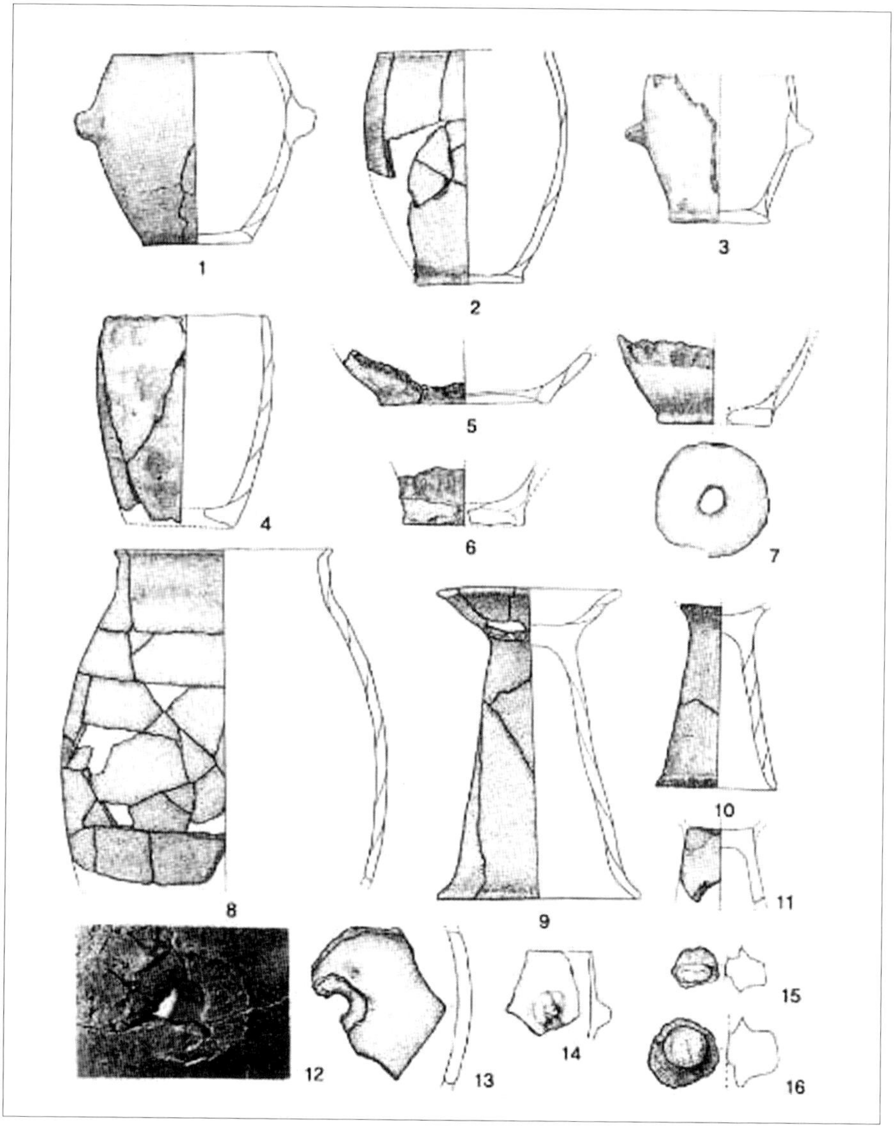

〈그림 7〉 볼로치카 토기(유은식 2007)

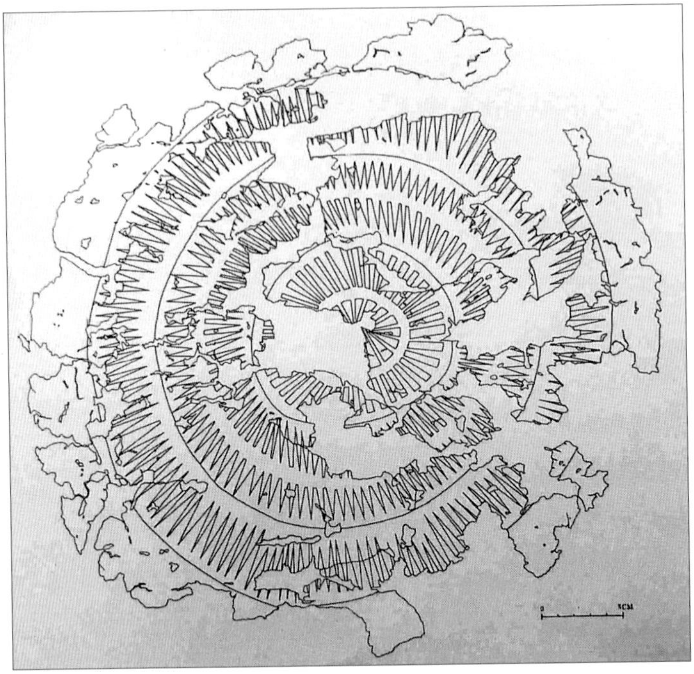

〈그림 8〉 석촌동 집단토광묘 칠기

석촌동의 토광묘에 대해서는 부여계일 가능성이 거론되기도 하지만 출토 유물에 있어 칠기와 회백색토기 등 서북한지역과의 관련성이 뚜렷하기 때문에 부여계로 보기는 어렵다.

3. 분구묘 세력의 도래

서울 강남지역에는 적석총이 축조되기 전에 이미 상당한 규모를 가진 분구묘가 축조되고 있었다. 가락동 1 · 2호분으로 대표되는 이 새로운 묘제는 지상매장과 다장 등을 특징으로 하는 점에서 범마한권의 분구묘와 상통하는 것으로 볼 수 있을 것이다. 따라서 서울 강남지역 분구묘 집단의 도래 배경을 파악하기 위해서는 마한권 분구묘의 기원 문제를 살펴볼 필요가 있다.

이른 시기의 마한권 분구묘들은 매장주체부를 포함한 분구가 삭평된 상태에서 확인되고 있기 때문에 단언하기 어렵지만 늦어도 기원전 1세기 이전에 축조되기 시작하였다고 본다(임영진 2001). 마한권 분구묘의 구조적 특징은 중국의 토돈묘나 일본의 분구묘(주구묘)와 상통하는데 시기적으로 중국이 가장 앞서면서 한국과 일본에서는 비슷한 시기에 나타나서 각각 다른 방향으로 발전하기 때문에 각각 중국 토돈묘의 영향 아래 시작되었을 가능성을 배제하기 어렵다.

가락동 1 · 2호분을 대표로 하는 분구묘가 중국 양자강유역의 토돈묘와 관련되었을 것이라는 견해는 오래 전에 제시된 바 있다(강인구 1984). 그동안 양자 사이에 존재하는 시간적, 공간적 차이로 인해 관련성이 부정되는 경향이 있었지만 공간적인 차이는 큰 문제가 되기 어렵고 시간적인 차이는 계속 좁혀지고 있다. 최근의 조사 연구에 따르면 중국에서는 절강성浙江省 호주湖州 양가부楊家埠 유적을 비롯하여 한대 토돈묘들이 다수 조사되고 있다(황건추 2010, 호계근 2011). 또한 분구 축조에 있어서는 흔히 분할 성토가 이루어지는데 분할 성토는 마한의 분구묘 뿐만 아니라 진산眞山 D9M1 동주 무덤과 같은 중국의 토돈묘에서도 확인되고 있다(조영현 2010). 또한 최근에 조사된 한대 토돈묘 가운데에는 중심부를 오목하게 남겨두고 주변을 볼록하게 먼저 성토한 다음 중심부에 매장주체부를 마련하는 것(五留式)도 존재한다(호계근 2011).

마한권 분구묘의 기원 문제에 있어서는 조형토기를 비롯한 이형토기를 주

〈그림 9〉 서산 오석리 출토 조형토기

〈그림 10〉 중국 강소성 피주 출토 조형토기

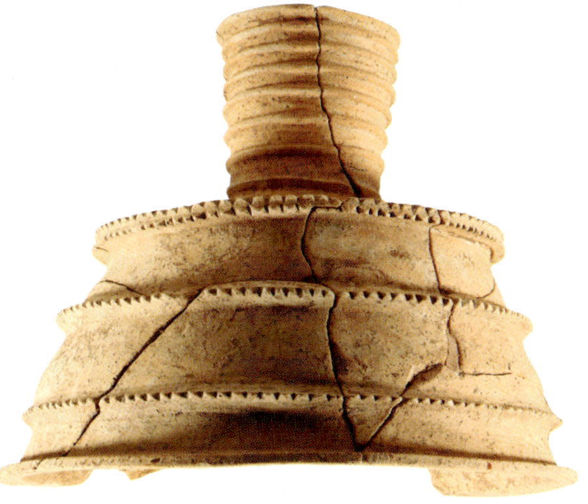

〈그림 11〉 파주 와동리 출토 이형토기

〈그림 12〉 중국 홍산월묘鴻山越墓 고좌鼓座

목해 볼 필요가 있다. 조형토기는 한국 뿐만 아니라 중국, 일본에서도 출토되고 있는데 중국이 가장 이르다. 중국에서는 강소성江蘇省 비주丕州 출토품을 비롯하여 상당수에 달하며 신석기시대부터 나타나는 것으로 알려져 있다. 마한권의 대표적인 토기인 양이부호를 중국 강서성 후한대 평저양이호가 수용되었던 것으로 보는 견해(김종만 1999) 역시 중국 강남지역과의 관련성을 말해주는 것이다. 경기도 하남시역사박물관이 소장하고 있는 경질광구호는 마한, 백제권에서 보기 어려운 것으로서 기형과 문양 등에 있어 중국 토돈묘 출토품과 상통한다(임영진 2007a).

최근 경기권에서 조사되고 있는 깔대기형의 이형토기는 넓은 쪽을 위로, 좁은 쪽을 아래로 보고 제의와 관련된 유물로 추정되고 있다(경기문화재연구원 외 2009). 그러나 돌대의 각도, 투창의 형태, 전체적인 기형 등으로 보아 넓은 쪽이 하부이고 좁은 쪽이 상부로서 좁은 상부 쪽에 막대와 같은 것을 꼽아 무엇인가를 지탱하는 데에 사용된 것으로 생각된다(임영진 2011). 기형에 있어 중국 강소성 무양無錫 홍산월묘鴻山越墓에서 출토된 특수한 토기와 흡사한데 홍산월묘 출토품은 고좌鼓座로 알려져 있다(남경박물원강소성고고연구소 외 2007).

마한권 분구묘의 기원 문제에 대해서는 보다 엄밀한 분석을 통해 깊이있는 논의가 이루어져야 하겠지만 중국 동부지역에서 황해를 건너 이주한 세력과 관련되어 있을 가능성을 배제하기 어렵다. 최근 인천과 김포 등 한강 하류지역에서 조사 예가 급증하고 있는 분구묘들은 토착적인 기반을 찾아보기 어려운 상태에서 나타나고 있으며 이형토기, 금공예품 등의 출토 유물 역시 이질적인 것이다. 특히 인천 운북동유적을 비롯한 한강 하류권의 유적들 가운데에는 기원전 1세기경부터 낙랑군이 아닌 지역에 출자를 둔 한인漢人 관련

유적이 있으며 몇몇 유적에서 출토되고 있는 백색토기는 중국 산동지역에서 제작된 것일 가능성이 높다고 보는 견해는(정인성 2012: 88) 마한권 분구묘의 기원 문제와 관련해서 함께 검토해 볼 필요가 있는 견해라고 생각된다.

『삼국사기』 권46 열전6 최치원조를 보면 고구려와 백제가 전성기에는 백만대군을 가지고 있었는데 남으로는 오와 월을 침공하였고 북으로는 유연, 제, 노의 지역을 흔들어 중국의 큰 두통거리가 되었다는 기록이 있는데, 이는 당에 유학한 최치원의 견해이므로 그곳에서 견문된 백제사의 내용으로서 의미가 있다는 평가(신형식 2003: 20)를 주목할 필요가 있다.

백제와 오월은 황해를 사이에 두고 떨어져 있기 때문에 그 지역에 대해 대대적인 정복 활동을 벌였다고 보기는 어려울 것이며, 아마도 백제에는 원래 그 지역에 기반을 두었던 세력들이 자리잡고 있었기 때문에 현지 사정에 익숙한 세력들이 간헐적으로나마 관련 지역으로의 진출이나 교역을 시도하였을 가능성을 배제하기 어려울 것이다. 그와 같은 시도는 후대의 기록으로 반영되었을 가능성이 높을 것이며, 『수서』에 보이는 '百家濟海'는 백제를 구성하였던 여러 세력 가운데 바다를 건너 도래한 세력의 존재 가능성을 반영하고 있을 것이다.

4. 적석총 세력의 남하

중부지역의 적석총 가운데 전형적인 고구려적석총과 직결되는 것으로는 연천 삼곶리 적석총과 서울 석촌동의 고구려식적석총을 들 수 있다. 이러한 고구려식적석총은 특히 제단으로 쓰였다고 보여지는 부석 방단이 부가되어 있다는 점에서 공통되는데 이와 같은 시설은 고구려지역에서도 찾아볼 수 있다.

적석총을 가진 고구려 세력의 남하 시기에 있어서는 20세기 초까지도 석촌동 일대에 293기 이상의 고분이 있었고, 고구려 적석총은 이른 시기의 무기단식에 속할수록 강에 인접해 있다는 사실과, 한강의 잦은 범람 가능성을 고려하면 기원전후경까지 올라갈 가능성을 배제할 수는 없다. 그러나 현재 남아있는 자료만을 가지고 본다면 가장 빠른 예는 연천 삼곶리 적석총으로서 2세기 후반경으로 추정되는데 그 인근지역에서는 몇 기의 적석총들이 더 분포하고 있으므로 그보다 약간 올려 잡을 수도 있을 것이다.

이들은 고구려의 내부 사정에 따라 집단 이주하였을 것으로 추정되는데 천도, 왕권교체나 왕권확립, 영역확대 등과 같은 커다란 정치적 변화와 관련되었을 것이다. 『삼국사기』에 따르면 유리왕 22년에 환인에서 집안으로 천도하였다고 하는바 이에 따른 세력 재편, 특히 집안과 인근 세력의 재편은 피할 수가 없었을 것이며, 연노부(소노부)에서 계루부로 왕권이 교체되었다는 『삼국지』 동이전 고구려조의 기록에서 보듯이 왕권이 바뀌는 판도 변화 과정에서 소외된 세력이 남하하였을 가능성도 높다고 본다. 고고학적으로는 구체적으로 어떠한 사정에 해당할지 파악하기 어렵지만 시기적으로는 집안 천도 이후에 해당하는 것으로 보는 것이 좋을 것이며, 일단 삼곶리와 같은 알려진 자료만으로 보면 2세기 후반 이전에 해당한다고 할 수 있을 것이다.

『삼국사기』에 따르면 백제는 온조왕 13년에 한산하에 책을 세우고 위례성의 민호를 옮기게 되는데 이것이 하남위례성 시대의 시작과 관련된 것이라면 그 이전의 소위 하북위례성은 흔히 거론되는 세검정이나 중랑천 일대와 같은 하남위례성의 코앞이 아니라 상당히 북쪽에 위치하는 것이 천도라는 의미로 보아 타당할 것이며 앞에서 거론한 임진강유역에서 찾는 것이 가장 합리적이

〈그림 13〉 연천 삼곶리 적석총

라고 본다.

서울 석촌동 일대에는 3세기 중엽경부터 적석총들이 축조되기 시작한 반면 임진강유역에서는 더 이상 적석총들이 계속되지 못하는 것으로 추정되는데 이는 임진강유역에 자리잡았던 고구려계 이주민들이 늦어도 3세기 중엽경 서울 한강 이남으로 옮겨왔기 때문일 것이라고 본다. 그 배경에 대해서 영서말갈과 군현의 연합공격에 밀려 백제 고이왕대에 서울지역으로 남하하였다고 보거나(문안식 1995), 고구려계 이주민들이 예성강 이동의 경기북부지역에 있다가 유주자사 관구검이 고구려를 공격하고 낙랑, 대방태수가 고구려에 항복한 옥저와 동예를 치는 틈을 타 대방군의 기리영을 공격한 정시연간의 사건을 계기로 고이왕대 서울 강남지역으로 천도하였다고 보고 있다(이현혜 1997).

5. 백제식적석총 세력의 탄생

현재까지 확인된 백제식적석총은 많지 않지만 서울 석촌동 일대를 제외한 국내 다른 어느 지역에서도 찾아보기 어려운 독특한 구조를 가지고 있기 때문에 발생 배경에 대해 적지 않은 관심이 주어져 왔다. 구체적인 면에 있어서는 적지 않은 차이를 보여주고 있지만 서울 강남지역에서 백제의 건국과 발전 과정에서 탄생하였다는 점에 대해서는 대부분의 연구자들이 일치된 견해를 보이고 있다.

백제식적석총이 가지고 있는 핵심적인 특징은 계단식 석축 내부의 성토부에 있으며 지면상에 성토된 분구 내부에 다장이 이루어졌을 가능성이 높다는 것으로 요약된다. 서울 강남지역에서 다장과 지상매장을 기본 특징으로 하는 고분의 존재는 이미 오래전부터 알려져 왔지만 이러한 유형의 고분들과 백제식적석총과의 관계에 대해서는 주목되지 못하였다. 백제식적석총은 고구려에서 새로 들어온 전형적인 고구려식적석총이 서울 강남지역에서 현지화된 것이라는 견해가 일반적으로 받아들여지고 있었기 때문이다.

백제식적석총과 분구묘는 다장과 지상매장이라는 점에서 구조적으로 통하고 있기 때문에 양자가 서로 어떠한 관계를 가지고 있는가 하는 점이 중요한데 이를 파악하기 위해서는 정확한 편년이 필요하다. 석촌동고분군 출토 토기에 대한 구체적인 편년안은 7분기안(임영진 1996)과 6분기안(김성남 2001)이 발표된 바 있다. 3호분 동쪽고분군에서 조사된 즙석분구묘의 연대에 대해 7분기안에서는 Ⅱ기(3세기 중엽)로, 6분기안에서는 Ⅱ~Ⅲ기(250~350년경)로 편년되었는데 초축 시기는 어느 편년안에 있어서나 3세기 중엽경으로 보는 점에서 서로 일치하면서 후자에서는 추가장 기간까지 감안하여 더욱 정교한 편년안이 나왔다고 할 것이다.

백제식적석총은 3세기 중엽경에 등장하여 5세기대까지 지속되었을 가능성이 높으며, 즙석분구묘는 3세기 초반에 등장하여 5세기대까지 걸쳐있는 만큼 즙석분구묘가 백제식적석총에 선행하여 축조되기 시작하여 상당기간 병존하고 있다고 할 수 있을 것이다. 따라서 시기적인 면에 있어 백제식적석총은 즙석분구묘 이후에 등장하였다고 볼 수 있을 것이다.

백제식적석총의 발생 배경과 그 시기 문제는 그 주인공의 출자와 한성 백제의 건국 및 발전 과정을 이해하는 데 있어 중요한 관건이 된다. 앞에서 백제식적석총과 즙석분구묘의 구조적, 시기적 관계에 대해 구체적으로 살펴본 바와 같이 백제식적석총은 구조적인 면에 있어서 즙석분구묘와 상통할 뿐만 아니라 시기적인 면에 있어 즙석분구묘보다 후행하는 것으로 파악된 만큼 선행묘제인 즙석분구묘가 고구려식적석총 요소를 수용하여 변화된 것이면서 그 주인공은 즙석분구묘를 쓰는 선주민이라고 보는 것이 합리적인 해석이라고 생각된다.

되풀이하거니와 백제식적석총은 계단식 석축 내부가 돌로 채워진 고구려식적석총과는 달리 점토로 이루어져 있으며 내부를 점토로 구축하는 방법에 있어서는 '先石築 後盛土'의 순서를 가진 '점토충진식粘土充填式'과 '先盛土 後石築'의 순서를 가진 '분구삭토식墳丘削土式'으로 구분되는데 백제식적석총 발생 배경의 핵심은 바로 이 축조 순서에 있다.

대부분의 연구자들이 상정하고 있듯이 적석총의 내부를 점토로 구축하는 것이 목적이었다면 석촌동 1호분 북분이나 석촌동 2호분처럼 외부에 계단식 석축을 쌓아가면서 그 내부 공간에 점토를 채워 나가는 것이 자연스럽고 손쉬운 방법일 것이다. 그러나 석촌동 4호분은 오히려 과정이 복잡한 그 반대

순서를 따르고 있기 때문에 내부를 점토로 구축하는 것이 목적이 아니라 점토로 된 내부를 석축으로 보강하는 것이 그 목적이었다고 할 수 밖에 없다. 즉 이미 존재하고 있었던 즙석분구묘의 네 면을 깎아내고 다듬어서 거기에 석축을 보강함으로써 외형만 적석총으로 바꾼 것이라고 볼 수 밖에 없는 것이다.

백제식적석총이 가지고 있는 고고학적인 상황이 이러하다면 왜 그렇게 해야만 했던 것인지 살펴보지 않을 수 없다. 석촌동 4호분이 즙석분구묘를 개축한 것이라면 그 주인공은 다른 즙석분구묘들과 마찬가지로 한성 백제 건국 이전부터 서울 강남지역에서 거주하고 있었던 선주 토착인이라고 보아야 할 것인데 고구려식적석총과 흡사한 외형과 규모에서 그 피장자의 사회적 위치를 짐작해 볼 수 있을 것이다. 그러나 석촌동 4호분의 피장자는 원래는 즙석분구묘에 매장되었던 인물이므로 생전에 그러한 지위를 누렸다고 보기는 어렵다. 피장자 사후에 그러한 지위를 누리게 된 후손이 고구려식적석총과 유사한 백제식적석총을 쓰는 것이 신분이나 지위에 부합하는 것이라는 새로운 사회 인식 속에서 자기 선조의 무덤을 개축한 것이거나 피장자 사후에 생전의 공로가 인정되어 적석총 형태로 개축되었을 가능성이 높으며 단순하지 않은 백제 건국 과정의 일면을 짐작하게 한다(임영진 1995).

한편 석촌동 2호분은 생전의 본인 의사에 따라, 혹은 당시의 사회적 인식에 따라 내부는 전통적인 방식으로 성토하여 축조하되 외형만 지배세력을 상징하는 적석총으로 만든 예일 것이며, 석촌동 1호분 북분은 그와 같은 자격뿐만 아니라 고구려식적석총인 남분과 쌍분을 조성할 계획이 감안되어 적석총으로 축조되었던 것으로 이해할 수 있을 것이다(김원용 외 1989: 47).

결국 새로운 백제식적석총의 주인공은 기존 분구묘의 축조 집단 가운데

〈그림 14〉 석촌동 4호분

백제 최고지배세력에 버금가는 지위에 올랐던 사람들이라고 할 수 있을 것이다. 서울지역 분구묘들은 범마한권의 분구묘와 동일한 계통에 해당하기 때문에 서울 강남지역을 중심으로 한 한성백제 핵심지역이 광의의 마한권에 속하였던 것임을 말해 준다고 할 수 있을 것이다.

Ⅳ. 고고학적으로 본 백제 건국의 주도세력

1. 1~3세기 한강유역권의 세력 변화

1~3세기 한강유역권의 고고학 자료를 보면 마한권으로 인정되고 있는 다른 지역의 고고학 자료들과 시간적, 공간적으로 적지 않은 차이를 가지고 있음을 알 수 있지만 이 지역이 마한의 권역에 해당한다는 것을 부인하기는 어렵다. 진한이나 변한지역 고고학 자료 사이의 상대적인 차이를 보면 경기 · 충청 · 전라지역이 마한에 해당하는 지역이었다는 점을 부인할 수 없다.

서울 강남지역을 중심으로한 한강 중류지역에는 기원전후경에 동북지역으로 연결되는 중도문화가 파급되어 있었으며, 2세기 후반대에 토광묘를 사용하는 새로운 주민들이 들어왔다고 보는데 이들은 한군현의 통제력이 약화된 시대적인 배경 속에서 내려온 고조선계 주민이었다. 그러나 이 두 세력은 서울 강남지역에서 그다지 큰 세력을 형성하지는 못하였고, 3세기 초부터 범마한권과 상통하는 분구묘 축조 세력들에 의해 주도되었던 것으로 판단된다.

1~3세기대 마한의 중심지는 아산만권이었다는 데에 대해서는 이견이 없다. 아산만권은 세형동검문화의 핵심지역으로 발전하였던 지역으로서 특히

아산, 당진, 예산 지역이 중심이었으며 기원전 2세기에는 중국 전국계 철기도 수용되었지만 본격적인 철기 문화의 발전은 이루어지지 못하였다. 그 후 2세기 후반경부터 새로운 면모로 바뀌게 되는데 천안 청당동 고분군, 화성 마하리 · 백곡리 · 사창리 고분군, 안성 도기동 고분군 등 아산만을 낀 해안과 내륙지역에 새로운 문화가 파급되었다. 천안 청당동 토광묘 유적이 대표적인 예로서 목관이나 목곽의 구조와 출토유물을 보면 서북한지역의 토광묘 문화가 파급된 것임을 알 수 있다. 이 유적에서는 2세기 후반에서 3세기 전반대에 청동제곡봉형대구, 금박유리제옥 등의 외래기성품들이 나타나는데 이는 청당동 유적을 중심으로 하는 마한 중심세력이 원거리 교섭을 통해 입수한 것으로 본다(함순섭 1998).

그러므로 1~3세기대의 한강유역은 마한의 북쪽 변두리에 해당한다고 하겠는데 서울 강남지역에는 백제국伯濟國이 자리잡고 있었던 것으로 보인다. 백제국은 대동강유역권의 한군현과 가까운 위치에 있으면서 한강을 끼고 있기 때문에 선진 제도와 문물의 도입이 용이하였겠지만 중도문화 세력, 토광묘 세력, 분구묘 세력 등 다양한 세력으로 구성되어 독자적으로 고대국가 체제를 갖추기에는 역부족이었다고 추정된다.

2. 백제 건국의 주도세력

고대국가로서의 백제의 출범을 주도하였던 세력이 누구인가 하는 문제는 서울 강남지역을 중심으로 한 중부지역 적석총이 열쇠를 쥐고 있다고 할 수 있는데, 여러 연구 성과를 검토해 보면 다음과 같이 세 가지 견해로 대별해 볼 수 있다.

① 중부지역 적석총 전부를 고구려에서 남하한 집단과 관련된 것으로 보는 견해이다. 중부지역에서 확인된 모든 적석총의 분포권 자체를 백제의 영역과 직결되는 것으로 보는 견해가 대표적이다(최몽룡 외 1985). 한편 기본적으로는 이와 같은 맥락이지만 한강과 임진강 중 · 상류지역의 적석총 집단은 고구려에서 먼저 남하하여 나름대로 세력을 형성하고 있었던 집단인데, 이들보다 늦게 서울지역으로 내려와서 백제를 건국한 세력에게 통합되었다는 견해도 있다(이동희 1998).

② 임진강 · 한강 상류지역의 적석총들을 서울 강남지역의 백제 중앙에서 파견된 지방관이나 중앙에 통합된 재지세력의 무덤으로 보는 견해이다(윤근일 외 1994). 모두 백제와 관련된 것으로 보는 점에서 앞의 견해와 상통하지만 고구려에서 직접 남하한 세력이 아니라 백제 중앙에서 파견된 지방관일 가능성이 높다고 보는 점에서 차이가 있다.

③ 서울 강남을 제외한 주변의 적석총들은 모두 『삼국사기』에 말갈로 표기된 예계에 속하는 것으로 보는 견해이다(박순발 1994).

중부지역의 적석총 가운데 전형적인 고구려적석총과 직결되는 것은 연천 삼곶리와 서울 석촌동의 고구려식적석총이다. 시기적으로 연천 삼곶리가 빠르고 서울 석촌동이 그 뒤를 잇고 있다. 『삼국사기』에는 관련 기록이 없지만 연천지역의 적석총들은 온조로 대표되는 고구려계 이주민들이 남하하는 과정에서 일시적으로 머물렀던 고고학적 증거라고 생각된다. 연천 지역의 적석총들은 서울 석촌동 일대의 적석총들이 군집되어 있는 것과 달리 산재되어 있는데 이는 남하 세력의 구성이 단일하지 않거나 그 결집력이 견고하지 못하였을 가능성을 말해준다고 할 수 있을 것이다. 그러나 이 지역의 적석총들의 남하 세력이 한시적으로나마 머물렀던 고고학적 증거인 만큼 이 일대를 소위 (하북)위례성으로 볼 수 있을 것이다.

서울 강남지역에 다양한 계통의 선주민들이 발전해 나가는 과정에서 한시적으로 임진강유역에 자리잡았던 고구려계 이주민들이 3세기 중엽경에 남하하여 한강유역의 주도권을 장악하게 되었다. 그러나 그 과정에서 토광묘나 분구묘를 쓰는 현지 선주민들과 대규모 갈등을 일으킨 흔적은 보이지 않는다. 적석총 세력은 고구려의 발전된 문물과 국가체제를 경험하고 있었던 만큼 자력에 의한 고대국가의 건국이 불가능하지는 않았겠지만, 석촌동 1호분 북분을 통해 볼 수 있는 바와 같이 선주민에게서 왕비를 취한 것으로 판단되는 등 기존의 선주민과 연합하여 백제를 건국하였던 것으로 믿어진다. 백제식적석총은 선주 세력자들의 주묘제였던 즙석분구묘가 고구려식적석총의 영향하에 내부는 고유전통을 따르되 외부는 고구려식으로 변화한 새로운 묘제로서 위와 같은 시대변화 속에서 선주 세력자가 백제의 지배계층으로 편입된 고고학적 증거라고 생각된다(김원용 외 1989).

서울 강남지역에서 분구묘로 대표되는 선주민 집단과 고구려식적석총으로 대표되는 고구려계 이주민 집단이 연합을 통해 백제를 건국하였을 것이라는 고고학적 견해는(임영진 1995: 130) 비류와 온조로 표현되는 두 세력이 낙랑과 말갈의 위협 속에서 공동 방어의 목적 아래 연맹을 형성하였을 것으로 보는 역사학계의 견해와 일맥 상통한다(노중국 1988: 62). 『삼국사기』 온조 13년의 기록에는 백제가 낙랑과 말갈의 침략으로 인해 천도한 것으로 되어 있는데, 마한이 동북 1백리의 땅을 주었다는 표현으로 미루어 자기 세력권 내의 계획적인 이주 상황을 나타낸 것은 아니라고 보는 견해는(이현혜 1997)

백제 건국세력과 현지 토착세력간의 연합 가능성을 높여주는 견해라고 할 수 있을 것이다.

일반적으로 백제 왕계는 이원적으로 구성되어 있다고 보는데, 부여씨와 해씨(노중국 1983), 온조-초고계와 비류-고이계(천관우 1989), 부여씨와 우씨(강종원 1998)로 표현되고 있다. 고고학적으로 고구려 이주민의 고구려식적석총과 선주 토착민의 즙석분구묘나 백제식적석총의 관계를 고려해 보면 두 왕계는 어느 한쪽의 압도적인 우세 속에서 일시에 교체되었다기보다는 상당한 기간 동안 경쟁관계에 있었다는 주장이 더 타당하다고 본다. 이러한 관점에서 보면 고이계와 초고계를 동시에 존재했던 전혀 다른 집단으로 보는 견해(김기섭 1996)가 주목된다.

백제식적석총은 범마한권의 전통에 속하는 현지의 분구묘가 백제 건국 주도세력이 사용하는 고구려식적석총을 수용하여 변화된 것으로서 분구묘에서 변화된 백제식적석총은 그 규모에 있어 고구려식적석총에 버금가는 만큼 그 주인공은 토착세력 가운데서도 최고 계층에 속하는 것으로 추정되므로 백제식적석총의 발생 배경에는 분구묘를 쓰는 토착 유력계층의 백제 지배세력으로의 신분상승이라고 하는 사회변화가 내재되어 있을 가능성이 높다(임영진 1995). 그 가운데에는 석촌동 1호분 북분을 통해 알 수 있듯이 백제의 왕비로 추정되는 인물도 있었을 것으로 판단되는데 이는 백제 한성시대에 내신좌평에 임명된 사람들은 모두 왕족이거나 왕실과 혼인관계를 맺고 있는 사람들로 보는 견해(이기백 1959: 9)와 상통한다.

한편 석촌동 1호분은 고구려식적석총인 남분과 백제식적석총인 북분이 결합된 쌍분으로서 기존의 선주민과 고구려계 이주민이 연합하여 백제를 건국하였을 가능성을 보여주지만 제대로 관리되지 못하고 파괴되면서 그 위에 다른 무덤이 축조되는 현상까지 나타나고 있어 그 배경에 대해 의문이 제기될 수 있지만 고고학적으로는 구체적으로 해명하기 어렵다. 이 문제에 있어서는 2원적으로 구성되었던 백제 초기 왕계 가운데 온조 직계는 사반왕에서 단절되는데 사반왕이 폐위되었다는 기록(『삼국사기』 권29 연표)으로 보아 두 왕통 사이에 충돌이 있었다고 보는 견해(신형식 2003: 28)가 참고될 수 있다고 생각된다.

Ⅴ. 맺음말

본 발표에서는 서울 강남지역을 중심으로 한 한강 중류지역의 고고학 자료를 중심으로 백제 건국에 참여하였던 세력에 대해 검토해 보았다. 이 지역은 기원전후경 동북지역과 연결되는 중도문화 세력이 파급되어 발전하기 시작하였으며 2세기 후반경에는 서북한지역의 토광묘 세력이 유입되었으나 큰 영향을 끼치지는 못하였다. 3세기에 들어 분구묘를 사용하는 세력이 서해안지역에서 들어와서 새로운 발전의 계기를 마련하였으며 3세기 중엽경에는 임진강유역에 머물러 있었던 고구려계 적석총 세력이 남하하여 본격적인 발전을 시작하였다.

서울을 중심으로 한 한강 중류지역은 신석기시대와 청동기시대에 걸쳐 서북한지역과 동북한지역의 문화가 파급되어 남쪽으로 이어지는 한국문화의 교차로를 이루었던 바와 같이 초기철기시대와 원삼국시대에도 여러지역에서 다양한 문화가 파급되는 복잡한 지역이었다. 이 가운데 중도문화 세력, 분구묘 세력, 적석총 세력은 상당한 규모와 영향력을 가졌던 것으로 추정되지만 백제의 건국에 결정적으로 기여하였던 세력은 적석총 세력이었다고 할 수 있을 것이다.

문헌 기록에 나타난 백제百濟, 백제국伯濟國, 십제十濟는 이와 같은 세력들과 관련되었을 가능성이 높을 것이다. 앞에서 논의했던 바를 토대로 각각의 실체를 고고학적으로 비정해 본다면 백제百濟는 서울 강남지역에서 적석총 세력에 의해 출범한 고대국가이고, 백제국伯濟國은 기존의 중도문화 세력과 새로 가세한 분구묘 세력이 주도하였던 마한소국이며, 십제十濟는 서울 강남지역으로 남하하여 백제를 건국하기 전까지 임진강 유역에 머물었던 적석총 세력이었을 가능성이 높다고 판단된다[3].

그러므로 백제는 기존의 백제국을 토대로 성립하였던 본격적인 고대국가이며, 온조와 비류 가운데 온조는 백제 건국의 주도 세력이었던 적석총 세력(십제)을 상징하는 인물, 비류는 백제 건국의 토대가 되었던 분구묘 세력(백제국)을 상징하는 인물이었을 가능성을 배제하기 어렵다. 중도문화 세력 역시 중요한 세력이지만 온조나 비류로 표방되는 세력에 비해서는 상대적으로 그 역할이 작았던 것으로 판단된다. 다만 중도문화가 계통적으로 동북지역을 거쳐 연해주로 이어지는 점을 감안한다면 후대에 중요한 세력으로 부상하면서 독자성을 강조한 것이 문헌 기록에 반영되었을 가능성을 배제할 수 없을 것으로 추정된다. 이들이 부여계임을 표방한 것은 중도문화가 옥저와 함께

---

3 마한 소국 가운데 7번째로 기록되어 있는 신분고국이 정시 7년(246)경 대방의 기리영을 공격한 신분고국에 해당한다고 보고 신분고국이 대방과의 전투에서 패함으로써 백제국이 부상한 것으로 보는 견해(윤용구, 권오영, 윤선태)가 있고, 『삼국사기』 고이왕 13년조 내용이 신분고국 등의 역사적 경험을 백제사에 부회한 것일 개연성이 있고 보는 견해(김기섭 2003)도 있다. 고고학적으로 보면 한강 이북의 세력 가운데 대방군과 대적할 수 있다고 볼 수 있는 세력으로는 연천지역의 적석총 세력을 제외하고는 찾아보기 어렵다는 점에서 이 세력을 고구려 지역에서 남하한 적석총 세력이라고 볼 수 있을 것이다.

〈그림 15〉 풍납토성내 3중 환호(보고서)

부여와 전혀 무관하다고 할 수 없기 때문일 것이다.

백제의 건국은 1948년 8월 15일에 선포되었던 대한민국의 건국과 동일한 성격을 가진 것이 아니었기 때문에 역사적 사실이 어떠하였는가의 문제라기보다는 백제의 출범을 어떻게 규정하느냐 하는 인식의 문제라고 판단된다. 고대국가로서의 백제의 건국은 고구려 적석총 세력의 서울 강남지역 정착과 직결되겠지만 서울 강남지역의 백제국이 본격적인 고대국가인 백제를 건국하는데 있어 중요한 기반이 되었다는 점을 감안하여 백제의 건국을 논한다면 그 시기는 기원전후경까지, 그 주인공은 풍납토성 내부에서 조사된 3중 환호 축조 세력에 해당하는 중도문화 담당자들까지 포괄할 수 있을 것이다.

참고문헌 |

강인구, 1984, 『삼국시대 분구묘 연구』, 영남대학교출판부.

강종원, 1998, 『4세기 백제 정치사 연구』, 충남대학교대학원 박사학위논문.

강현숙, 2000, 『고구려 고분 연구』, 서울대학교대학원 박사학위논문.

강현숙, 2005, 「서울지역의 적석총에 대해여」, 『향토서울』 66.

경기문화재연구원 · 경기도박물관, 2009, 『경기 발굴 10년의 발자취』(도록).

권오영, 1986, 「초기 백제의 성장과정에 관한 일고찰」, 『한국사론』 15, 서울대학교대학원 국사학과.

권오영, 2009, 「원삼국기 한강유역 정치체의 존재 양태와 백제국가의 통합 양상」, 『고고학』 8-2.

김기섭, 1996, 「백제 한성시대 통치체제 연구」, 『고대 동아세아와 삼한 · 삼국의 교섭』, 복천박물관.

김기옥, 2012, 「한강 하류역 원삼국시대 외래계 유물」, 『중부지역 원삼국시대 외래계 유물과 낙랑』(제9회 매산기념강좌), 숭실대학교박물관.

김무중, 2004, 「고고자료를 통해 본 백제와 낙랑의 교섭」, 『호서고고학』 11.

김성남, 2001, 「중부지방 3~4세기 고분군 세부편년」, 『백제연구』 33.

김원룡 · 임영진, 1986, 『석촌동 3호분 동쪽고분군 정리조사보고』, 서울대학교박물관.

김원용 · 임효재 · 임영진, 1989, 『석촌동 1 · 2호분』, 서울대학교박물관.

김일규, 2007, 「한강유역 원삼구시대 성립 과정」, 『원삼국시대의 한강유역』, 서울경기고고학회.

김종만, 1999, 「마한권역 출토 양이부호 소고」, 『고고학지』 10, 한국고고미술연구소.

김재윤, 2007, 「단결-끄로우노브까문화의 기원-토기 비교를 자료로-」, 『국가 형성에 대한 고고학적 접근』 제31회 한국고고학전국대회, 한국고고학회.
노중국, 1983, 「해씨와 부여씨의 왕실교체와 초기백제의 성장」, 『김철준박사화갑기념사학논총』.
노태돈, 2005, 「고구려의 한성지역 병탄과 그 지배 양태」, 『향토서울』 66, 서울시사편찬위원회.
노혁진, 2004, 「중도식토기에 유래에 대한 일고」, 『호남고고학보』 19.
문동석, 1996, 「한강유역에서 백제의 국가형성」, 『역사와 현실』 21.
문안식, 1995, 「백제 연맹왕국 형성기의 대중국 군현관계 연구」, 동국대학교대학원 석사학위논문.
박순발, 1994, 「한성백제성립기 제묘제의 편년검토」, 『선사와 고대』 6.
박순발, 1996, 「한성백제 기층문화의 성격-중도유형문화의 역사적 성격을 중심으로-」, 『백제연구』 26, 충남대학교 백제연구소.
박순발, 1998, 『백제 국가의 형성 연구』, 서울대학교대학원 박사학위논문.
박중국, 2011, 「원삼국기~백제 한성기 중부지역 呂자형 주거지의 변천과 지역성-쪽구들 주거지를 중심으로-」, 『고고학』 10-1호, 중부고고학회.
서울대학교 박물관 · 서울대학교 고고학과, 1975, 『석촌동적석총 발굴조사보고』, 서울대학교박물관.
신형식, 2003, 「백제 초기사회의 성격」, 『선사와 고대』 19.
심재연, 2007, 「강원도 중도식토기 문화에 보이는 동북지방 요소에 대하여」, 『국가 형성에 대한 고고학적 접근』 제31회 한국고고학전국대회, 한국고고학회.
유은식, 2006, 「두만강유역 초기철기문화와 중부지방 원삼국문화에 대한 일 연구」, 『숭실사학』 19.
유은식, 2007, 「토기의 제작기법으로 본 연해주와 강원도 자료 검토-연해주 불로치까

유적 출토 토기 자료를 중심으로-」, 『국가 형성에 대한 고고학적 접근』 제31회 한국고고학전국대회, 한국고고학회.

윤근일 · 김성태, 1994, 『연천 삼곶리 백제적석총』.

윤세영 외, 2012, 『가락동2호분』, 고려대학교박물관 · 서울문화유산연구원.

이동희, 1998, 「남한지역의 고구려계 적석총에 대한 재고」, 『한국상고사학보』 28.

이병호, 2011, 「일제강점기 백제고지에 대한 고적조사사업」, 『한국고대사연구』 61.

이성주, 2011, 「원삼국시대의 무문토기 전통-경질무문토기 발과 옹 제작의 지역성과 그 의미」, 『숭실대학교 한국기독교박물관지』 제7호, 숭실대학교박물관.

이홍종, 1991, 「중도식토기의 성립과정」, 『한국상고사학보』 6.

이현혜, 1991, 「마한 백제국의 형성과 지배집단의 출자」, 『백제연구』 22.

이현혜, 1997, 「3세기 마한과 백제국」, 『백제의 중앙과 지방』, 충남대학교 백제연구소.

임영진, 1995, 「백제 한성시대 고분 연구」, 서울대학교대학원 박사학위논문.

임영진, 2001, 「1~3세기 호남지역 고분의 다양성」, 『동아세아 1~3세기의 주거와 고분』, 국립문화재연구소.

임영진, 2003, 「적석총으로 본 백제건국집단의 남하과정」, 『선사와 고대』 19.

임영진, 2005, 「백제 한성기 묘제의 다양성과 그 의미」, 『고고학』 4-1.

임영진, 2007a, 「마한분구묘와 오월토돈묘의 비교 검토」, 『중국사연구』 51, 중국사학회.

임영진, 2007b, 「백제식적석총의 발생 배경과 의미」, 『한국상고사학보』 57.

임영진, 2011, 「韓國墳丘墓社會的性質」, 『東南文化』 2011-4.

임영진, 2012, 「중국 육조자기의 백제 도입 배경」, 『한국고고학보』 83.

정인성, 2012, 「한강 하류역의 한식계 토기」, 『중부지역 원삼국시대 외래계 유물과 낙랑』(제9회 매산기념강좌), 숭실대학교박물관.

조가영, 2012, 「석촌동 고분군의 축조 양상 검토」, 『한국상고사학보』 75.

조영현, 2010,「馬韓古墳 墳丘의 區劃盛土法」,『古代東亞細亞墳丘墓及其社會』(學術大會論文集), 中國南京博物院 · 韓國湖南文化財研究院.

천관우, 1989,「삼한고」,『고조선사 · 삼한사연구』, 일조각.

최몽룡 · 권오영, 1985,「고고학적 자료를 통해 본 백제초기의 영역고찰」,『천관우선생환력기념한국사논총』.

최병현, 1990,『신라고분연구』, 숭실대학교 박사학위논문.

최병현, 1998,「원삼국토기의 계통과 성격」,『한국고고학보』 38.

최종규, 2008,「고고학문화 실적」,『고고학탐구』 4, 고고학탐구회.

함순섭, 1998,「천안 청당동유적을 통해 본 마한의 대외교섭」,『마한사연구』, 충남대학교 백제연구소.

홍윤희, 2012,「임진강유역 원삼국시대 외래계 유물」,『중부지역 원삼국시대 외래계 유물과 낙랑』(제9회 매산기념강좌), 숭실대학교박물관.

홍주희, 2012,「북한강유역 원삼국시대 외래계 토기」,『중부지역 원삼국시대 외래계 유물과 낙랑』(제9회 매산기념강좌), 숭실대학교박물관.

홍형우, 2006,「연해주 초기철기시대의 타날문토기와 그 기원」(강원고고학회 추계학술대회 발표요지), 강원고고학회.

홍형우, 2007,「연해주 초기철기시대의 연구 현황과 과제」,『국가 형성에 대한 고고학적 접근』 제31회 한국고고학전국대회, 한국고고학회.

Subbotina Anastasia, 2005,「철기시대 한국과 러시아 연해주의 토기문화 비교연구 -경질무문토기를 중심으로-」, 서울대학교대학원 석사학위논문.

龜田修一, 1984,「百濟漢城時代の瓦に關する覺書」,『윤무병박사회갑기념논총』.

이휘달, 2005,「중국과 백제 출토 육조청자의 비교검토」, 전남대학교대학원 석사학위논문.

黃建秋, 2010,「土墩墓及相關問題分析」,『6~7세기 영산강유역과 백제』, 국립나주문화재연구소 · 동신대학교문화박물관.

胡繼根, 2011,「전 · 후한, 육조 토돈묘의 성인과 특징 -절강성에서 발견된 한 · 육조 토돈묘를 중심으로-」,『호남문화재연구』10.

南京博物院江蘇省考古研究所 · 無錫市錫山區文物管理委員會, 2007,『鴻山越墓』, 文物出版社.

종합토론

백제, 누가 언제 세웠나

좌장 노중국(계명대학교 사학과 교수)

토론 권오영(한신대학교 한국사학과 교수)

김영심(공주대학교 백제문화연구소 교수)

박순발(충남대학교 고고학과 교수)

양기석(충북대학교 역사교육과 교수)

임영진(전남대학교 인류학과 교수)

주보돈(경북대학교 사학과 교수)

최병현(숭실대학교 사학과 교수)

Ⅰ. 백제, 누가 세웠나

노중국 : 한성백제박물관이 지난 4월 말에 개관한 후 지속적으로 학문적인 깊이를 더하기 위해 학술회의를 계획했습니다. 첫 머리에 관장님이 말씀하신 것처럼 이번 학술회의는 한번으로 끝나는 것이 아니라 지속적으로 10년 계획을 세워서 하고 있는 작업입니다. 이것을 통해서 한성백제박물관이 한성백제의 역사 더 나아가 공주, 부여로 수도를 옮긴 뒤의 백제역사를 더욱 살찌게 할 것이고, 그 토대 위에서 전시 내용도 더 충실하고 알차게 되리라고 봅니다. 그 첫 단계로 쟁점 백제사 첫 번째 주제인 '백제, 누가 언제 세웠나', 즉 백제의 건국시기와 주체세력에 대한 집중토론회를 개최하겠습니다. 저는 이번 집중토론 사회를 맡은 계명대학교의 노중국입니다. 오전에 네 분이 발표했는데, 이제 토론자로서 세 분이 이 단상에 올라와 계십니다. 먼저 제 오른쪽에 최병현 선생님 참석하셨습니다. 박수 한번 쳐주시지요. 그 다음 맨 왼쪽에 권오영 선생님 참석하셨습니다. 그리고 주보돈 선생님 참석하셨습니다. 제 기억에 30

년 전쯤으로 생각합니다. 고 천관우 선생님께서 '한국상고사의 쟁점'이란 주제로 진지하게 논의한 후 그 결과를 책으로 낸 적이 있습니다.[1] 그 이후 사실 여러 학술회의와 토론회가 열렸지만 집중토론한 성과를 자료로 묶어낸 경우는 많지 않았던 것 같습니다. 그래서 이번에 한성백제박물관에서는 백제사의 여러 가지 쟁점들을 진지하게, 또 집중적으로 소위 막장토론식으로 토론한 후 그 결과를 학계와 우리 시민들이 공유하도록 하는 계획을 세웠습니다. 오늘 그 첫 시작인데, 그 첫 시작에 제가 사회를 맡아 사실 걱정이 많이 됩니다.

이 시간부터는 발표자와 토론자는 없습니다. 전부 다 토론자입니다. 기본적으로 오늘 핵심 주제인 '백제, 누가 언제 그리고 조금 더 보태면 어디서 세웠느냐'에 대해서 그동안 나왔던 여러 가지 이야기들을 정리하면서 어느 정도 가닥을 잡아볼 수 있는 시간이 되도록 최대한 노력해 보겠습니다. 이 토론에 참석하신 분들은 본인의 입장을 분명하게 밝히시고, 또 그런 입장을 가지게 된 논리적 근거를 말씀하시고, 그러면서도 경우에 따라서 상대방의 입장과 논리가 상당히 설득력이 있을 때는 서슴없이 받아들이는 태도를 견지해주시면 좋겠습니다.

그리고 오늘 이 자리는 이 단상에 올라와 있는 토론자들만의 자리가 아니라 연구자들과 또 우리 백제사에 관심을 갖고 있는 시민

1 천관우 편, 1975, 『한국상고사의 쟁점』, 일조각.

들과도 공유하기 위한 자리입니다. 방청석에 계시는 분들 중에서 본인의 의사나 생각 또는 질문 사항이 있으면 메모지에 적어서 박물관 사람들에게 전해 주시면 제가 본 후 중간 중간에 그 질문들을 토론에 반영할 수 있도록 하겠습니다. 토론은 1시 30분에 시작해서 6시에 끝납니다. 사실 4시간 30분동안 진행됩니다. 토론은 1부와 2부로 나눠서 운영하겠습니다. 1부는 약 2시간 정도로 하고, 중간에 약간 휴식시간을 갖은 후 2부도 약 2시간 정도로 하겠습니다.

먼저 오늘 주제는 '백제, 누가 언제 세웠나'이기 때문에 일단은 '누가'부터 따져보도록 하겠습니다. 백제를 세운 건국주체는 누구인가, 그 다음에 그 출발 계통은 어디인가 하는 문제를 이야기하고 다음에 언제 세웠나의 문제로 진행하겠습니다. 오전에 발표를 듣다 보니까 접점 찾기가 어렵다는 생각은 들었습니다. 그렇지만 최대한 접점을 찾아볼 수 있도록 하겠습니다. 오늘 토론한 내용들이 전부 책으로 나갈 것이기 때문에 나중에 독자들이 읽기 쉽도록 하기 위해 발언하는 분들은 먼저 자신의 이름을 말씀해 주시고, 발언시간도 5분, 길어야 7분 이내로 하겠습니다. 그 시간을 지켜줬으면 좋겠습니다.

'누가 세웠나'는 결국 문헌사 중심으로 할 수밖에 없을 것 같습니다. 그래서 오전에 발표한 두 분인 양 선생님과 김 선생님한테 묻겠습니다. 건국시조는 문헌 자료에 온조溫祖, 비류沸流, 구태仇台, 도모都慕, 동명東明 등 여러 분이 나오는데, 이 중에서 백제의 시조는 누구로 보는지 먼저 간단하게 한 번 더 정리해 주기 바랍니다. 양 선생님 먼저 말씀해 주시지요.

건국자와 시조

양기석 : 발표에서도 말씀드렸지만 백제의 건국자로 지칭되는 분이 4명 내지 5명이 있어서 그 만큼 건국과정이 순탄치 못했다는 것을 알 수 있습니다. 그런데 일단은 그 우리가 전거해 볼 수 있는 중심 논거는 『삼국사기』이기 때문에 그 여러 명 중에 한강유역쯤에 먼저 자리를 잡은 온조쪽으로 봐야 하지 않나 하는 생각이 듭니다. 왜냐하면 그 경쟁세력이라 할 수 있는 비류가 나라를 세운 근거지를 미추홀彌鄒忽로 제기하는 사람이 있습니다만, 이게 지금의 인천지역이고 그것이 머지않은 시기에 연맹관계를 유지하다가 일단 백제국으로 흡수됐기 때문에 역시 역사의 중심은 온조백제쪽으로 봐야 맞는 것 같습니다. 따라서 『삼국사기』 본기에서도 제기했듯이 온조백제의 온조를 건국자로 보는 게 맞는 것 같습니다.

김영심 : 오전에 말씀드린 것처럼 저는 건국자와 시조는 좀 구분해서 봐야 되지 않나 하는 생각이 들었습니다. 건국시조를 이야기하면서 아까 여러 사람들이 나왔는데, 건국자 자체는 저도 온조라고 생각하고요. 그 온조의 계통성, 즉 백제사람들이 생각했던 시조, 근원은 동명이 아니었나 생각합니다. 우리가 건국자와 건국시조를 혼용하여 쓰면서 혼란이 많이 생겼던 것 같은 느낌이 듭니다.

노중국 : 두 분은 백제의 건국자는 온조이고 그 근원을 따져 올라가면 동명으로 연결된다는 점에서 같은 생각을 갖고 계십니다. 혹시 여기에

대해서 달리 생각하는 분 있으십니까?

부여계와 고구려계

주보돈 : 달리 생각한다기보다 제 입장을 말씀드리겠습니다. 제 전공은 원래 신라사입니다. 신라사, 신라가야사 이렇게 표현하는데, 제가 여기에 오늘 토론자로 초청받은 것은 아마 이것이 결론이 쉽게 내려지지 않기 때문에 객관적이고 공평무사하게 문제제기를 해달라는 뜻으로 받아들이고 있습니다. 제가 한 20년 전에 백제사와 처음 인연을 맺었던 것은 백제 초기의 부部에 관한 문제였습니다. 그리고 10년 전쯤에 오늘 발표하신 박순발 선생님이 『한성백제의 탄생』[2]이라는 책을 내셨죠. 거기에 대해서 서평[3]을 쓴 일이 있습니다. 지금도 역시 마찬가지지만 백제의 건국세력과 관련해서 어떤 특별한 주관을 가지고 있진 않습니다.

그런데 이번에 발표요지를 보면서 느꼈던 것의 한 가지는 백제본기에 대한 기본적 분석을 조금 더 철저히 해야 된다는 생각입니다. 언제 백제본기가 작성되었고 거기에 어떤 의도가 들어있는 것인지를 먼저 점검하는 것이 순서인데, 그 동안 문헌사학쪽에서는 매우 기초적인 문제를 상당히 소홀히 다루고 있지 않았나 하는 생

---

2 박순발, 2001, 『한성백제의 탄생』, 서경문화사.

3 주보돈, 2001, 「[서평] 백제의 국가 형성과 관련한 몇 가지 문제-박순발, 2001, 『한성백제의 탄생』, 서경문화사-」, 『한국고대사연구』 24.

각이 들었습니다. 백제본기를 보면 여러 가지 계통들이 들어 있고, 그 가운데 주류로는 주인공 온조, 온조계통이 고구려계라는 것이 그 핵이고, 다른 것은 오히려 부차적으로 소개되고 있으며 여타 사료들에서도 그런 것들이 나타나고 있어서 백제 건국세력들의 계통을 굉장히 혼란스럽게 하고 있습니다. 그러나 분명한 것은 백제본기의 입장은 고구려계라고 하는 것이 틀림없습니다.

그런데 김영심 선생님의 발표는 기왕의 통설적 견해와 다른 입장인 소수설이라고 할 수 있습니다. 다수설은 고구려계인데 소수설의 입장에서 부여계가 타당하지 않느냐 하는 입장의 문제제기를 했습니다. 저도 사실상 백제본기의 온조기에 나온 그 부분만을 제외하면 부여계라고 하는 것이 맞다고 생각합니다. 그렇다면 제가 역으로 문제제기하고 싶은 것은 언제 온조가 고구려계라고 하는 것이 들어갔을까 하는 점입니다. 사실 근초고왕으로부터 백제가 멸망할 때까지 고구려와 백제가 굉장히 적대관계에 있어서 백제는 고구려를 철천지원수로 생각했고, 고구려 역시 마찬가지였습니다. 사실 저는 이 점을 조금 중시해야 된다고 생각합니다. 이 기간에는 백제가 자기의 뿌리가 고구려에 있다고 하는 생각을 갖기가 어려웠을 것이라고 생각합니다.

그렇다면 백제의 주인공들이 자기 조상의 뿌리를 언제로 보았겠느냐 하는 문제에 있어서 저는 두 가지 가능성 중에 하나는 근초고왕 이전 시기이고, 다른 하나는 백제가 멸망한 후의 일이라고 생각합니다. 제가 결론을 먼저 말씀드리겠습니다. 저는 백제본기가 만들어진 것이 고려 초기에 구삼국사舊三國史가 정리되면서였는데, 이 시기 고려 왕건王建에 의한 구삼국 통일문제와 밀접한 관계가 있지 않느냐 하고 문제를 제기해 봅니다.

노중국 : 시조 자체는 백제본기대로 따르면 온조가 맞는데 어느 시점에 본기가 형성되었느냐는 점도 따져보아야 한다고 이야기했습니다. 주보돈 선생님은 결국 건국시조는 일단 온조로 봐도 괜찮다는 이야기죠. 여기에 대해서 고고학쪽의 견해를 들어보겠습니다.

시조묘와 종묘제

박순발 : 고고학적으로 제가 무슨 생각을 말씀드리려는 것은 아니고 역시 주보돈 선생님처럼 관점의 문제인데요. 사실 이 시조문제, 건국 주체문제는 문헌사료 없이는 할 수 없는 것이죠. 그래서 근본적으로는 문헌 자료를 검토해야 됩니다. 다만 지금 말씀하신 것처럼 본기 내지는 왕계인식이 어느 때 성립한 것인가 하는 점은 대단히 중요한 문제이고 고구려도 그렇게 하고 있는 걸로 알고 있습니다. 그런 점에서 우선적으로 봐야 된다고 생각하면서, 또 하나는 중국측 기록들이 갖고 있는 중요성입니다. 특히 제사 관련, 종묘 관련 기록이 중요합니다. 이 종묘라고 하는 것은 우리가 지금 시조문제를 말하면서도 거의 언급하지 않으셔서 그 문제는 제가 그냥 지나가는 말을 드린 적이 있습니다. 요컨대 그 당시 왕실에서 어떤 시조관을 가지고 있었냐는 것은 종묘제사에 누구를 배정하였느냐는 것과 관련됩니다. 지금 나온 것이 동명묘, 구태묘가 있고 온조묘는 없습니

다. 그리고 비류묘도 없습니다.

대개 우리 종묘제라고 하는 것이 중국에서 들어온 것이라는 점을 다 알고 계시겠지만 그 변화가 어느 단계에 갑자기 생긴 것이 아니고 대체로 한대漢代에 들어와서 5묘제五廟制가 됐든 7묘제七廟制가 됐든 형성되는데, 거기서 필히 빠지지 않는 것은 시조입니다. 태조묘太祖廟가 있어야 됩니다. 그 다음에 친묘親廟라고 해서 자기 직계 4대, 그러면 전부 5묘죠. 또 중간에 들어가는 것이 '유공덕有功德, 후덕자厚德者'라고 해서 소위 조종祖宗이 들어가는 게 있습니다. 합치면 7묘가 되는데, 백제의 경우 동명묘를 시조로 한다는 것은 공통적입니다. 이건 고구려도 그렇죠. 둘 다 동명묘를 시조로 합니다. 동명은 잘 알다시피 거슬러 올라가면 부여계죠. 그러면서 구태묘라고 하는 것이 어느 단계에 등장하는데, 그것이 어느 단계에 등장했느냐 하는 것은 『삼국사기』의 편찬배경에 대한 분석도 필요하지만 당대의 중국쪽 인식이 있단 말이에요. 어떤 인식이 있었다는 것을 알 수 있을 것 같아요.

또 하나는 그 구태에 대해 『책부원귀冊府元龜』에 보면 후덕 … 하는 얘기가 나와요. 그것은 시조라는 개념이 아닙니다. 말하자면 조종 중의 하나가 됐다는 이야기입니다. 그러다가 조금 지나면서 1년에 4번하고 오제五帝하고 같이 합사合祀 내지는 말하자면 이조二祖 계승안 이런 것이 나타난다는 것이죠. 그렇다면 시조로 바뀌었다는 이야기거든요. 그래서 결국은 동명을 시조로 한다는 것, 범부여계라는 것은 공통적이지만, 정권 혹은 왕계 내에 어느 단계에서 변화가 있어서 구태묘가 본래 시조는 아니었는데도 불구하고 시조로 바뀌고 있는 점들을 우리가 좀 중시해야 될 부분이 있지 않나 하는 생각입니다.

노중국 : 그와 관련해서 하나만 부가해서 말씀드리겠습니다. 방금 박순발 선생님 말씀에서 시조묘 이야기가 나왔는데, 사실 고구려의 경우 3대 대무신왕 때인가 시조 동명을 모시는 시조묘를 세웠고, 신라는 아마 2대 남해왕 때 시조 혁거세赫居世를 모시는 사당을 세웠습니다. 건국주를 모시는 것이죠. 그런데 백제의 경우, 건국한 온조가 동명을 시조로 모셨다, 시조 동명묘를 세웠다고 되어 있습니다. 백제가 보여준 이 모습이 신라와 고구려와의 차이점입니다.

임영진 : 저는 오전 발표에서 고고학적으로 백제의 건국세력에 대해서 말씀드린 바 있습니다. 굳이 부연설명할 필요는 없을 것 같고, 이 문제에 있어서는 이런 상황을 좀 감안할 필요가 있지 않을까 하는 점에서 말씀드리고자 합니다. 만약 백제의 건국과 관련된 여러 가지 문헌기록이 없었다면 어떻게 이 문제를 풀어나가야 될까? 고고학 자료만 가지고 풀 수밖에 없을 것입니다. 백제의 건국과 관련되었다고 모두가 인정하는 고고학 자료들을 시간적으로, 계통적으로 구분해서 세력들을 나누고 그 세력들이 어떤 위상이 있었느냐, 언제 이 지역에 들어왔느냐 하는 것들을 추적해 나갈 수밖에 없지요.

그런데 고고학 자료를 문헌 자료와 비교해 보면 굉장히 복잡해집니다. 더군다나 주보돈 선생님의 말씀을 오늘 처음 접했는데, 아마도 온조 관련 기록은 후대의 특정 시대에 특정 세력과 관련된 의

도적인 것일 가능성이 있다면, 과연 이것을 그대로 믿어야 될지, 오히려 문헌기록에 대한 불신이 더 커지는 것 같습니다. 따라서 고고학 자료를 충실하게 분석하고 그 고고학 자료를 기반으로 건국 주도세력을 추적해 나가는 것이 오히려 더 바람직한 방법이 아니겠는가 하는 생각입니다.

구태묘와 동명묘

노중국 : 임 선생님, 그러면 백제를 건국한 집단, 사람 이름은 고고학 자료를 가지고 얘기할 수는 없죠. 그러나 이름을 알 수 없는 그 집단은 뒤에 출자出自 얘기를 할 때 그때 좀 더 얘기해 주시면 좋겠습니다. 지금 나온 주제에서 온조로 봐야 된다는 견해가 몇 분 나왔습니다. 그렇지만 백제는 왜 시조묘에 건국주인 온조가 들어가지 않고 백제본기에서 보듯이 동명이 들어가 있습니다. 그 다음에 또 사비泗沘도읍기에 와서 『주서周書』에는 구태가 시조묘의 대상으로 되어 있습니다. 따라서 온조 때의 시조는 동명이고 그 다음 사비도읍기의 시조는 구태가 됩니다. 그럼에도 『삼국사기』 백제본기는 시조를 온조라고 하고 있습니다. 그럼 이 관계를 어떻게 정리하느냐는 것이 문제입니다. 그 다음 또 하나는 시조 비류가 나옵니다. 이렇게 됐을 때 지금 문제가 제기된 것처럼 시조문제를 어떻게 풀어야 할까요? 그러면 온조를 주장하는 양 선생님 같은 경우에는 시조 구태묘, 시조 동명묘를 어떻게 정리하시는지?

양기석 : 그것은 고구려, 신라와는 달리 부여족 계통의 시조 내지는 족조族祖를 보는 인식의 변화 같습니다. 예를 들면 고구려나 백제쪽에서는 당연히 족조로 동명을 받들고 있는 것 같고, 그 다음에 그 부여족이 1차 분파하고 2차 분파해서 또 다른 나라를 세웠을 때 고구려는 주몽朱蒙이 될테고 백제는 온조가 될테죠.

그 밖에 또 시조로 주장되는 인물은 백제 같은 경우 비류도 있고 조금 전에 말씀하신 구태가 있을 것 같습니다. 물론 이 구태 같은 경우는 기록내용만 보면 3세기 초가 되는데, 대방고지帶方故地에서 일어났다는 것까지는 좋지만 그 뒤에 소위 결혼했다는 이야기는 사료를 분석해 보면 후대에 추가된 것 같습니다. 어떻게 보면 그 구태가 부여사에 나오는 위구태尉仇台라고 하는 이런 이름을 가탁해서 나올 수도 있고 또 부여에도 그런 일이 많은 것 같습니다.

그렇다면 초기에는 백제의 경우 온조로 했을 당시만 해도 아직 백제의 국가 정체성이 드러나 있는 입장이 아니었기 때문에 여전히 부여적인 전통을 강조해서 동명묘에 배알하는 것이 한동안 실패했을 것 같습니다. 그 다음에 사비시대에 어느 정도 국가체제가 갖춰진 후 또 유교적인 제사 의례가 도입되고 나서부터는 소위 종묘 이런 성격으로 먼 원조遠祖들에 대한 신앙보다는 자기네 왕계와 직접 관련 있는 중시조中始祖라는 성격으로 그 구태라는 존재에 대해 국가에서 제사로 모신 것이 아닌가, 이런 것들이 시간이 흐르면서 시조인식의 변화와 관련 있는 것이 아닌가 생각됩니다.

노중국 : 양 선생님 말씀대로 하면 건국시조는 온조이고, 구태의 존재는 현

재 문헌 자료로 하면 3세기 단계이고, 그래서 중시조 정도이다, 이런 정도로 이해한 것 같습니다. 김영심 선생님은 이 문제를 어떻게 정리하세요?

구태와 고이왕

김영심 : 아까 제가 발표한 게 사실은 노중국 선생님께서 질문하신 것에 대한 답을 이미 했다는 생각도 드는데요. 구태묘, 시조 구태라는 기사가 나오는 것이 사실은 『주서』가 처음이거든요. 그래서 『주서』에 구태가 등장하게 된 배경이 뭘까 하고 생각해 보았습니다. 당시에 성왕聖王에 대해서는 그 이전에 무령왕대에 이루어졌던 기반을 바탕으로 새로 나라를 다시 일으켰다고 해서 중흥中興의 군주라고 이야기하는데, 그렇게 되면서 자신들의 나라 이름을 남부여南夫餘라고 했습니다. 그런 과정 속에서 구태는 동명과는 좀 차이가 나게 중간에 백제의 국가체제 정비에 중요한 역할을 했던 그런 사람을 생각한 게 아닌가 하는 생각이 들었습니다. 그래서 저는 구태 자체도 고이왕대古爾王代라고 생각했습니다.

그런 면에서 보면 '시국어대방始國於帶方', 즉 대방에서 나라를 열었다는 것도 말씀드린 것처럼 온조 13년의 기사에 패하, 북쪽으로는 예성강에 이르렀다는 내용이 나오는데, 대체로 지금 연구성과에 따르면 그것은 3세기 고이왕대 단계의 사실이 아니겠는가 하는 의견들이 많이 나오고 있습니다. 그래서 그것을 반영한다면 고이왕대에 대방이 옛날에 있었던 자리까지 차지하게 된 그런 상황을 높게 평가해서 거기에 '시국어대방고지始國於帶方故地'라는 표현을 쓰면서 구태를 부각시키고 그것이 우리한테 고이로 인식된 게 아닌가 하는 생각이 듭니다.

노중국 : 그러면 김 선생님, 구태는 결국 『삼국사기』에 나오는 백제 왕명으로 따지면 고이에 해당되는데, 그러면 왜 고이를 시조라고 표현했을까요?

김영심 : 왜 고이가 시조로 인식되었을까? 이것은 저도 다시 옛날 고대국가의 출발을 고이로 보던 것으로 회귀하는 것 아닌가 하는 생각이 들기는 했는데, 우리가 백제사의 발전단계를 따지다 보면 결국에는 획기가 되는 시기가 있잖아요. 그런데 역시 고이왕, 그 다음에 근초고왕, 성왕 이런 식으로 나가죠. 이전에는 근초고왕대에 서기書記가 편찬됐다는 이유로 해서 근초고왕이 또 최근에 굉장히 많이 인정되는데, 제가 보기에는 고이왕 때 나오는 좌평左平 기사라든가 16관등官等 이런 것들이 그때 다 갖춰지지는 않았지만, 어떤 기본적인 틀, 백제가 그야말로 고대국가로서의 중요한 틀을 형성했던 시기로 후대에도 인식되었기 때문에 그 고이가 중시조로 들어갈 수 있었던 것 같습니다.

노중국 : 국가체제를 제대로 갖출 수 있는 토대를 놓은 분이 고이이기 때문에 후대에선 이를 시조로 다시 반영하게 되었다고 하는 것인데요. 권오영 선생님, 이것과 관련해서 앞의 온조까지 연계해서 한번 얘

기하시죠. 반박해도 좋고 본인 얘기를 해도 좋습니다.

지배세력의 계보의식

권오영 : 잠깐 토론에 참가하지 않은 사이 진도를 너무 많이 나가서 다시 앞의 얘기 좀 하겠습니다. 6분은 넘기지 않도록 하겠습니다. 사실 저는 이 백제 국가의 기원과 건국주체에 대해서 학부 졸업논문과 석사논문으로 다뤄봤는데요. 결국은 실패해서 박사논문은 다른 데로 도망가서 다른 것을 하다가, 지금 다시 와보니까, '야, 이것 참 문제가 안 풀리는구나'하는 생각이 들었습니다.

지금 시조묘 문제만 보더라도 결국은 좁히자면, 부여계냐 고구려계냐로 크게 정리할 수 있을 텐데요. 이 문제가 부여계로 인식했다는 것, 전승傳承을 갖는다는 것과 실제로 그들이 부여계냐, 마찬가지로 그들이 고구려계라고 이야기하고 고구려계 인물을 모시는 것과 실제로 그들이 고구려계냐, 이 문제가 일치하지 않을 수가 있기 때문에 계속 복잡한 문제가 제기될 것 같고요. 그 다음에 각각의 지배세력들이 자신의 정치적 입장에 따라서 얼마든지 유연하게 자신의 시조를 바꾸면서 갖다 붙이는 이런 행위들을 한 것이 아닌가 싶어서 저는 사실 아까 주보돈 선생님 말씀하신 것과 같은 생각을 갖고 있었습니다.

그것이 뭐냐 하면 백제 건국세력을 이야기할 때 우리는 자칫 왕족만 가지고 온조냐 아니면 부여계냐, 고구려냐 이렇게 이야기하지만, 사실은 그 건국주체세력은 그들만이 아니었겠죠. 그들과 함께 이 지역사람들이 함께 관여했겠죠. 그랬을 때 어느 쪽이 비중이 높은가 하는 것은 또 다른 문제가 되겠지만, 그럼에도 불구하고 『삼국사기』 기사를 부정할 수 없는 것은 지배층들이 자신이 스스로 부여씨를 칭하거나, 아니면 국호를 남부여로 정하거나, 아니면 『삼국사기』에 보면 그 남옥저인南沃沮人, 대개 지금 함경도 지역이겠죠, 구파해仇頗解라는 집단이 내려오기도 합니다. 그래서 이 한강 유역에서 복잡하게 재지적 세력과 다양한 세력들이 결합된 것만큼은 분명한 사실인 것 같습니다.

그렇게 보았을 때 제 생각을 정리하면, 저는 김영심 선생님이 발표한 내용을 듣진 못했는데, 백제 지배세력 주체를 부여계로 본다는 것이 그들이 부여계를 칭할 수밖에 없었던 정치적인 상황도 고려할 필요가 있다, 그래서 그들이 부여계를 칭한다고 해서 반드시 그들의 종족적인 실체가 부여에서 내려왔다, 이것은 꼭 그렇지만은 않을 수도 있다는 그런 생각입니다. 그래서 과연 계기가 언제냐고 할 때 분명히 근초고왕 때 부여씨扶餘氏, 여씨餘氏를 칭하고 있으니까 적어도 그 시점에는 무언가 변화의 필요성을 느꼈을 것이다, 그런 점에서는 주보돈 선생님과 생각이 비슷하고요.

마지막으로 결론적으로 말씀드린다면, 저는 이 문제는 문헌을 갖고 이야기하면 그 진실에 과연 얼마만큼 접근할 수 있을지 상당히 회의적입니다. 그래서 아까 임영진 선생님도 말씀하셨지만 실제로 고고학적인 자료로 보았을 때는 백제 지배집단이 부여계냐 고구려계냐 이 문제는 사실은 해결되지 않거든요. 앞으로도 해결될 것 같지 않습니다. 그래서 왕족들의 출자문제 못지않게 지역사회에서의 성장 부분들을 함께 봐야 되는 것이 아닌가 하는 생각이 들어서 조금 다시 앞으로 돌아가버렸습니다.

노중국 : 너무 회의적으로 보지 마세요. 가능한 한 긍정적으로 봅시다. 지금까지 나온 상황을 보면 일단 온조 얘기가 나왔고, 그 다음에 구태의 경우는 시기적으로는 3세기대에 설정되어 있는 인물이라는 얘기가 나왔습니다. 그러면서 양 선생님은 중시조라 표현했고, 김영심 선생님은 고이왕과 연결시켜서 볼 수도 있겠다고 얘기했는데요. 참고로 주 선생님이 대답 한번 해주면 좋겠는데요. 고구려 같은 경우에 시조는 동명성왕東明聖王이죠. 『삼국사기』에서 보면 6대에 태조대왕太祖大王이 나옵니다. 이름은 궁宮입니다. 사실 태조는 대개 건국한 사람한테 붙이는 용어입니다. 고구려에 태조왕이라는 표현이 나와 있는 것과 연계해서 이 문제를 간략하게 얘기해 주기 바랍니다.

주보돈 : 고구려에도 태조왕이 있고 신라에도 태조가 진흥왕기眞興王期에 등장합니다. 그래서 중간에 중시조의 존재는 아마 국가 발전단계의 수준이 달라지면서 초기에 어떤 국조로서의 등장, 중시조의 존재가 충분이 있다고 생각합니다. 그런데 이번에 말씀드리는 구태의 고이문제, 구태나 도모, 그 다음에 비류, 온조 등의 경우에는 굳이 그런 단계보다도 백제 초기 국가 형성과정에서 다양한 지배집단이 참여했다는 문제를 보여주고, 그 지배집단들은 그렇게 크게 차이 나지는 않는데 자기네들의 족조전승이라든지 자기네 집단의 어떤

과정으로서의 시조를 각기 가지고 있었던 것이 아닌가 싶어요.

『주서』에 구태설이 나타나는 것은 그 당시 아마 중국 쪽에서 사료를 접했던 게 여러 계통의 갈래 중에 하나를 접한 것으로 저는 그렇게 보여요. 굳이 구태를 고이라고 명칭상 이렇게 연결시키지는 말고, 백제 국가, 초기 국가의 지배집단에 참여한 다양한 세력들로 설정하는 게 좋다고 생각합니다. 그래서 최종적으로 정리됐을 때 국조는 온조든 어떤 시점에 가서는 다양하게 존재하던 것이 정리되었다고 봅니다. 이것이 신라 계통에는 박朴 · 석昔 · 김金 3성으로 일원화되어 나타나게 됩니다. 그 점이 고구려와 백제, 신라와의 뚜렷한 차이점이라 하겠습니다. 신라는 자꾸 제가 압박을 받아가지고 윗세대에 저는 조금 더 다양하게 보자, 여러 가지 계통 사료들의 전승들이 있다, 그렇게 우선 말씀드리겠습니다.

노중국 : 예. 다양한 족조전승이 전해졌으나 결과적으로는 온조가 시조로 정리되었다, 그러면 온조 문제로 들어가겠습니다만, 혹시 이 시조문제에 대해서 …

온조와 구태

박순발 : 고고학쪽으로 시조문제를 접근하기 어렵다고 말씀드리는 것은 지금 이미 여러분이 말씀하신 것 중에 공통적으로 동명묘의 존재를 다 인정하시거든요. 동명이 고구려보다는 고구려 이전의 뿌리인 부여라고 다 이해하시니까 다 똑같은 말씀인데 저도 그와 같은 맥

락에서 소위 말해서 여러 세력들이, 아직 연맹왕국 단계인지 뭔지 모르겠습니다만 완전히 어떤 왕계가 확립되지 않았을 때, 공통적으로 아우를 수 있는 분모가 동명이었단 말이죠. 그러다가 대개 공손도公孫度와의 관계에서 보면 3세기대 인물로 생각되는 구태, 즉 고이왕 무렵에 와서 이 사람이 다시 말하자면 시조로 인식됐다는 것 자체가 공통적으로 부여에 대한 어떤 공통분모를 갖는 집단 속에서 그 중에 특정한 왕계가 장악하는 시점이 대체로 3세기 후반이라는 것이지요. 온조는 건국했던 온조집단의 개인일 뿐이지, 온조가 시조묘로 되어 있는 기록은 하나도 없어요. 그건 확실하잖아요. 그래서 저는 역시 온조계라고 하는 것 자체가 우리가 지금 그 사회 자체에 동조를 얻고 있지 못하다고 생각합니다.

노중국 : 예. 그러면 박 선생님 애기대로 하면 건국주는 온조가 아니다, 확실히 온조가 아니다 …

박순발 : 온조라는 세력이 그 중에 포함됐겠죠. 온조세력의 어떤 개별 전승이 있었지만 그럼에도 불구하고 온조가 시조묘로 올라간 적이 없고 오히려 3세기대 구태가 시조로 올라갔고, 구태는 대방과 관계된 것에서 고이계로 분류되는 거예요. 그런 점에서 범부여적인 동명묘라는 것이 계속 신봉되어왔다가 그 중에 구태계라고 하는 특정 왕계로 통일된 시기인데 그건 분명히 근초고왕대에 성립한 고흥高興의 서기書記와 유관할 뿐이다 …

노중국 : 내가 이해를 좀 해야 … 그러면 시조는 구태이고, 시기는 3세기대 이다, 그리고 온조는 그냥 범부여족의 한 족단이다 …

박순발 : 여러 세력이라고 했지만 지금 우리가 문헌으로 확인할 수 있는 것은 비류와 온조밖에 없지 않습니까? 그렇지만 그 외에 여러 세력이 있었겠지만 그것들을 공통적으로 아우를 수 있는 시조관은 역시 동명이었습니다. 그러나 나중에 어느 정도 가서 구태를 시조로 하는 단계에 가서는 구태 시조관이 정립됐다고 보는 것이죠.

양기석 : 지금 온조와 구태 문제가 나왔습니다만, 제가 보기에는 백제의 건국주는 온조로 봐야 됩니다. 왜 그러냐하면 『삼국사기』가 아무리 문제가 있어도 후대의 업적들, 영역확장이라든가 또 부와 같은 관제정비라든가 등등 이런 문제들에 관한 기록을 거의 온조왕대에 집중적으로 쏟아 붓고 있습니다. 그 얘기는 뭐냐면 적어도 백제인들이 후대에 와서 그래도 나라를 세운 사람이, 물론 실제와는 다르지만, 그래도 이 정도의 업적을 남긴 분을 온조로 생각했던 것입니다. 다만 온조사당이 나타나지 않는 이유는 그 당시에 부여 · 고구려계 이주민들 사회에서는 온조의 존재 자체보다는 사실 족조인 동명을 더 숭배했고 그것을 모시는 사당이 고구려나 백제에서는 당연한 그런 제사이기 때문이었을 것입니다.

다만 백제가 고구려와의 어떤 경쟁관계에서, 또 백제 나름대로의 발전과정에서 백제의 정체성이 뚜렷해지면서 그런 공동적인 족조를 섬기는 시스템문화는 더 현실적으로 지금 현 집권 세력과 관련 있는 업적이 있고 어떤 역사를 했는지는 모릅니다만 그런 인물이 구태이죠, 구태에게 오히려 자연스럽게 종묘 성격으로 국가에서 제사를 모시는, 그렇게 이해하면 온조가 전혀 건국시조가 될 수 없다는 그런 생각과는 좀 차이가 있을 것입니다.

노중국 : 이제 조금 열기가 더 붙을 것 같은데요. 박순발 선생님은 온조의 존재는 현재는 시조묘에 들어가지 않는다, 시조묘에 들어가는 것은 동명이고 구태밖에 없다고 했습니다. 이렇게 되면 온조의 존재가 굉장히 밋밋해져버리니까 그게 아니라는 반론이 다시 나왔습니다. 아까 제가 말한 고구려 태조왕 이야기와 또 신라쪽에서도 그 문무왕비文武王碑죠? 태조성한太祖星漢이 나오는데 이것과 연관시켜 보아야 할 것 같은데요.

주보돈 : 그건 뒤이고, 창녕비昌寧碑예요.

노중국 : 창녕비? 예. 그게 문무왕비에 태조성한이 나오지 않나요?

주보돈 : 창녕비에 561년 진흥왕은 '유년승기幼年承基'라 하여 어린 나이로 태조의 영을 승계한 것으로 이렇게 … 방금 노 선생님이 말씀한 문무왕비에는 태조라는 이름이 구체적으로 성한星漢이라고 나옵니다. 태조성한. 그 이후에 멸망기 고려 초기에 이르기까지 태조를 성한이라고 이렇게 이르는데. 성한의 실체는 그러면 과연 누구냐의 문제는 이것을 둘러싸고 답이 없습니다. 답을 구할 수가 없는데 그냥

막연하게 태조 때 성한의 존재는 어떠냐고 하는 것은 논란이 워낙 많아서 여기서 답변드릴 수가 없습니다.

노중국 : 아까 주 선생님이 창녕비에 태조가 나온다고 했는데 창녕비에는 태조라고 표현하지 않고 '과인유년승기寡人幼年承基'로 나옵니다. 한 번 더 확인하겠습니다. 그러면서 문무왕 때 태조성한이 나오고 신문왕神文王 때 5묘제를 실시하면서 태조가 나옵니다. 이때의 태조가 미추未鄒인지 모르겠지만 신라 5묘제에서 태조대왕이 나오지요. 신라의 경우 5묘제에서 태조대왕을 박혁거세朴赫居世로 보느냐, 아니면 김씨 시조로 보느냐 하는 문제가 제기되고 있습니다. 백제 시조 구태묘 문제는 이런 것과 연관시켜서 봐야겠다고 하는 것입니다. 그런 각도에서 봤을 때 백제의 시조에 대해 어떤 선생님들은 구태는 중시조이고, 이 중시조를 이렇게 강하게 강조한 것은 국가체제를 어느 정도 갖췄기 때문에 중시조로 받들게 되었고, 그러나 시조 자체는 온조로 봐야 되지 않느냐, 원래 첫 건국시조는 온조이다. 이렇게 정리하신 분도 있습니다.

이제 하나 또 정리해야 될 것은 비류문제입니다. 지금 『삼국사기』의 경우 분명히 본문에는 온조가 시조로 나와 있습니다만, 세주에 '시조 비류왕은 …'[4] 이렇게 나오고 있습니다. 이것도 사실은 간단하지 않은 문제입니다. 이 문제에 대해 조금 언급하고 난 다음에

4 一云 始祖沸流王 … (『삼국사기』 권23 백제본기 온조왕 즉위년조 세주)

시조의 출자문제, 계통문제로 들어가도록 하겠습니다. 비류에 대해서 말씀하실 분이 계시면 좀 해주시길 바랍니다. 지금 발표한 김영심 선생님이나 양기석 선생님께서는 일단 비류는 현재는 빼버린 것이죠?

비류의 역할

김영심 : 건국자 집단에서요? 저는 그렇게는 보지 않는데. 주 자체는, 그러니까 건국설화에 보면 일단 비류가 온조의 형으로 나오잖아요. 그래서 그것을 아까 임영진 선생님의 경우는 선주 집단으로 집어넣었는데, 저는 비류를 그렇게 온조의 선주집단, 물론 약간 시차를 두고 앞에 있었던 것은 인정할 수 있지만, 선주집단, 선주토착세력이라고까지는 보지 않습니다. 제가 건국주체세력에서 선주토착세력을 제한다고 했을 때는 그런 의미의 선주민은 아니었거든요. 비류는 사실 일정부분 온조집단보다 먼저 내려와서 백제의 건국 자체에는 바로 참여하지 않았을지 모르지만 기본적으로 백제라는 나라가 갖춰지는 데 중요한 역할을 한 것으로 저는 보고 있습니다.

노중국 : 그러면 비류는 선주집단은 아니고, 온조보다 먼저 나라를 세웠을 거다 …

김영심 : 그게 나라일지는 모르겠어요. 나라라고 이야기해야 될지는 모르겠는데, 뭔가 어쨌든 중심지를 가지고 근거지를 마련하고서 거기에

서 새로운 정치체로서 출발하려고 했다는 생각은 듭니다.

노중국 : 출발하려고 했다?

김영심 : 했다.

노중국 : 여기서는 가능한 한 자기의 견해를 분명하게 얘기해야 합니다. 그러면 비류는 백제 건국시조는 아니다, 그러나 백제가 건국되고 발전하는 데 일정한 관련성은 있다. 그렇게 정리할 수 있겠죠.

권오영 : 꼭 구체적인 문제로 가서 조금 심심하실까봐 극단적인 발언을 해서 잠을 좀 깨게 하겠습니다. 저는 비류 자체는 만들어진 인물이다, 실제는 없다고 생각합니다. 온조 자체는 실존인물인지 아닌지 모르겠고, 비류 자체는 더더욱 실존인물이 아니라고 생각하는 이유는 비류라는 이름 자체는 고구려에서 보이는 그 송양왕松壤王 비류국沸流國과 너무 똑같죠. 그 다음 그 역할이라는 것이 주몽이 나라를 세우는데 그 옆에서 방해하다가 나중에는 굴복하고, 우리 영화에서 보면 선한 역할이 있으면 꼭 악역이 필요하고, 아니면 중간에 흔들리는 인물이 필요하듯이, 그렇게 만들어진 것을 전제로 했을 때 백제에서도 온조와 주몽을 동일시하면서 국가의 건국자로서의 이미지를 부각시키려면 뭔가 보여주는 게 필요했고 그래서 만들어진 하나의 허상이 아닌가 하는 생각까지 해봅니다. 다만 비류의 미추홀 위치가 어디냐, 그 뒤에 나오겠지만, 아무튼 인천을 중심으로

한 서해안과 충청남도 지역이 서울을 중심으로 한 경기 내륙과 고고학적인 물질문화에서 큰 차이를 보이는 것은 사실이지만, 그것을 가지고 비류와 온조세력으로까지 나누는 것은 또 다른 문제가 되겠고, 하여튼 저는 비류 자체가 만들어진 인물일 가능성을 제기해 봅니다.

노중국 : 비류가 만들어진 인물이라면?

주보돈 : 옆에 앉아서 저와 굉장히 비슷한 생각을 하는 것 같아요. 저는 당시 만들어졌는지 어땠는지는 모르겠는데, 주몽이 송양국의 왕 비류와 같은 것으로 이어서 비류를 굴복시키려는 아마 이런 구조가 뒷날에, 어느 시점인지는 모르지만, 나말여초에 정리됐을 가능성도 많다고 생각합니다. 이름도 똑같고 상황이나 이런 것이 굉장히 유사한 부분을 가지고 있고요. 과거에 온조라는 인물도 만들어진 것이 아니냐는 견해가 있었습니다. 온이라고 하는 게 백이잖아요. 순우리말로 백이고, 백제라고 하는 백조 백제라고 하는 데에서 온조라는 가상의 인물이 만들어졌다, 이렇게 보는 견해도 과거에 있었습니다. 그래서 이런 것이 제가 아까 모두에 백제본기가 언제 편찬됐을까 하는 것과 연동해서 조금 더 논의해 봐야겠다 그렇게 말씀드리겠습니다.

양기석 : 비류 하면 흔히 그 세력 근거지, 초기 세력 근거지인 환인桓仁지방에 가시면 혼강渾江이라는 큰 강이 흐르고 있습니다. 주몽이 부여에

서 와서 고구려 정권을 세울 때 물론 옛날에는 같은 부여 영역이었겠죠. 부여의 주몽이 나라를 세우면서 주변의 선주세력을 통합하게 되는데, 여러 선생님들이 말씀하신대로 주몽과 활쏘기 겨루기를 했다는 송양국이라고 있습니다. 송양국은 나중에 고구려 정권에 참여해서, 그 key stone 멤버로 5부족을 보통 얘기하시는데, 그 5부족 중의 하나인 소노부消奴部로 보는 것이 일반적인 우리 학계의 인식입니다.

그런데 그 세력이요. 저는 온조도 마찬가지라고 봅니다. 온조도 본래 주몽의 아들인지 여부도 확인할 수 없지만, 비류세력과는 달리 그 지역의 또 다른 형태의 선주세력의 한 부분이었는데, 이런 세력이 고구려 정권을 세우고, 특히 유리왕瑠璃王이 북부여北夫餘에서 내려오면서 다시 제2차 부여족이 내려오면서 고구려 정권을 창출해 나가는 과정에서 어떤 주도권 싸움이 벌어진 것 같습니다. 그래서 그 싸움에서 패했던 비류집단이나 온조집단이 일단 한강유역으로 내려온 것으로 보고 싶습니다.

다만 비류가 시조냐 아니냐 하는 그 문제는 그 당시에 그 『삼국사기』 기록을 봐도 미추홀이라는 조그만 나라를 세웠다가 백제국, 위례국慰禮國에게 통합됐다고 얘기했지만, 그 비류세력이 후에 백제정권을 유지하는 데 아주 중요한 그런 부분이었고, 따라서 백제사에서 왕위계승이라던가 권력을 장악하는 데 있어서 어느 정도 경쟁관계가 있기 때문에 그 세력에 의해서 결국 비류는 또 하나 시조로 주장될 수도 있다, 이것을 시조가 아니다 그것을 떠나서, 일단은 비류도 시조는 아닙니다. 다만 후대에 온조계와의 경쟁양상 과정에서 비류도 또 나름대로 그를 동정하는 세력에 의해서 시조는 아니지만 그에 준하는 그런 존재로 부각될 수 있지 않았겠는가 하는 생각입니다.

노중국 : 비류는 백제 시조는 아니라는 것이죠. 만일 별도의 어떤 국을 세웠다면 시조가 될 수 있다, 미추홀에 나라를 세웠다면 시조로 볼 수 있지만 백제 건국시조로 비류로는 볼 수가 없다, 그렇게 정리할 수 있는 것이죠.

양기석 : 대개의 경우 『삼국사기』 백제본기의 온조 시조설화에 보면 온조 중심으로 썼기 때문에 일방적일 수도 있습니다. 어쨌든 그 분위기를 보면 잘 나가다가 결국은 어느 시기에 백제에 흡수되어버리고 말거든요. 그렇다면 그 미추홀을 세워 유지했던 비류세력이 자연히 백제의 권력관계에서 위상이 대부분 경우를 보면 축소돼야 되는데, 그래도 끝까지 시조라고 하는 집단이 있는 것을 보면 백제사에서 또 그만큼 비류계의 활동이 좀 컸던 것 같습니다.

노중국 : 시조에 대해 여러 의견들을 나눠봤습니다. 지금까지 오면서 그냥 듣고만 있었던 최병현 선생님 한 말씀해 주시죠.

최병현 : 시조문제에 끼어들 생각도 없고 능력도 없고요. 다시 원론으로 돌아가서 제가 왜 이 자리에 와 있나 하는 생각을 했습니다. 맞은편에 주보돈 교수가 계셔서 위안이 됩니다. 아마 백제 문헌 발표하신

분과 대적하라고 신라사를 전공하시는 주보돈 선생님과 백제 고고학 하는 사람 상대 좀 하라고 신라고고학 하는 사람을 갖다 놓은 것이겠지요.

노중국 : 의도적입니다.

최병현 : 오늘은 사실 아까 밥 먹으면서도 잠깐 얘기했습니다만, 발표문을 미리 받아서 읽어보니까 한 20여 년 전 생각이 났어요. 한 20여 년 전 지금보다 훨씬 젊고 머리 까맣고 숱도 많고 그랬는데, 그때 똑같이 여기 계신 박순발 교수, 임영진 교수가 주제 발표를 하고 제가 토론자로 붙어서 토론하고. 그때도 두 분이 너무 논쟁이 격해지면 말리고, 체면만 보고 있으면 싸움을 붙이고 그런 역할을 했던 것이 생각납니다. 두 분의 열기에 따라서 제 발언 수위를 조정하겠습니다만, 지금 시조 논쟁이기 때문에 제가 할 말씀은 없는데 듣다 보니까 지금 이 토론을 시작한지 한 시간이 지났는데 역시 그냥 돌고 돌아서 해결된 것은 없는 것 같다는 생각이 듭니다.

사실은 잘 아시다시피 고고학 자료라는 것은 스스로 말하지 않는 자료이기 때문에 해석하고 추론해서 뭔가 줄거리를 만들어내는 작업이지 않습니까? 그런데 이 추론이 너무 지나치면 완전히 순환논리에 빠지거나 소설화되기 쉽거든요. 그런 역할을 하려고 했더니 오늘 시조문제를 가지고만 1시간을 뱅뱅뱅뱅 돌고 그만둘 기미가 없어서 가만히 있었습니다. 출자문제로 가면 조금 끼어들도록 하겠습니다. 아마 출자문제는 자연히 고고학적인 얘기가 중심이 될텐데 거기서 좀 끼어들도록 하겠습니다.

노중국 : 안 끼어들리라 생각은 했는데 첫 주제에서 한 마디도 안 하고 있으면 섭섭하잖아요. 그래서 한 말씀 부탁드린 것입니다. 시조 얘기를 하다보니까 만들어진 인물이라는 소리까지 나왔습니다. 만들어도 아무 근거 없이 만들었을까? 완전히 후대에 그냥 말 그대로 상상 속에서 만들어졌을까? 권오영 선생님, 만들어졌다고 했을 때는 어떤 의미일까요?

건국설화의 형성 배경

권오영 : 한성백제박물관에서 이런 말하면 산통 깨는 일일텐데, 우리 고대국가들은 다 왕들은 딴 데서 온 사람들로 되어 있습니다. 그런데 실제로 과연 그럴까? 저희가 생각해 봐도 동네에서 커서 거기서 왕이 되는 자기 출신, 어릴 때부터 다 창피한 것을 알고 크니까 어차피 그런 이야기가 만들어질 것 같고요. 남태평양쪽도 보니까 인류학적인 조사에서 작은 chiefdom 지역의 왕들은 실제로 그렇지 않으면서도 다 그 이야기 전승으로 나는 딴 데서 왔다, 이렇게 한다는 거죠.

그래서 저는 기본적으로 백제 국가 형성에서도 지배세력들이 외부 출신들도 있겠지만 기본적으로는 여기서 성장한 사람들이고 그들이 어떤 자신의 전승이나 계보 같은 것은 필요에 따라서 부여를 갖다 붙이기도 하고 고구려를 붙이기도 하고 또는 애매모호하게 처리하기도 하고 이런 역할들을 막 하고 그것 때문에 우리가 이렇게 헷갈리는 것이 아니냐, 기본적으로 그런 생각입니다.

박순발 : 출자 따로 시조 따로 이렇게 말씀하셨는데 그게 그거 같은데요. 하여튼 그건 그렇고. 조금 전 권오영 선생님도 그렇게 말씀하셨는데, 거의 우리가 시조관은 다 그럴텐데, 문제는 그 위치에 따라 달라요. 왜 그러냐면 한반도 같으면 신라는 좀 그런 성격이 덜하지만 백제는 부자계승관계父子繼承關係를 굉장히 중시하는데, 이것이 사실은 한대漢代 이후의 산물이거든요. 한대 이후 소위 말해서 자기 정통성을 중국적인 정통성을 따랐다는 이야기예요. 그러나 이 시조에 대해 무슨 난생설화卵生說話 이런 것과 좀 다른 차원에서 신화라 하지 않고 설화라고 한다는 것은 사실은 같은 맥락에서 어느 시점에서 형성되었는가를 보여주는 그런 것이고요.

그리고 아까 비류문제와 관련해서요. 비류가 이름이 어떻든 온조가 이름이 어떻든 간에 적어도 현재 최근 흘러가는 것을 보면 한강 하류 플러스 인천, 그리고 영종도에 있는 기원전 1세기 전반대가 보이고요. 그리고 가평 등등에서도 보이거든요. 이것은 거리상으로 보면 백제가 처음에 백리라고 했는데, 대략 한 사방 50㎞ 정도 범위 내에 두 세력만 있는 건은 아니겠지만, 적어도 두 세력이 아마 자웅을 겨루었던 사실은 있었던 것 같고, 그것은 고고학적으로 봐도 기원전 1세기대에는 큰 세력이 존재한다고 보아도 될 것 같아요. 지금은.

노중국 : 예. 비류는 백제와는 별도의 세력이라는 것이죠.

박순발 : 별도라기보다는 두 세력이 있었다는 것이죠.

노중국 : 한강 하류, 인천 영종도쪽을 중심으로 하나의 세력이 있으므로 2개의 세력을 인정하겠다, 인정해야 된다는 것이죠. 그런데 2개의 세력이라고 했을 때 인천 · 한강 · 영종도 세력과 한강 중상류 쪽 세력이 합쳐져서 백제가 만들어졌는가? 그랬을 때 시조는 누구냐?

박순발 : 최종적인 승리자는 역시 온조세력이었겠죠. 그것이 나중에 분열되었든 어쨌든 간에 이름은 온조로 되어 있는 세력이 최종 승리자였겠죠.

최병현 : 이제 끼어들겠습니다. 박순발 선생님, 금방 기원전 1세기 한강 하류에 한 세력, 인천 영종도에 한 세력 그러는데, 기원전 1세기의 예를 들면 어느 유적, 어느 종류의 유적을 근거로 말씀하시는 것인지 그걸 좀 분명히 하시죠.

박순발 : 그 부분에 대해서 최근에 최병현 선생님 계시는 박물관에서 한 것이 있습니다. 최근 나온 자료를 다 모았는데, 정인성 교수는 그것을 한계漢系, 말하자면 한반도 토착세력과 관계없는 것이라는 것이죠. 뭐 어쨌든 간에 낙랑樂浪 관계 세력입니다. 그리고 파주 육지쪽에도 나오는 게 있죠. 백색토기 말입니다. 그 사람들이 전부 외래 내지는

한漢 장사꾼이라고 보기는 힘들고요, 어쨌든 그러한 세력과 더불어 가평 대성리로 대표되는 세력이 존재했던 것으로 이해하고 있습니다.

노중국 : 그러면 이제 매듭을 지어야겠는데 … 꼭 얘기할 것이 있으면 …

주보돈 : 방금 비류 이야기를 한 권오영 선생님의 그 부분이 저와 통하는 게 있습니다. 최근에 사망한 영국의 막시스트 에릭 홉스봄(Eric Hobsbawm)이 쓴 『만들어진 전통(The Invention of Tradition)』[5] 이라는 책에 따르면, 50년 100년 전에도 마치 천년 전의 일인 것처럼 영국의 왕실의식이나 이런 것들이 끊임없이 만들어진다고 해요. 제가 이런 말씀을 드리는 것은 사료가 드물다고 백제사 전공자들이 있는 그대로 사료에 대한 기본 검증과 비판을 하지 않고 그걸 사실로 받아들인 뒤에 하는 것보다도 조금 더 기초적인 검토들이 필요하다고 봅니다.

그런 측면에서 비류백제, 비류라고 하는 것도 만들어진 것일 수 있다는 거죠. 고구려본기와 백제본기, 초기 부분을 비교해 보면 고구려본기를 통해서 만들어졌을 가능성들이 많이 있어서, 저는 비류이어도 좋고 아니어도 제가 그 말씀드리는 게 아니고 사료에 대한 기본적인 검토를 거쳐서 사실이 아닌 걸 사실이라고 픽션을 가

5 Eric J. Hobsbawm, 1992, The Invention of Tradition, Cambridge Univ. Press ; 에릭 홉스봄·사라 모건 저, 박지향 역, 2004, 『만들어진 전통』, 휴머니스트.

지고 역사적 사실을 만드는, 오히려 왜곡되고 날조된 것을 우리가 조장할 수 있다는 그런 측면을 경계해서 어떤 것이 옳다 그런 이야기가 아닙니다, 그래서 그런 시각에서도 볼 수 있다, 그런 말씀을 드립니다.

노중국 : 여러 가지 많은 얘기들이 나와서 좀 정리해야 될 것 같습니다. 이야기 과정에서 권오영 선생님과 주 선생님은 시조 온조는 후대에 만들어졌을 가능성도 배제할 필요는 없다는 얘기까지 했습니다. 후대에 만들어졌든 본래대로였든지 간에 최종적으로 정리된 것은 백제의 시조는 『삼국사기』에서는 온조를 제일 앞세우고 있습니다. 그 다음에 비류다, 또는 구태가 시조라는 기사들이 나오고 있습니다.

구태에 대해서는 의견 차이가 있는 것 같습니다. 구태에 관한 이야기가 실린 최초의 기록은 『수서』인데, 이 기사는 대방군과 연관되어 나옵니다. 대방군이 만들어진 시기가 2세기 말인가 이때쯤 되니까 상대적으로 시기가 조금 늦습니다. 이런 시점에서 보면 구태는 중시조 또는 국가체제의 토대를 놓은 왕, 이런 정도로 정리가 가능할 수 있지 않을까 합니다.

이와 관련해서 참고로 말씀드릴 수 있는, 좀 고려해 볼 필요가 있는 것이 있는데요. 『일본서기』에 보면 성왕이 관산성管山城 전투에서 패전해서 돌아가시고 그 다음에 아들 위덕왕威德王이 왕이 될 때 동생 혜惠를 일본에 보냈습니다. 그때 일본쪽에서 하는 얘기가 건방지신建方之神의 사당을 허물어버렸기 때문에 이런 화禍를 초래했다고 했습니다. 이 화라는 것은 관산성 전투에서의 패전을 이야기하는 것입니다. 따라서 건방지신, 즉 나라를 세운 신이 누구이며 이 신의 사당을 해체했다면 왜 해체했으며, 또 그것을 대신하는 사당은 무엇인가 하는 점을 염두에 둘 필요가 있다는 것입니다. 해체된 사당의 신은 건방지신의 지위를 잃게 되고 새로 만든 사당의 신이 새로운 건방지신으로 되기 때문입니다. 이것을 시간적으로 보면 『주서』나 『수서』에 나오는 시조 구태묘는 새로 만든 건방지신 사당과 연계시켜서 생각해 볼 수 있지 않을까 하여 말씀드리는 겁니다.

이제 다음 주제로 넘어가도록 하겠습니다. 약 1시간 정도 지났는데요. 시조문제에 대해서 얘기했을 때 이 시조가 어느 계통이냐 하는 출자문제로 따져봐야겠습니다. 앞서 발표에서 문헌하신 분들쪽에서 나온 게 부여, 고구려계 합쳐서 부여 · 고구려계 아니면 부여계, 또는 범부여계 이런 견해가 나왔습니다. 그 다음에 고고학쪽에서는 명시적으로 얘기하지는 않았지만 적석총積石塚과 연계시키면서 고구려와 긴밀히 연계를 짓는 얘기들이 나왔습니다. 그래서 백제를 건국한 집단의 출자에 대해서 정리해보도록 하겠습니다. 논의의 편의를 위해서 양기석 선생님은 출자를 어떻게? 간단하게만 …

양기석 : 저는 그 문헌쪽으로 보면 고고학과는 좀 다릅니다만, 일단 부여 · 고구려계. 어느 쪽으로 분명히 내세우기가 좀 어렵다고 생각합니다.

혈연과 출자

노중국 : 그러면 여기서 하나 더 물어보겠습니다. 다른 선생님들도 생각을 좀 해주시고요. 출자라고 했을 때, 어디에서부터 나왔다고 했을 때 출자의 개념이 뭐냐는 겁니다. 혈통을 얘기하는 것이냐, 아니면 출발지를 얘기하는 것이냐, 지역을 얘기하는 것이냐 하는 점입니다. 따라서 토론자들은 출자의 개념에 대해 본인은 이렇게 생각한다고 대답을 분명히 해주기 바랍니다. 다시 양 선생님, 출자라 했을 때 어떻게 보시는지요?

양기석 : 궁극적으로는 먼저 있던 세력기반을 얘기할 테고, 그 세력기반은 역시 지배층이라는 것이 혈연을 중심으로 한 족단이기 때문에 그런 성격으로 봐야 되지 않을까 …

노중국 : 그럼 지역과 혈연을 같이 봐야 된다는 것이죠? 그렇게 봤을 때 …

양기석 : 중요한 것은 고구려계라고 보기도, 또 문헌학적으로 보면 부여계라고 일방적으로 얘기하기는 좀 문제가 많은 것 같습니다. 왜 그러냐면 이미 그 이주해 오기 바로 전에 그 상태가 고구려의 건국 초기였고, 또 그쪽이 부여와 깊은 관련을 갖고 있기 때문에 과연 고구려 집단들도 그 당시 고구려계라는 정체성을 갖고 있었을까 하는 의문이 듭니다. 오히려 그쪽에서는 편의적으로 부여쪽에 가까우면 부여쪽을 강조할 수도 있고, 신생 고구려쪽으로 좀 연결되어 있으

면 또 그 쪽을 강조할 수 있고. 그런 애매모호한 그런 시기의 이주민들이 내려온 것이기 때문에 일단은 양성적인 것으로 보면 어떨까 합니다.

물론 4세기 후반 정치적으로 고구려와 대결한 이후에는 백제 왕실이 정치적으로 부여계 계승관계를 분명히 이야기하죠. 그건 그렇지만, 또 신라가 한강유역을 뺏고 삼국통일기 이후 또 멸망기에 가면 오히려 또 같이 통합적인 그 동명쪽을 강조하는 것이 부여융묘지명扶餘隆墓誌銘이라든가 다른 여러 기록에도 나오는 것 같습니다. 그것도 시기적으로 좀 인식이 좀 달라지는 게 아니냐, 원래는 고구려계, 부여계라고 처음부터 명확히 구별이 잘 안 되었을 것이라는 생각을 갖고 있습니다.

노중국 : 양 선생님은 부여, 고구려 양자를 다 포괄한 그런 쪽으로 보시겠다는 얘기입니다. 그리고 출자라고 했을 때 혈통적인 것과 거기에 더하여 자기가 살고 있던 지역까지를 합쳐서 출자로 본다는 얘기네요. 다음에 부여계 쪽으로 조금 기울어진 김영심 선생님, 출자문제에 대해 한 말씀해 주시지요.

김영심 : 저는 출자 자체도 고민해 봤는데요. 주몽 같은 경우는 사실 출자, 어떤 혈연적인 계통으로 보면 북부여고요. 출생지는 동부여입니다. 출생지와 출자는 분명히 다른 것 같거든요. 그러니까 출자는 지역적인 차원까지를 포함한 것은 아니고, 혈연적으로 연결되는 부분을 출자라고 생각합니다.

그리고 출자 이야기 계속해도 되나요? 제가 여기에 부여계쪽을 강조한 것은 사실은 『삼국사기』 온조설화에서 이 부분을 좀 같이 고민하고 싶어서였습니다. 온조설화의 기록에 대해서는 후대에 만들어진 것으로 그 가치를 별로 인정하지 않는 분위기의 말씀들이 있고 그러셨는데요. 저는 백제의 건국설화는 고구려쪽과는 꽤 다르다고 생각합니다. 굉장히 건조하게 기술된 이 설화에서 몇 가지 윤색을 뺀다고 하더라도 여기에 기본줄기 자체는 2개의 세력집단이 있는 건 분명한 것 같고요.

그 다음에 온조설화에서 주몽이 백제가 형성되는 데 얼마나 기능한 걸로 나오는가? 우리가 적어도 출자를 이야기하고 계통을 이야기하려면, 이 백제라는 나라의 정체성을 갖추는 데 주몽이 세운 고구려가 일정 정도 영향을 미쳐야 한다고 생각하거든요. 이 건국설화만으로 본다면 단지 아버지로 표현된 것, 그것 말고는 우리가 별로 찾을 게 없는 것 같아요. 그리고 그 시차가 별로 나지 않는다는 거죠. 그래서 결국에는 출자로 볼 때는 부여계쪽에 더 가깝게 볼 수밖에 없지 않은가 하는 생각이 들었습니다.

노중국 : 네. 또 얘기하실 분 있으면 …

낙랑계 유물의 분포

최병현 : 고고학쪽 이야기로 좀 넘어가지요. 사실 이게 지금 출자, 혈통이냐 출발지냐는 질문을 했었는데요. 건국세력이 누구냐 이런 얘기로

가야 되겠지요. 이와 관련해서 우리 고고학쪽에서 항상 주목하는 것은 서울 강남지역에 있는 무덤, 고분을 가지고 주로 얘기를 해왔고, 아마 그 부분에서 박순발 교수와 임영진 교수가 지금 편년문제와 건국세력의 문제를 굉장히 다르게 평가하고 있어서 이 부분에 대한 격렬한 토론이 차차 이루어질 것으로 봅니다.

그런데 실제로 지금 서울 강남지역에 있는 무덤은 빨리 봐도 서기 2세기 후반 이후 것밖에는 없습니다. 그 이전 것은 없어요. 그러다 보니까 방금 전 박순발 교수께서 기원전 1세기경에 한강유역에 한 세력, 영종도를 포함한 인천지역에 한 세력, 이렇게 두 세력을 인정할 수 있다고 얘기하셨는데, 거기에 거론한 유적이 아마도 한강유역에서는 가평 대성리 유적일 것 같습니다. 대성리라고 보셨죠?

대성리를 크게 갈라 보면 2단계 유적이 있는 것으로 밝혀졌어요. 많이 입증되어 있는 것은 소위 呂·凸자형 주거지가 나오는 유적입니다. 취락인데, 대체로 빨리 봐도 2세기 후반 이후 아니면 3세기 이후로 편년되고 있고, 그보다 훨씬 앞서서 기원전 2세기 내지 1세기쯤에 해당된다고 보는 수혈유구들이 나온 게 있습니다. 거기서 나온 유물은 서북한지방에서 나오는 것과 같은 화분형花盆形 토기, 전국계 회도灰陶 이어서 정인성 교수가 기원전 2세기경의 위만조선계衛滿朝鮮系 유물로 판단하고 있는 것을 지칭하고 있는 것 같습니다.

인천 영종도 지역에서는 영종도 운중동에서 수혈유구가 나온 게 있는데, 저를 비롯하여 이 수혈유구에서 나온 토기를 처음에는 낙랑계 토기라고 봤습니다. 그런데 최근에 정인성 교수는 그것은 낙랑, 서북한지방의 낙랑토기가 아니라 다른 곳, 아마도 짐작컨대 요동遼東쪽을 가리키는 것으로 판단되는데요, 요동쪽 비낙랑非樂浪 한군현漢郡縣쪽에 있던 사람들이 해로를 통해서 왕래하면서 만든 것이 아닌가 이렇게 판단했습니다.

그런데 이것을 과연 2개의 정치세력으로 대비시켜서 얘기할 수 있을까? 아마도 앞으로 화분형 토기, 즉 위만조선까지 올려볼 수 있는 그런 화분형 토기나 회도의 출토예는 계속 늘어날 겁니다. 여기 말고도, 유적 이름이 생각나지 않습니다만, 경기도 광주의 취락유적에서도 화분형 토기가 나온 예가 있지요. 자, 이렇게 다른 유물들이 나오는 유적들은 앞으로 계속 늘어날텐데, 그걸 어떻게 2개의 정치세력으로 대비시킬 수 있는지, 또 그걸 어떻게 백제의 건국집단과 관련지을 수 있을까, 나는 좀 회의적이거든요. 뒤에 이어갈 토론을 위해서 그 부분에 대해 박 선생님이 성격을 분명히 해주시면 좋겠다는 생각이 듭니다.

노중국 : 짧게, 분명하게 …

박순발 : 잘 모르겠습니다. 사실 제가 아까 비류냐 온조냐 하는 문제, 이름 자체에 연연하지 말고 최소한 어느 단계에 이르면 2개 정도가 부각되었을 것이다 그렇게 말씀드렸는데, 그 시기가 기원전 18년이라는 것도 그 당시 말하자면 『삼국사기』 편찬자가 최종적으로 내린 결론이지만 그렇다고 해서 그 시점 이전에는 사람이 없었느냐

면 그렇지는 않다는 겁니다. 다만 여기서 핵심되는 문제가 두 가지인데요.

첫 번째는 운북동이라든지 파주라든지 이런 곳에 나오는 백색토기 혹은 전한 오수전五銖錢이 나오는 곳이 과연 비낙랑 한漢계라는 말은 타당한가? 오수전으로 보면 그 시기는 기원전 50, 60년 정도일 겁니다. 그런데 그 당시 낙랑이 시퍼렇게 살아 있는데 남부도위南部都尉, 동부도위東部都尉도 만들어지는 단계에, 물론 낙랑 남쪽에도 임둔臨屯이 있었죠. 그런데도 불구하고 그와 관계없이 요동이라든지 산동山東에서 와서 낙랑과 무관하게 장사할 수 있느냐? 저는 그렇게 생각하지 않습니다. 다만 특히 정인성 교수는 산동쪽에 관련시켜요. 그 백색토기의 산지는 산동지역으로 대체로 밝혀졌지만 그렇다고 해서 그렇게 보기는 그렇다는 거죠. 그 문제는 그렇고요.

두 번째는요. 그 단계의 유적이 발견됐다고 해서 세력화됐다고 보지는 않지만, 말하자면 분명히 낙랑의 영향을 받아서 도착한 이런 사람들이 여기저기에 분포하기 시작했다는 점입니다. 그래서 저는 온조로 지칭되는 세력도 그 무렵에 한강유역에 들어왔을 가능성 정도로 생각하고 있습니다.

최병현 : 제가 묻는 의도를 간파했는지 모르겠는데요. 아마 이때 다시 건국자 문제가 나올 겁니다. 박순발 선생이 이번 논문에서는 언제에다 초점을 두고 있어서 건국자 문제는 얘기를 안했는데, 박순발 선생님의 원래 주장은 토광묘土壙墓, 현재 조사되어 있는 것은 기원후 2세기 후반 이후일 것이지만, 아마도 기원전 1세기쯤에 부여계 토광묘

가 도달했고, 그것이 박순발 선생님의 목관봉토분木棺封土墳이라고 하는 그 무덤으로 발전하고, 그 세력이 결국 백제를 세웠다고 보는 것이거든요. 그러니까 지금 아마 그 세력집단의 등장을 기원전 2세기까지 올리려는 의도가 아닌가 그걸 제가 묻고 있는 겁니다.

석촌동의 분구묘들

임영진 : 아까 최병현 선생님께서 20년 전의 말씀을 하시면서 박순발 교수님과 저의 논쟁을 중재도 하고 붙이기도 하셨다는데, 이제는 상황이 좀 바뀐 것 같습니다. 최병현 선생님과 박순발 선생님의 논쟁에 제가 끼어들게 됐습니다. 정작 지금 우리가 논의하고 있는 것은 서울 송파지구를 기반으로 한 백제의 건국 시기와 세력 문제인데, 엉뚱하게 이 지역을 비켜서 인천과 가평 자료를 가지고 논의가 이루어지고 있는 것 같습니다.

고고학 자료들은 계속해서 새로운 자료들이 나오기 때문에 끊임없이 보완해 나가야겠지만, 지금 현재 인천이든 가평이든 마한 단계의 54개 소국을 감안해 보면 충분히 나름대로 독자성을 띠는, 아직은 국가로 발전하지 못했지만 소국 상태의 세력들은 분명히 있었을 겁니다. 문제는 지금 핵심이 되고 있는 서울 송파구 일대에 어느 시기부터 아직은 백제는 아니지만 백제의 기반이 되었다고 생각할 수 있는 토착세력, 본 선주세력이 있었는가 하는 문제로 다시 돌아가야 할 것 같습니다.

그 문제에 있어서는 아까 최병현 선생님께서 2세기 후반 이전으로 올라가는 자료는 지금 현재 시점에서는 나타난 게 없지 않느냐고 하셨는데, 그 점에 있어서는 고고학 자료들의 수준이 그러하니까, 현실이 그러하니까 인정해야겠지요. 다만 그 세력의 규모라든가 계통을 따지고 봤을 때, 먼저 규모문제에 있어서는 오전에 조가영 선생께서 복원한 고분 분포도를 보여드렸지만 석촌동과 가락동 일대에 293기에 달하는 대단한 고분군이 형성되어 있었습니다. 계통적으로 어떤 집단들이 묻혔는지 확인할 방법은 없지만 남아 있는 자료로 봤을 때는 저는 세 계통으로 구분된다고 봅니다. 서북한 고조선계 유민들의 토광묘, 범마한권凡馬韓圈으로 이어질 수 있는 분구묘墳丘墓, 그리고 고구려식 적석총, 이 가운데 적석총 등장 이전에 상당한 세력을 형성했을 것으로 보는 게 분구묘 세력입니다.

분구묘는 장법葬法 자체가 기존의 봉토묘封土墓와는 대단히 다른 것입니다. 지금 우리가 주변에서 무덤을 만드는 걸 보면 당연히 양지바른 곳에 토광을 파고 거기에 목관에 안치한 시신을 넣고 봉토로 밀봉한 것인데, 이것은 역사적으로 철기 도입시기부터 나타난 것입니다. 그 후 어느 시점부턴가 마한권을 중심으로 지면 위에 분구를 쌓고 그 분구 안에 사람을 묻을 때 1인이 아닌 추가장追加葬에 의한 가족장家族葬, 다장多葬이 이루어지는 그런 전통이 나오고 있거든요.

그런데 서울 석촌동 일대의 분구묘들이 바로 그런 특징을 가지고 있습니다. 이것은 한강을 통해서 박순발 선생님이 예로 든 인천이라든가 김포, 그리고 더 내려가서 아산만 일대로 이어지는 마한계 묘제로 보입니다. 이건 여러 가지 상황으로 봤을 때 해상활동과 관련된 사람들의 무덤으로 볼 수 있겠는데, 적석총을 쓰는 사람들이 내려오기 전에 분구묘를 쓰는 사람들이 상당한 세력을 형성하고 있었고 마한 소국의 하나였다고 볼 수 있겠다는 거죠.

이것을 문헌사 연구성과로 비교한다면 백제국伯濟國과 관련되었을 가능성이 높고, 온조와 비류로 대비되는 백제 건국과 관련된 두 주인공을 인정한다면, 적석총은 고구려계, 온조계, 그리고 분구묘는 비류계로 구분해도 되지 않겠는가? 실제적인 형제관계라기보다는 서로 다른 집단으로서 시간적인 선후관계를 가졌을 가능성이 상정될 수 있다고 봅니다.

노중국 : 임 선생님, 분구묘에 대해 범마한계 무덤이라는 표현을 썼는데, 그러면 그냥 분구묘는 한계韓系라고 얘기할 수가 있는지요? 마한계다 …

최병현 : 사회자님, 죄송한데 지금 분구묘 문제로 바로 넘어가지 말고 조금 뒤로 가면 좋겠어요. 제가 고고학쪽의 얘기 순서를 좀 살펴보니까. 첫 번째는 발표한 세 분이 대체로 기원전 1세기 또는 기원 전후를 둘러싸고 '힘의 공백지대' 이런 표현들을 다 쓰고 있는데, 이것이 뭔지 먼저 한번 살펴봐야 될 것 같습니다. 그 다음에 기원전 1세기부터 기원후 2세기까지의 소위 중도유형문화中島類型文化, 예계문화濊系文化 또는 중도문화中島文化의 실체가 뭔지 이 부분을 먼저 논의하고, 그 다음에 강남고분에 들어가서 후반부에 분구묘, 적석총, 고고학쪽은 그런 순서로 논의가 진행돼야 순서가 잡힐 것 같단 얘기

입니다.

노중국 : 무슨 말씀인지 알겠습니다. 그런데 최 선생님이 얘기하신 부분은 두 번째 가서 본격적으로 논의하게 될 겁니다. 여기서 제가 분구묘를 물어본 것은 출자 계통을 이야기할 때 적석총은 고구려계로 얘기했단 말이에요, 분구묘는 범마한계라고 하였는데, 그러면 이를 좁히면 분구묘는 한계韓系 무덤이다, 이런 식으로 계통을 얘기할 수 있을지 한번 물어본 겁니다. 예스냐 노냐 이 정도로 …

마한의 무덤

임영진 : 서울 송파구 일대의 분구묘는 진 · 변한의 무덤과는 다르기 때문에 일괄해서 한계라고 하기는 어렵습니다. 범마한계, 마한계도 무방합니다만 그 기원 문제에 들어가면 최병현 선생님이 지적하셨다시피 복잡해지죠.

노중국 : 그건 뒤에 가서 얘기하도록 하겠습니다. 백제 건국 주체집단의 출자와 관련해서는 사실 어느 면에서는 문헌을 무시할 수는 없습니다. 문헌대로 보면 부여계든지 아니면 부여 · 고구려계든지 이런 형태로 지금 얘기가 나왔는데요. 김영심 선생님 얘기에서는 현재 갖고 있는 자료들을 엄밀하게 보면 고구려계로 보기는 좀 어렵지 않느냐, 부여계쪽으로 보는 것이 훨씬 타당성이 있지 않으냐고 했습니다. 거기에 대해서 양 선생님의 입장을 한번 더 듣고 고고학쪽

연구자들에게 질문을 드리도록 하겠습니다. 시조의 출자를 현재의 자료에 의하면 고구려계로 보는 것은 너무 약하지 않느냐는 얘기인데, 이 견해에 대해 양 선생님은 어떻게 보시는지 …

양기석 : 맞죠. 고구려 고고학은 잘 모릅니다만 고구려 유적이라는 게 빨라야 3세기이기 때문에 문헌으로 보면 맞지 않죠. 그러나 여러 가지 문헌기록을 보면 고구려계도 있다, 다만 부여계도 있다고 입증할 수 있는 자료는 앞으로 …

노중국 : 다음에 정리해 봐야 할 것은 부여계, 고구려계라고 했을 때 물질 자료와 어느 정도 연계성을 가지고 있느냐, 즉, 백제를 건국한 집단들이 부여계라고 하면 이들이 남겨놓은 물질 자료들이 부여와 어느 정도 연계성을 갖고 있느냐, 고구려계라고 하면 고구려와 어느 정도 연계성을 갖고 있느냐, 만약에 연계성이 잘 보이지 않는다면 이것을 어떻게 해석해야 할 것이냐 하는 것이 문제가 될 것 같습니다.

대개 고구려에서 기원했다고 했을 경우에 많이 내걸었던 물질적 자료가 적석총이었습니다. 그러나 시간적으로 아귀가 맞아 들어가지 않는다는 것이 문제였습니다. 만약에 적석총의 조성 시기에 시간을 맞춘다면 건국시기를 훨씬 더 늦춰봐야 된다, 이런 얘기들이 나오게 됩니다. 그러다 보니까 고고학쪽에서 발굴하거나 연구하신 분들은 백제의 건국을 3세기 중후반 정도로 발표하셨고, 문헌하시는 쪽은 굳이 기원전 18년이 아니더라도 기원 전후한 시기로는 올려봐야 된다고 하는 견해가 나오게 됐습니다. 이러한 문제점은 물질적인 연계성과 문헌에 보이는 기록이 아귀가 잘 맞지 않기 때문에 나오게 된 것입니다. 현재 상황은 이렇습니다. 그럼 이걸 어떻게 정리해야 하냐? 이에 대해 토론자들의 견해를 듣도록 하겠습니다. 누가 먼저 말을 꺼내줄래요? 권오영 선생님 한번 먼저 얘기하시죠.

권오영 : 오늘 보니까 제 의견이 계속 소수 의견일 것 같아요. 그래서 어차피 각오한 게 누군가는 좀 다른 쪽에서 좀 극단적인 얘기를 해줘야겠다 싶어서 저는 오늘은 마이너리티리포트로 완전히 가겠습니다. 저는 부여계, 고구려계로 좁히는 것에 반대했는데 아까 사회자님이 제 의견을 묵살하셨는데요. 부여계, 고구려계가 있다 하더라도 설령 북방계가 있다 하더라도 그렇게 많지 않았을 거라고 생각하고, 이 지역에서 청동기시대 이후에 성장한 사람들이 오히려 주체라고 생각합니다.

그랬을 때 고구려계는 좀 끼워줄 여지가 있지만 부여계는 끼워줄 여지가 없다고 생각합니다. 우리가 흔히 부여의 유수노하심楡樹老河深을 예로 들어가면서 부여에 토광묘가 있으니까 이쪽 지역의 토광묘로 이해할 수도 있겠지만, 토광묘라는 것은 사실은 가장 보편적이고 지금도 우리가 쓰는 무덤이 토광목관묘이기 때문에 그걸 갖고 말할 수는 없겠죠. 그 다음에 김포 운양동에서 나오는 조금 이상하게 생긴 이식들 같은 것이 있는데요. 부여지역만이 아니라 낙랑쪽도 있기 때문에 그걸 갖고 부여계라고 할 수도 없습니다.

저는 국가 형성에 있어서 지나치게 외래에서 오는 사람들을 강조하는 것은 좀 반대입니다. 가야국가의 형성은 김해, 고령 사람들이 중심이 된 거고요. 신라의 경우야 조금 예외로 들 수 있겠다 싶은 게 '조선유민朝鮮遺民이 산골짜기 사이에 나누어 살며 6촌六村을 이루었다'는 그런 기사,[6] 그것이 실제로 경주를 비롯한 영남지방에서 위만조선계 문화가 나오니까 그런 경우에는 인정할 수 있겠지만, 백제의 경우는 부여를 여기서 끌어들이는 것은 물질문화적으로는 근거가 없다, 다만 이것이 후대인들에게서 계속했던 이야기지만 부여, 범부여적인 어떤 의식의 고양, 이런 속에서 만들어지는 것이지, 저는 결론적으로 이 지역사람들이 만들었다 싶고요.

그 다음에 아까 잠깐 얘기가 나왔지만, 사회자 선생님이 조금 오해하신 게 박순발 선생님의 가평과 파주와 인천 이야기는 온조와 비류로 치환될 문제가 아닙니다. 그것은 『삼국지』를 중심으로 보느냐, 『삼국사기』를 중심으로 보느냐의 입장 차이가 있듯이 저는 물론 『삼국지』를 중심으로 보겠습니다. 그랬을 때 중국사람들이 낙랑과 대방에 가까운 여러 국들, '북방의 근군제국近郡諸國, 그들은 조금 예속을 알고 저 멀리 남쪽에 있는 애들은 무지막지하다'[7] 이런 표현들을 썼는데, 바로 기원전 1세기부터 시작해서 경기도 북부지역에서 조금 낙랑계적인 요소 아니면 선진적인 요소가 보이는 이런 것들은 이게 온조다 비류다가 아니라 『삼국지』에 보이는 그 북방의 군에 가까운 여러 국들을 이렇게 보는 것이기 때문에, 저는 아직 이 문제는 부여계, 고구려계보다는 계속 강조하지만 이 지역

6 朝鮮遺民 分居山谷之間爲六村(『삼국사기』 권1 신라본기 혁거세거서간 즉위년조)
7 其北方近郡諸國差曉禮俗 其遠處直如囚徒奴婢相聚(『삼국지』 권30 위서 동이전 한)

에서의 집단의 성장을 볼 필요가 있다고 생각하고요.

마지막으로 임영진 선생님 말씀에 대해서 저는 일부는 동의하고 일부는 반대합니다. 즉 분구묘가 마한계라고 하는 데에는 동의합니다. 하지만 마한의 분묘가 다 분구묘가 아닌 것이 청주, 천안지역 같은 경우는 주구토광묘周溝土壙墓도 있기 때문에 분구묘라고 하는 것이 마한의 분묘 중의 일부다, 이런 정도면 저는 동의하겠습니다.

중도유형 문화와 분구묘

최병현 : 네. 노 선생님 제가 말하겠습니다. 아까 제가 두 가지 주제를 말씀드렸는데 안하시네요. 한강유역의 '힘의 공백지대', 이 말을 처음 쓴 것은 이남규 선생인데, 이 '힘의 공백지대'라는 말을 한 것은 기원전 1세기에서 기원후 2세기까지의 유적이 발견되지 않았을 때거든요. 무덤이 발견되지 않고, 주거지도 안 나오고, 지금은 주거지가 조금, 아까 박순발 선생님이 얘기한 그런 흔적들이 나오기 시작했지만요. 특히나 무덤이 없고 고분군이 형성되지 않는다는 것은 정치세력이 형성되지 않은 것으로 해석했기 때문인데요, 사실은 기원전 1세기에서 기원후 2세기까지는 한강 하류지역만 유적이 없는 것이 아니고 중서남부 지방에도 다 없습니다. 그러면 여기가 전부 다 '힘의 공백지대'가 되는 것이거든요. 그래서 이 '힘의 공백지대'라는 말이 너무 과장되고 너무 특정 사실에 끼워 맞추기식으로 해석된 것이 아닌가 해서 드린 말씀이고.

중도유형문화에 대해서는 박순발 교수께서 25~30년 전에 몸자형 주거지, 중도식中島式 무문토기, 임진강, 한강 중상류에서 나오는 적석총, 요즘에는 이것을 적석분구묘積石墳丘墓라고 합니다만, 이런 것들이 나오는 지역, 그 당시만 해도 지리적으로 한정돼서 해당 유적이 나와서 이걸 중도유형문화로 설정하고 그것을 한성백제의 기층문화, 그리고 종족적으로는 예계문화로 해석하였어요.[8] 그런데 사실 저는 그때나 지금이나 이 문제에 대해서 계속 시비를 걸고 있습니다. 주거지와 무덤의 분포가 일치하지 않고, 특히 동해안지방에는 무덤이 아예 존재하지도 않아요. 중도식 무문토기라는 것도 임진강 한강유역에만 나오는 것이 아니라 저 요동지방에서부터 한반도 전역에서 나와요. 중도식무문토기를 임영진 선생님은 동북계라고 해석하는데, 저는 동북계와 서북계가 결합됐다고 봅니다만, 이 토기의 분포는 전국적인 현상이거든요.

중도유형을 처음 설정할 때는 중요 요소인 적석분구묘와 呂 · 凸자형 주거지가 나오는 지역이 겹치기 때문에 그렇게 문화권을 설정했는지는 모르겠는데, 이 3자를 가지고 문화권을 설정하는 것은 맞지 않고, 그 다음에 이것을 가지고 전체를 예계라고 설정하는 것도 문제가 있다고 지적해 왔습니다. 이 문제는 조금 더 토론이 진행되었으면 좋겠으면 저는 여기서 끝내겠습니다.

분구묘만 간단히 얘기할게요. 분구묘를 논문화해서 처음으로 정

8 박순발, 1996, 「한성백제 기층문화의 성격 : 중도유형문화의 역사적 성격을 중심으로」, 『백제연구』 26, 충남대학교 백제연구소.

리한 건 이성주 교수입니다.[9] 이성주 교수가 분구묘를 정리할 때는 어디서부터 했냐면 요동반도 남쪽에 있는 강상묘崗上墓와 누상묘樓上墓, 그 다음에 더 올라가서 고구려 적석총의 기원이 된다고 하는 간구자적석묘干溝子積石墓, 오도령구문적석묘五道嶺溝門積石墓, 그 다음에 고구려적석총, 그 다음에 임진강, 한강유역의 적석분구묘를 지적하고, 이들을 재료에 따라서 적석분구묘라고 했지요. 이것을 예맥계濊貊系 무덤으로 설명한 것이 기억납니다. 그 다음에 낙랑과 진 · 변한으로 이어지는 무덤들은 봉토묘인데, 그것은 오히려 중원지역과 연결시켜서 중원계中原系, 이렇게 대비시켰던 것으로 압니다. 지금은 저도 그렇게 대비시키려면 할 수 있다고 생각해요.

그런데 이게 남쪽으로 내려오면 박순발 교수가 목곽봉토묘라고 했던, 서울 강남의 즙석분구묘, 그 다음에 서해안쪽을 따라서 전라남도 영산강까지 분포되어 있는, 흙으로만 쌓은 성토분구묘가 있어요, 이렇게 지역에 따라 달라요.

그러니까 분구묘라는 개념의 무덤은 요동반도 남쪽에서부터 압록강 중류를 통해서 한강, 임진강, 서울 강남, 서해안, 영산강유역까지 펼쳐져 있고, 재료에 따라서 적석분구묘, 즙석분구묘, 성토분구묘 이렇게 갈라볼 수 있는 것입니다. 그래서 분구묘는 곧 마한계다, 또는 한계다, 범마한계다 이렇게 얘기하는 것은 좀 무리라고 생각됩니다. 이것이 분구묘라는 개념상으로는 상호 어떤 연관성을 갖지

9 이성주, 2000, 「분구묘의 인식」, 『한국상고사학보』 32.

만 재료가 달라서 이들 모두를 한 줄로 꿰기는 어렵다고 봅니다.

여기에 한 가지만 더 말씀드리면, 한강유역에 나타나는 즙석분구묘의 계통에 대해서 박순발 교수는 그 보다 먼저 쓰인 토광묘에서 발전했다고 봤고, 임영진 교수는 강남 토돈묘에서 찾고 있어요. 그리고 이 즙석분구묘 축조자들을 박순발 교수는 백제의 건국자 집단이라고 생각하고 있고, 임영진 교수는 그게 아니라 그 기단식 적석총으로 보고 있다는 말이죠. 이 문제가 상당히 중요한 이슈가 되지 않을까 생각합니다.

노중국 : 예. 공격을 좀 받았는데, 임영진 선생님.

임영진 : 분구묘 문제에 대해서만 간단하게 말씀드리겠습니다. 이성주 선생님이 2000년에 「분구묘의 인식」이라고 하는 대단히 주목할 만한 논문을 냈는데, 그 내용이 바로 최병현 선생님이 요약하신 내용입니다. 지면 아래에 매장하는 봉토묘와 달리 지면 위의 분구 안에 매장하는 무덤을 구분하고, 학술적인 용어로 정의했다는 점에서 학사적으로 중요한 논문이라고 생각합니다. 다만 그 계통을 논하는 데 있어서 모든 지상의 묘제를 고조선의 적석무덤에 연결시키고 그것이 북쪽으로는 고구려의 적석총, 남쪽으로는 마한의 분구묘로 연결된다고 보는 점에 대해서는 저는 동의하기가 어렵습니다. 기본적으로 지면 위에 매장한다는 점은 일치하지만 계통은 다르다고 봅니다.

내용에 있어서, 다장이 이루어지되 추가장에 의한 다장이 끊임

없이 이루어져서 가족장이 되고, 분포범위가 서해안을 따라서 해안지대에 주로 분포한다는 점이 중요합니다. 아까 권오영 선생님이 지적하셨지만 모든 마한권에서 분구묘가 일률적으로 조성되는 것은 아니죠. 기존의 토광묘가 천안지역, 청주지역 등지에서 성행한 가운데 새로운 묘제로서 파급되기 시작했고, 그 파급범위가 해안권에 주로 해당된다는 점에서 저는 해양성이 강하다고 생각하는 것입니다.

과거 중국 강남지역 토돈묘와 연결시키는 점에 대해서 공간적인 차이와 시간적인 차이때문에 무리라는 비난을 좀 받았습니다만, 최근에 중국 강남지역에서는 진 · 한대 토돈묘뿐만 아니라 육조대 토돈묘까지 조사되어 보고되고 있습니다. 시간적으로 굉장히 늦은 시기까지 축조되고 있었고, 공간적으로도 절강성과 강소성 남부에 국한되지 않고 산동반도 일대에서도 적지 않은 무덤들이 조사되고 있습니다. 그래서 저는 고구려계통의 분구묘와 마한계통의 분구묘는 기원을 달리하는 것으로 보고 있습니다.

노중국 : 임영진 선생님, 분구묘 같은 경우 범마한계 무덤이었는데 다시 서해안 일대, 즉 인천을 비롯해서 남쪽으로 내려가면서 그 지역에 두드러지게 보이는 마한계의 무덤, 이렇게 정리해도 되겠습니까?

임영진 : 제가 표현한 범마한은 모든 마한지역을 말한 것이 아니라 대부분의 마한지역이라는 의미입니다.

노중국 : 그 다음에 박 선생님, 혹시 본인 얘기에 더 보탤 것 있으면 간단하게 정리해 주시죠.

예계 문화의 고고학적 특징

박순발 : 사실 우리가 토론하면서 여기서 무슨 결론이 날 수 있는 것이 별로 없다고 늘 얘기합니다만, 사실이냐 아니냐의 문제와 그것을 어떻게 해석하느냐의 문제는 나눠야 한다고 생각합니다. 해석의 문제를 가지고 얘기하면 백날 가야 안 되는 거고, 다만 출자문제를 가지고 시작한 것 아니겠습니까? 집단의 출자인데요. 개인의 건국도 말하자면 문헌상의 이미지가 아니라 배경적, 고고학적 문화라고 할까요. 대개 이걸 종족성이라고 하지요. 이걸 예냐 마한이냐 하는데, 그것도 문헌이 없으면 알 수가 없습니다. 문헌이 있으니까 다행히 여기는 예다, 마한이다 이렇게 부르는 것인데. 그런 것이 반영되는 고고학 자료가 어떤 부분에 반영되는 것이냐 하는 것이죠.

크게 보면 선사시대도 마찬가지입니다. 주거지 형태가 유사하다든지, 아니면 음식문화가 유사하다든지, 아니면 분묘에 있어서 이전과 지속성이 있다든지, 분묘는 그게 반드시 똑같아야 된다는 것은 아니지만 몇몇을 들 수가 있습니다. 그런 의미에서 어떤 문화를 설정한다는 것도 그게 중도문화는 예계다 아니다, 그런 쪽의 연구를 하자고 한 것은 아니고, 고고학적으로 일정한 동질성을 보이는 것을 문화라고 하고 그보다 좀더 하위의 지역성을 보이면 유형이라고 하는 사례가 있지요.

그런 점에서 중도유형문화가 나중에 중도문화 이렇게 성립된 것인데, 그것이 한강유역에 있다는 것은 사실이란 말이죠. 그런데 그것들이 한강유역 당시 역사적인 것으로 볼 때 예라고 하는 실체도 나오고 백제와 예의 충돌지역과 오버랩되니까 그것을 예계라고 부르자는 것이었습니다. 그렇다고 해서 그것이 동예東濊의 예냐, 이건 좀 별개고요.

두 번째도 저와 관계되는 문제로서는 분구묘의 경우입니다. 분구묘가 마한 고유묘라는 인식은 그전부터 있었습니다. 최근에 아직 뉴스는 안 나왔는지 모르겠지만 청동기시대의 늦은 단계에 직경 25m의 분구묘가 나옵니다. 그러한 예는 청동기시대에 많이 나오니까 소위 말해서 분墳을 갖춘 것은 한반도 묘제의 특징이라고 할 수 있습니다. 무슨 얘기냐면 지상에 흔적을 나타내는 것이 분의 특징이거든요. 고인돌 역시 그런 점에서 다르지 않습니다.

그런 점을 우리가 주목한다면 선분구 후축매장주체부냐 아니냐와 같은 그런 기준으로 종족성을 판단하는 것은 개인적으로는 조금 어려운 것 아닌가 생각하고요. 그런 의미에서 역시 적석묘가 곧바로 고구려다, 특히 적석묘 중에서 옛날 권오영 선생님이 무기단식 적석총이라고 한 것과 연계하는 것에는 동의하기 어렵습니다. 새롭게 임영진 교수께서 오늘 다시 그 부분을 넣어서 고구려계라고 했는데, 그 부분 역시 저는 이따 기회가 있으면 토론해 봐야겠습니다만 저의 생각하고는 조금 다른 부분이고요. 그래서 결국 한강유역 문화의 출자문제를 따질 때 소위 Ethnicity를 고고학적으로 파악할 수 있느냐와 같은 근본적인 문제를 선결해야 할 것이고, 그걸 한다면 어떠한 자료, 근거를 가지고 하는 게 좋겠느냐, 이런 부분에 대한 합의가 좀 돼야 되지 않겠나 하는 생각입니다.

노중국 : 혹시 문헌하는 쪽에서 여기에 대해서 얘기할 수 있으면 조금 해주시기 바랍니다.

김영심 : 박순발 선생님께서 중도유형문화로 설정하신 것에 대해서 많은 사람들이 공감도 하고, 최근에 와서는 설정한 지역적인 범위 바깥에서도 그런 특징이 나타난다고 하는 이동희 선생님의 반론도 있고 그랬는데요. 저는 일단이 아니라, 아까 선생님께서 물질문화가 종족성을 반영한다고 말씀하셨던 부분과 관련된 의문입니다. 제게 고민이 됐던 게 무엇이었냐면 소위 중도유형문화, 예계 문화라고 말씀하셨는데, 선생님께서는 정확히 어떤 부분에 초점을 맞춰서 예계라고 하셨는지 그게 좀 궁금합니다. 왜냐면 우리가 부여, 고구려계의 종족적인 기원을 따지다 보면 그것도 역시 예라고 생각되기 때문입니다.

박순발 : 제가 딱 보고 이걸 예라고 하는 것은 아무것도 아니고요. 예를 들어서 말하면 한강유역의 중도유형문화라고 하는 것과 문헌에 나오는 예를 들면 옛날에 소위 위말갈僞靺鞨이라고 하지 않았습니까. 그것과 오버랩이 된다고 하는 뜻에서 말한 것이지 예맥의 예를 따져서 한 것은 아니에요.

김영심 : 그러니까 제가 말씀드리고 싶은 것은 과연 그런 물질문화를 종족적인 특성, 그걸로 바로 연결시킬 수 있는가 하는 점입니다. 적석총, 무기단식 적석총이 고구려계 요소냐는 논란이 있었지만, 고구려 자체는 종족의 명칭은 아니지요. 그래서 물질문화라는 것을 어떻게 바로 종족과 연결시킬 수가 있는가, 이것이 좀 고민됐습니다.

박순발 : 이 문제를 토론하면 길어지니까, 고구려, 그것이 종족성이든 동명이 됐든지 모르겠는데 부여라고 했다가 고구려라고 했다가 어쨌든 간에 실체는 인정하시지요. 입전立傳된 대로 보면 고구려, 부여 다 있지 않습니까? 그런데 고구려 것과 마한 것을 섞어놓으면 금방 구분됩니다. 금방 발견해요. '이건 고구려다'라고 할 수 있어요. 얼마든지 차이가 납니다. 그런 것까지도 못하면 고고학은 할 게 없지요. 다만 이름은 못 짓습니다. 유물에 명기된 경우가 아니라면 이름 그 자체를 알 수는 없지요.

노중국 : 그 다음에 주 선생님도 한번 …

주보돈 : 사실 고고학에서 DNA 검사를 해야 하는데, 앞으로 인골이 발견되어 DNA가 나오지 않으면 출자문제는 영원히 해결되지 않습니다. 문화라고 하는 것은 서로 주고받고 이동하는 성격의 것이기 때문에 그것을 가지고 출자를 결론내릴 수는 없고요. 저는 출자는 그게 사실인지 아닌지는 모르지만 백제인 자신들이 어떻게 생각했는가 하는 것에, 그 사람들이 피가 섞였는가, 안 섞였는가는 답을 내릴

수 없는 문제고, 그걸 좀 존중해야 한다는 의미에서 근초고왕 이후에 백제인들은 자기네 자신들은 부여에서 출자했다고 스스로 해석해 왔고요. 그 다음에 고구려계다라고 하는 것은 우리가 온조를 두고 고구려계다 또는 부여 · 고구려계, 고구려 · 부여계다 이렇게 표현하는 것은 오늘날의 해석일 따름이고요. 방금 논의된 것처럼 그럴 때 고고학 자료가 한강유역의 적석총입니다. 이것은 어떻게 해석하느냐, 이건 또 다른 해석의 문제거든요. 저는 여기에 대해서는 복안은, 제가 복안이라기보다 기왕과는 다른 해석이 가능하다고 보는 입장이니까 말씀을 좀 드리겠습니다.

노중국 : 1부를 마무리하려고 합니다. 혹시 한마디 더 하고 싶은 분 있으면 얘기해 주시고요. 출자문제를 비롯하여 …

최병현 : 박 선생님이 하도 강하게 얘기하셔서, 박 선생님 견해대로 하면 모든 물질문화가 다 종족성을 반영합니까?

박순발 : 제 말씀이 그렇게 들렸다면 양해의 말씀드리겠는데요. 물질문화는 제가 말씀드렸다시피 소위 양식성이라는 것이 있습니다. 그것에서는 그렇게 반영한다는 것이지 무슨 DNA 문제는 별도입니다. 인간 뭐 그런 것이 아니고.

최병현 : 양식이라는 말을 뒤에 붙여서 하세요.

노중국 : 백제를 건국한 집단의 출자 문제는 결국 건국 시기와 같이 연계되어서 이야기할 수 있을 것 같습니다. 그래서 1부 토론에서 미진한 부분은 2부에서 같이 다루도록 하겠습니다. 1부에서는 1차적으로 백제를 건국한 시조는 도대체 누구로 봐야 될 것이냐에 대해 지금까지 온조, 비류, 구태, 도모 이렇게 나왔습니다. 이에 따라 오늘 다양한 견해들이 개진되었습니다. 이런 다양한 시조 전승에 대해 백제가 처음부터 그러한 시조 전승을 자각하고 가지고 있었는지, 아니면 뒤에 다시 정리되었는지는 분명하지 않지만 그래도 온조를 시조로 봐야 한다는 견해가 좀 많이 나온 것 같습니다. 다음으로 이 집단이 어느 계통인가 하는 것은 문헌상에서만 따지면 부여계 또는 부여 · 고구려계 이렇게 되지만 이것이 물질 자료와 어떻게 연관되어서 입증될 수 있는가 하는 것은 논란을 계속해야 할 것 같습니다. 그것은 2부에서 하도록 하겠습니다. 지금 시작해서 딱 2시간이 지났습니다. 방청석에서 질문할 분들이 계시면 이 시간을 이용해서 질문지를 전달해 주세요. 15분 휴식 후 3시 50분에 다시 시작하도록 하겠습니다. 일단 1부는 이것으로 마치겠습니다.

Ⅱ. 백제, 언제 세웠나

우태와 비류

노중국 : 다시 진행하도록 하겠습니다. 이번엔 좀더 치열한 논쟁이 될 수 있도록 할까 생각합니다. 말씀하신 분들도 처음에 말씀드린대로 자신의 생각을 분명히 밝히고서 이야기해 주기 바랍니다. 2부에 들어가기 전에 1부 때 한 토론에 대해서 질문하실 분이 몇 분이 있는 것 같습니다. 그래서 질문지에 들어온 것을 먼저하고 그 다음에 방청석에 다시 물어보도록 하겠습니다.

첫 번째 쪽지 질문인데, 한성백제박물관 전시해설사인 김경숙 선생님은 건국 시조 출자에 대한 의견이 토론 과정을 지켜보면서 어느 정도 정리되었다고 합니다. 그 다음에 두 번째로 서울여대 사학과에 있는 손태옥씨의 질문입니다. 손태옥씨, 어디 있습니까? 제가 대신 질문지를 읽겠습니다. "『삼국사기』 기록에 보면 우태와 소서노 사이에 비류와 온조가 있고, 우태는 부여왕 해부루의 후손으로 되어 있습니다. 이 기록에 의하면 온조는 부여계이고, 또 비류왕이 시조로 나와 있는데, 이것은 어떻게 생각하십니까? 그리고 구태 말고 우태와 소서노는 시조로서 주목받지 않나요?" 이렇게 되어 있습니다.

질문에 대한 대답을 듣기 전에 몇 가지 정리해 두겠습니다. 질문 가운데 부여왕은 북부여왕이고 해부루의 후손은 해부루의 서손입니다. 우태는 방금 질문하신대로 소서노와 결혼하여 비류와 온조를 낳았습니다. 그래서 비류와 온조의 아버지로 나옵니다. 그러나 나라를 세웠다는 이야기는 현재로선 없습니다. 그 다음에 "소서노는 시조로서 주목받지 않나요?" 라고 했는데 소서노는 현재로서는 왕의 어머니로서만 나오지 건국시조로는 나오지 않습니다. 그런데 "비류왕이 시조로 나와 있는 점에 대해서는 어떻게 생각하십니까?" 라고 했습니다. 시조 비류문제를 어떻게 다룰 것인지에 대해서는 1부에서 잠깐 언급했습니다만, 아마 잘 정리되지 않은 것 같습니다. 이는 문헌과 관련된 것이기 때문에 여기에 대해서 어느 분이 대답해 주시면 좋겠습니다.

김영심 : 우태를 왜 시조로 모시지 않았느냐 하는 말씀인 것 같은데요. 그런데 뒤에 제가 제시했던 『삼국사기』 제사지에 보면 해동고기를 인용해서 '혹은 시조를 동명이라 했고 혹은 우태라고 했다'고 나오거든요. 아까 신형식 선생님께서도 우리가 통상 4가지로 보는데 우태까지 포함해서 5가지로 보셨던 것 같습니다. 그런데 이제 노중국

선생님께서 말씀하셨듯이 이 우태라는 존재는 사실 여기에 해부루의 서손으로 나왔기 때문에 북부여 자체에서도 왕위에 오른 것인지 그런 것이 나와 있지 않지요. 그래서 백제에서 우태 자체는 『삼국사기』 제사지에는 하나 나오기는 했는데, 비류설화에 근거해서 다른 사람들과 똑같이 건국시조로 보기는 좀 힘들었던 것이 아닌가 생각합니다.

노중국 : 비류까지 이야기하죠. 비류 시조도 나와 있는데 이것은 어떻게 생각하십니까?

김영심 : 저는 세주에 쓰인 것에는 비류로 나와 있지만, 온조설화가 사실은 당시 사람들한테 더 받아들여졌기 때문에 본문으로 쓰였던 것이라고 생각합니다. 그래서 이 온조설화에 사실 비류는 나라를 세우려고는 했지만 실패한 것으로 나오죠. 이 설화를 어떻게 해석하느냐 하는 문제인데, 일단 이 기록에 근거해 보면 비류는 온조에 비해서 상대적으로 성공하지 못한 것으로 되어 있기 때문에 온조가 시조로 강조된 것 같습니다.

노중국 : 이 질문에 대해서 혹시 또 보탤 분이 있으면 말씀하시죠.

양기석 : 지금 김 선생님이 말씀해 주셨습니다만 '우태가 해부루의 서손이다' 이런 말은 그 사료에 서손이나 둘째 아들, 셋째 아들로 명기되어 있는 것은 김기섭 선생님이 『백제와 근초고왕』에서 매우 강조

하셨지만, 그것이 정상적인 부자관계가 아닌데 어떤 계보상으로 연결시킬 때 잘 쓰는 하나의 문투입니다. 그래서 우태는 북부여의 왕은 아닌 것 같고, 지배세력은 지배세력인데 왕은 아닌 것 같고, 비류는 물론 온조집단에 의해 통합됐지만 제가 초반에도 말씀드린 대로 결국은 그 뒤에 백제지배층으로 흡수된 이후에 정치적 입지를 잘 다져갔고, 적어도 온조계와 오랫동안-오랫동안이라는 말은 제가 확인해보지 않았습니다만- 한동안 경쟁관계를 가졌기 때문에 백제사에서 백제 왕실에서는 하나의 시조급으로 인식하는 데서 나온 것이 아닌가 그런 생각을 했습니다.

그리고 아까도 백제의 출자문제를 이야기하면서 사실 고구려계냐 아니면 부여계냐 범부여계냐 여러 가지를 말씀하셨는데, 백제 건국의 출자가 단선적이지는 않은 것 같습니다. 여러 계통의 세력이 있는 다원적인 측면이 있기 때문에 마찬가지로 출자문제도 고구려 하나만 갖고 연결시키거나 부여 하나만 갖고 연결시키기는 어렵고 병렬적으로 봐야 하지 않을까 생각합니다. 다만 고구려 것은 고고학적으로 시기는 늦지만 그래도 내세울 만한 근거가 있는데, 부여 같은 경우는 과연 없는 것인가 이것도 앞으로 서울지역에 있는 다른 고고학 자료를 갖고 적극적으로 해석한다면 좀 무언가 연관성도 있지 않을까 저는 그렇게 생각합니다. 그리고 또 하나는 강인구 선생님이 예전에 중국 양쯔강에 있는 토돈묘土墩墓가 결국 우리나라에도 영향을 주었다고 말씀해 주셨습니다. 결국은 그런 묘제와 관련성은 없는지 이런 등등도 우리가 한번 좀 면밀하게 검토해야 할 것 같습니다.

노중국 : 『삼국사기』 기록대로 하면 현재로서는 백제가 건국한 곳은 오늘날 서울 지역입니다. 그 다음에 『삼국사기』 본문이든 주에 달려 있든 비류가 자리잡은 쪽은 공통적으로 미추홀로 나옵니다. 그건 분명히 차이성을 가지고 있다고 말씀드릴 수 있습니다. 그리고 방청석에 질문하겠다는 분이 있다고 했는데 몇 분만 받겠습니다. 질문은 핵심만 말씀해 주시면 좋겠습니다. 한 세 분만 받겠습니다.

방청석 : 여러 선생님들의 말씀과 토론 잘 들었고요 저도 많은 공부가 됐습니다. 제가 궁금한 것 중 하나는 결론적으로 이야기하자면 저는 건국 출자문제에 있어서 김영심 선생님의 의견에 동조하고 있는 편인데요. 그 이유로써 제 개인적으로 이야기한다면 저는 출생이 대전입니다. 고등학교 이후로는 서울에서 살고 있는데 누가 저한테 고향이 어디냐고 물으면 저는 대전이라고 얘기하지 오랜 기간 살았던 서울이라고 얘기하진 않습니다.

그래서 온조설화가 됐든지 비류설화가 됐든지 온조설화의 경우에는 주몽을 아버지로 보고 있기 때문에 북부여계통으로 해서 본인이 부여출신이라고 생각할 수도 있는 것이고요. 또 만약에 비류설화 같은 경우에는 아버지가 북부여의 해부루의 서손이기 때문에 본인도 역시 부여사람이라고 생각할 수가 있습니다. 그래서 물론 기원전 37년에 고구려를 건국하면서 그 쪽에서 한 19년 산 것은 인정합니다만, 그렇다고 해서 거기서 오랜 기간 성장했지만 자기의 뿌리는 부여라고 하는 것은 크게 지장을 받지 않았을 거라고 생각해요. 그래서 저는 김영심 선생님께서 말씀하신대로 만약에 소서노를 모시고 내려왔다고 했을 경우에는 당연히 부여계통이지 왜 이 문제가 그렇게 오랫동안 고구려계통인지 부여계통인지에 대해서 많은 의견들이 오가는지에 대해서 사실은 제가 역사공부가 짧다 보니 좀 많은 의아심을 갖고 있고요.

또 한 가지는 적석총 문제, 기단식 적석총때문에 건국시기가 좀 왔다갔다 하는 것 같습니다. 2~3세기로 보는 경우도 있고, 문헌상으로는 기원전 1세기라고 하지만 적석총 문제 같은 경우에는 묘지라는 게 좀 시대에 따라서 환경에 따라서 변화한다고 생각합니다(김경숙, 한성백제박물관 자원봉사자).

석촌동고분군의 노

노중국 : 아, 선생님 잠깐만요. 그건 아마 2부에서 얘기하게 될 겁니다. 미안합니다만 앞에 한 얘기는 김영심 선생님의 견해를 지지하는 의견 표시로 보겠습니다. 그럼 되겠죠? 두 번째 문제는 토론 끝나고 나서 질문해 주시고요. 다음에 방청석에서 질문하실 분 있으면 한 분 정도 받겠습니다. 예. 질문지가 하나 들어왔습니다.

한성백제박물관 자원봉사자 조영희 선생님인데, 아마 임영진 선생님 발표문에 대한 질문인 것 같습니다. "석촌동 고분에서 발견되었다고 하는 배의 노가 백제의 건국시기와 과연 어떤 관계가 있는지요. 이 배의 주인과 백제 건국세력과의 관계는 어떠한지요?" 하셨습니다. 배의 노가 나왔다고 하는데, 이게 몇 호분에서 나온 것이지요? 임영진 선생님이 간략하게 이야기해 주세요.

임영진 : 1986년에 석촌동 고분군 3호분 동쪽에 대한 조사가 있었는데, 백제 고분로를 지하차도로 바꾸면서 지하차도로 편입되는 지역에 대한 제한적인 발굴이었습니다. 거기서 즙석분구묘가 나왔는데요. 즙석분구묘는 아까 말씀드린대로 지상에 매장이 이루어지고 추가장에 의한 다장多葬이 진행됩니다. 처음에 중심인물이 작고한 다음에 중심 분구가 만들어졌고, 그 분구 표면에 즙석들을 덮었는데, 그 후로 추가장이 이루어져 분구가 확장되면서 초축 분구는 완전히 후대 분구에 묻히게 됩니다. 그 묻혀 있는 분구를 정리해 나가는 과정에서 초축 분구 즙석 사이에서 노로 추정되는 탄화된 목제품이 노출되어 바로 국립문화재연구소 보존처리팀과 협의해서 현장에서 경화 처리해서 통째로 떠냈습니다. 그 당시 데이팅을 하지 못한 게 조금 아쉽기는 한데, 여러 가지 출토유물로 봤을 때 3세기 초에서 중후엽에 이르는 시차를 가지고 있는 다장묘로 밝혀졌습니다. 그 무덤의 규모에 따르면 시기적으로 적석총이 등장하기 이전에 해당하면서 상당한 세력을 가진 집단의 존재가 상정되기 때문에, 고구려계통의 적석총을 쓰는 세력보다 먼저 들어와 있었던 선주민으로서 마한 54개 소국 가운데 하나 정도를 비정할 만한 그런 세력이었다고 봅니다. 그 이후의 자료는 오전에 발표한 제 글에 서술되어 있습니다. 그것을 참고해 주시기 바랍니다.

국가의 기준 - 성

노중국 : 조영희 선생님, 어디 있어요? 조 선생의 질문은 2부 설명, 토론하는 과정에서 부분적으로 해명될 수 있으리라고 봅니다. 그래서 일단 방청석의 질문은 이 정도로 마무리하겠습니다.

앞서 1부 때는 '건국시조가 누구인가', '출자는 어떻게 봐야 하는가' 라는 점에 대해 이야기를 나누었습니다. 이번 2부에서는 '그럼 백제는 언제 세워졌느냐' 하는 문제를 다루겠습니다. 이 문제를 다룰 때 나중에 출자出自와 같이 말씀해 줘야 할 것 같습니다만, 토론하실 분들이 분명히 자기 의견을 먼저 말씀해 주셔야 할 것이 있습니다. 하나는 '나는 국가를 이렇게 본다. 국가라고 했을 때 이것이 국가다' 처럼 국가에 대한 자신의 개념을 분명히 밝혀달라는 것입니다. 두 번째로 '그런 개념을 뒷받침 해주는 지표는 이런 것이다' 는 것을 먼저 말씀하시고 '그 개념을 문헌이든 아니면 물질 자료든 연결시켜 봤을 때 백제 건국은 이때쯤으로 볼 수 있겠다' 이렇게 말씀해 주시면 좋겠습니다. 이것이 첫 번째 요구사항입니다.

다음에 두 번째로 물질 자료를 토대로 해석하든, 문헌 자료를 해석하든지 간에 건국집단의 출자를 이야기할 때 개념을 정리해 주시면 좋겠다는 것입니다. 출자라 할 때 왕실집단의 출자, 건국하는 데 굉장히 역할을 많이 한 집단의 출자, 그 다음에 건국의 기반이 된 집단의 출자가 있을 수 있습니다. 왜냐하면 건국은 황무지에 나라를 세운 게 아니기 때문입니다. 그래서 출자를 얘기할 때 왕실집단만을 가지고 얘기를 해야 할 것이냐, 이 왕실을 도와준 집단까지를 포괄해서 이야기해야 할 것이냐, 아니면 그 토대가 되는 집단까지도 포함해서 출자를 얘기할 것이냐 하는 것을 분명히 해달라는 것입니다. 그래서 왕실만 봐야 된다는 입장이면 거기에 맞춰서 해주시고요. 어쨌든 자신의 견해를 분명히 얘기하고 난 다음에 출자를 말씀해 주시면 좋겠습니다. 이것이 공통된 두 번째의 주문사항입니다.

그럼 먼저 '백제국이 언제 형성되었느냐'는 점에 대해서 논의하겠습니다. 어느 분이 먼저 한번 말씀해 주시죠.

임영진 : 오전에 백제건국 시기문제에서 고고학 자료의 증거로 …

노중국 : 임 선생님 잠깐만. 한번 더 공통적으로 부탁할 것이 있습니다. 1부때와 마찬가지입니다만, 발언은 가능하면 5분 이내로 해주면 좋겠습니다. 일단은 끊어서 또 이야기할 수 있도록 하겠습니다.

임영진 : 오전에 박순발 교수께서 동서양 자료를 망라해서 고대국가의 성립시점을 어떻게 보는 것이 타당할 것이냐 하는 점으로서 성곽-박선생님은 성원城垣이라고 표현했습니다만-, 고총고분, 토기양식의 성립 이 3가지를 드셨습니다. 고고학적으로는 타당한 근거라고 할 수 있겠는데, 인류학적 관점에서 국가를 정의하는 것을 보면 대단히 복잡합니다. 연구자마다 서로 다른 표현을 쓰고 있거든요. 이러한 현상은 흔히 이야기하는 Band - Tribe - Chiefdom - State가 통시적으로 변해나가는 한 사회의 발전과정을 이야기하는 것이 아니

라, 공시적으로 같은 시대에 존재하는 세계 여러 지역의 사회현상을 나름대로 구분해서 그런 순서로 발전해 나갔을 것이라는 가정 속에서 제시된 것이기 때문에 나타난 것입니다.

그래서 연구자에 따라 기준이 각자 다를 수밖에 없는데, 고고학적으로 어떤 구체적인 증거로 그것을 입증할 수 있느냐 하는 점에 있어서는 역시 3가지를 들 수 있죠. 저는 그 3가지 가운데에서도 나름대로 우열이라고 할까 우선적으로 감안해야 할 것이 있다고 보는데, 그건 성곽이 아닌가 싶습니다. 고대국가의 출발을 성곽의 축조로 보는 것은 마한권의 여러 소국 가운데 성곽이 있는 소국이 고대국가로 발전한 사례를 찾아보면 자명해질 것으로 생각합니다.

한강유역권에서 서울 송파구 일대에 대규모 성곽이 축조되었는데, 그것이 고대국가로서의 발전, 성립을 상징하는 고고학적 지표라고 볼 수 있겠습니다. 당시 마한 54개 소국들도 경기, 충청, 전라권에 나름대로 포진이 되어 있었을텐데, 큰 중심지들을 보면 역시 아산만권이 상당한 세력권으로 보이고, 금강유역권, 그리고 영산강유역권, 남해안권도 나름대로 하나의 권역으로 볼 수 있을 것 같습니다. 그러한 권역들 가운데 조금 주도적인 소국들이 있어서 나름대로 그 지역을 네트워킹하고 중국 견사遣使에 있어서 앞장서기도 하고 그랬을 것이 아닌가 생각합니다. 문제는 다른 권역의 마한 소국, 심지어 각 권역별 중심소국이라고 볼 수 있는 데에서도 서울 송파구 일대와 비견되는 시기에 본격적인 성곽을 갖춘 데가 없습니다.

그래서 역시 성곽이 가장 중요하고, 풍납토성의 축조 시점에 있어서는 역시 여러 가지 점에서 3세기 중엽 이전으로 올라가기는 어렵다고 봅니다. 다만, 풍납토성 내부에서 조사된 3중 환호가 문제인데요. 그 3중 환호는 일종의 책柵이라고 볼 수 있고 토성은 수많은 인력을 동원해서 만든 토루土壘라고 볼 수 있는데, 그 책의 단계를 성곽으로 보느냐 보지 않느냐 하는 문제가 또 있습니다. 그러나 일단은 일반론적으로 이야기하는 성곽은 아니고 그 이전 단계에 해당하기 때문에 구분이 필요합니다.

그런데 온조왕대 기록을 보면 책과 성이 동시에 나오기도 하고 시차를 두고 발전하기도 합니다. 온조왕이 처음에 내려왔을 때 일단 책을 세워서 위례성을 옮긴 다음에 성을 쌓고 궁실을 축조하는 것으로 되어 있거든요[10]. 같은 지역의 성에 대한 선후관계가 책과 성으로 나오고 있는 겁니다. 이런 것을 감안해서 봤을 때 풍납토성 토루 축조는 3세기 중엽 이전으로 올라가기가 어렵다고 봅니다. 그 내부에 먼저 있었던 3중 환호는 시기적으로 올라갈 수가 있고 백제라고 하는 고대국가를 …

노중국 : 잠깐. 그럼 임 선생님은 백제의 경우 풍납토성, 즉 성곽이 쌓였을 때 백제가 성립이 된 것으로 보고 풍납토성 안의 3중 환호 시기는 백제가 건국된 시기로 보는 것인지요, 아닌지요.

10 秋七月 就漢山下立柵 移慰禮城民戶(『삼국사기』 권23 백제본기 온조왕 13년조)

임영진 : 그게 그야말로 대나무와 죽순 사이의 구분을 어디로 해야 할 것이냐 하는 문제와 마찬가지이기 때문에 참으로 미묘한데, 일단 박순발 선생님께서 제기하신 일반론적인 고대국가의 성립 기준으로 본다면 아닙니다. 그러나 백제는 1차 국가가 아니라 주변의 영향을 받은 2차 국가이기 때문에 고대국가로서 성립이 계기적으로 된 것이 아니고, 기존의 세력을 바탕으로 해서 무언가 계기가 있어서 국가체를 이루었다고 본다면 무관하다고 볼 수가 없습니다.

노중국 : 올라갈 수가 있다. 네. 좋습니다. 또 뒤에 더 이야기하시고, 혹시 다른 분. 권오영 선생님 의견은 …

권오영 : 저도 임영진 선생님 견해에 일부 동의합니다. 우리가 부정할 수 없는 것은 『삼국지』 한조에 백제국이 나온다는 것은 절대 부정할 수 없는 사실이고요. 늦어도 3세기 중반 정도에는 백제가 존재했다고 봐야 할 것 같습니다. 그래서 4세기 중반 이후에 갑작스럽게 기마민족 정복왕조설을 인정하기보다는 앞으로 올라가는 것은 언제까지 올라가는지 봐야겠지만 늦어도 3세기 중반단계에는 분명히 백제라는 실체가 한반도에 존재했다는 전제를 깔고 이야기해야 할 것 같습니다.

그 다음에 국가 형성의 기준으로 토기 중앙양식의 성립, 고분, 성을 많이 이야기하고 있는데, 저는 그것을 구분할 필요가 있다고 봅니다. 예를 들어서 성의 출현으로 먼저 표현되는 국가의 경우가 있고, 그렇지 않고 고분으로 표현되는 경우가 있다고 생각합니다. 성,

즉 왕성의 출현으로 국가 형성을 볼 수 있는 경우는 위만조선에 왕검성이 있죠. 그 다음에 고구려, 그 다음에 백제의 경우는 사실은 고분의 현저한 발달보다는 성이 먼저 발달하기 때문에 성을 가지고 봐야 합니다. 반면에 신라, 가야와 왜 같은 경우는 성의 출현보다는 대형 고분의 등장이 먼저 현저하게 앞섭니다.

이 때문에 이렇게 두 가지의 서로 다른 길이 있다, 즉 그것은 중국과의 관계 속에서 중국의 영향을 빨리 흡수한 경우에는 고분을 만들기보다는 현실적인 왕성의 축조쪽으로 좀더 빨리 갔던 것이고, 그렇지 않고 중국의 영향을 좀 덜 받은 경우는 고분으로 갔다, 그래서 일본 같은 경우는 대형 전방후원분의 출현은 3세기지만 국가라고 부를 만한 실체는 5세기가 되는 것이고 그 다음에 도성이나 왕경은 7세기로 가기 때문에 이 고분의 출현과 왕경의 출현을 동시기로 보거나 모든 국가에 이 두 가지 요건을 똑같이 요구할 필요는 없다, Case by case로 봐야 된다는 것이 제 입장입니다.

노중국 : 권오영 선생님은 백제의 경우에는 왕성의 축조를 백제국 성립의 중요한 기준이 …

권오영 : 백제국의 성립은 이미 3세기 중반 이전에 되어 있었고요, 국가로서, 그것도 집권적인 고대국가로서의 출현은 역시 풍납토성 축조 시점을 갖고 볼 수밖에 없지 않나 생각합니다.

삼한의 소국들

노중국 : 그러면 국國과 국가國家가 무슨 차이가 있는지 이야기해 주시기 바랍니다.

권오영 : 『삼국지』에 나오는 국을 국가로 보지 않는 것은 대개 비슷한 견해들이 아닌가 생각합니다.

노중국 : 그러니까 국과 국가의 개념이 어떤 차이가 있는 것인지요? 이것이 분명해야 듣는 분들이 정리가 될 것입니다. 『삼국지』 동이전에서 보면 마한 54국 또는 삼한 78국이 나오는데, 이 국이 국가냐 아니냐 하는 것부터 본인 의견을 분명하게 이야기한 후 백제국의 성립 시기는 이러 이러한 측면에서 보니 언제다 하는 식으로 말씀해 주세요. 이렇게 말씀해 주셔야 가닥이 좀 잡힐 것 같습니다. 개념부터 먼저 좀 분명히 …

권오영 : 제가 여기서 국가개념을 이야기하면 우스울 것 같은데요. 일단 세습적인 왕권의 성립, 초보적인 관료조직 이런 이야기를 많이 하지 않습니까. 그렇게 봤을 때 고대사에서 많은 분들이 인정하는 것이 고대국가라 하더라도 중간에 넘을 수 없는 하나의 선이 있다, 그래서 역시 더욱 집권력이 강해진 집권적인 고대국가는 율령제라든지, 결정적인 차이는 수평적인 관계를 수직적인 관계로 전환시킨 것이 되겠죠. 그런 면에서 봤을 때 위만조선 같은 경우는 초보적인

국가라고 볼 수 있다고 생각하고요.

그런데 문제는 『삼국지』에 나오는 그 많은 50여 개, 70여 개 각각의 국들이 국가단계냐 아니냐는 여기서 차이가 있다고 봅니다. 대국大國으로 표현되거나 아니면 중국인의 입장이지만 또 말씀드리지만 군郡에 가까워서 제법 애들이 많이 컸다 이렇게 표현되는 국의 경우와 그 다음에 주거지의 숫자가 함평의 경우는 수천기가 되지만 실제로 거기서 수장층의 돌출되는 모습을 볼 수 없는 경우는 이것은 유적의 크고 작고의 문제가 아니라 분명히 같은 『삼국지』 한韓의 단계라도 차이가 크다고 보고요.

또 기회가 있으니까 결정적으로 한 말씀만 드리자면, 저는 그래서 풍납토성 이야기는 나중에 해야겠지만 『삼국지』의 기사를 기본적으로 신봉하는 입장에서 『삼국지』 한조韓條에 보면 관가官家가 성을 쌓게 만드는 동이전 이야기가 나옵니다.[11] 『삼국지』 단계에 성이 있다 없다, 그것이 성책이다, 성곽이다, 여러 설이 있지만 분명한 것은 중국인이 목격했다는 점입니다. 그것은 관가라고 불리는 국가적인 실체 내지는 실체 비슷한 것이 민들을 동원해서 성을 쌓고 있는데, 그 『삼국지』에 표현된 사건이 채록된 것은 정확히 언제인지 모르겠지만 260년 전후가 되겠죠.

그러면 한韓 땅에서, 한반도 중부 이남에서 그렇게 많은 사람들을 동원해서 성을 쌓고 있는 모습을 보여줄 수 있는 후보는 이건

---

11 其國中有所爲及官家使築城郭 諸年少勇健者 皆鑿脊皮 以大繩貫之 又以丈許木鍤之 通日嚾呼作力 不以爲痛 旣以勸作 且以爲健(『삼국지』 권30 위서 동이전 한)

결단코 풍납토성과 몽촌토성, 둘을 빼고는 이야기할 수가 없습니다. 그래서 고고학적 증거로 봤을 때 풍납토성의 연대가 자꾸 내려가게 되는 경향성이 있다는 것을 인정하더라도, 『삼국지』 기사를 보는 한 이것을 대구 달성도 아니고 경주 월성도 아니고 그 성 쌓는 모습은 서울에서밖에 볼 수 없다는 것이 제 입장입니다. 따라서 백제국이 3세기 중엽경 축성사업을 하면서 거기에 동원된 인원이 박순발 선생님은 100만 명으로 잡으셨지만 사실 더 넘겨서 200만 명일 것으로 보기 때문에 이미 그 정도의 대규모 공사를 치르고 있었다고 보고 있습니다.

최병현 : 권오영 선생님 말씀에 시비 좀 걸고 수정해드려야 될 것 같습니다. 어떤 나라는 성으로 표현되고, 어떤 나라는 고분으로 표현된다, 그러면서 신라와 가야 같은 경우는 고분으로 표현됐다고 말씀하셨는데, 조금 지나친 해석이 아닌가 싶어요. 아마 고총의 출현을 곧 국가 성립으로 생각하신 것 아닌가 싶은데, 저는 그 고총이라는 개념은 조금 더 엄격하게 사용되어야 한다고 봅니다.

고총출현 이전의 국가 성립과 관련해서 저는 박순발 선생님이 백제의 국가 성립과 관련시키는 한강유역의 목관봉토분, 즉 즙석분구묘라는 무덤을 고총이라고 생각하지 않습니다. 그 다음 고구려도 기원후 1세기면 다 국가가 되었다고 하고 있는데, 그 당시의 고구려 적석총을 고총이라고 보기는 어렵습니다. 그러니까 국가는 성립했어도 고총은 출현하지 않은 겁니다, 반대로 고총은 나왔는데 국가가 되지 않은 곳도 많아요. 가야의 경우 각지에 고총이 만들어졌지만 대가야 후기 외에 나머지를 다 국가가 성립되었다고 보기는 어렵죠. 그 다음에 영산강유역에 그 큰 고총이 있다고 하여 그곳에 국가가 있었다고 해야 합니까.

고분의 발달과정에 있어서 어느 단계에 대형의 무덤이 출현하면 이를 국가의 형성과정과 연결시킬 수는 있지만 고총의 출현을 곧 국가 성립이라고 말하기는 어렵다는 것입니다.

신라 같은 경우 주보돈 선생님도 사로소국에서 신라 국가로 발전한 것으로 설명하시는데, 사로소국 때는 성곽이 없었고, 신라 국가가 성립된 후 월성이 만들어졌습니다. 그때부터 이야기한다면 역시 국가의 출현, 즉 국가 성립의 표현은 성으로 하는 것이 맞지 않느냐 저는 그렇게 생각합니다.

노중국 : 그러면 국가 성립의 기준을 축성으로 본다고 했을 때 신라의 사례만을 이야기하지 말고요. 백제 같은 경우는 최 선생님이 보시기에 언제쯤 …

최병현 : 그 국가 성립을 고고학적으로 보면 …

노중국 : 잠깐, 그 전에 국가 성립의 지표를 각각 말씀하신 다음에 성립시기에 대해 …

최병현 : 국가 성립의 지표에 대해서는 박순발 선생님께서도 오전에 발표하셨는데, 2006년 한국고고학전국대회에서 이 주제를 다룬 적이 있

습니다. 다만, 3가지가 국가 형성 또는 성립의 지표가 되는 건 맞는데, 이것도 아까 죽순과 대나무를 이야기했습니다만 고분도 발전과정에 있는 것이고, 토기양식이라는 것도 성립과정이 있는 것이고 이것이 바깥으로 퍼져나가는 과정이 있어요. 그래서 선행지표냐 후행지표냐도 따져봐야 될 문제가 있습니다. 그런데 그럴 경우 가장 결정적으로 국가가 성립되었다고 보는 요건은 성으로 보면 좋겠다는 뜻이고요. 그렇게 보면 백제의 경우 풍납토성, 몽촌토성을 3세기 중후반, 3세기 4/4분기 이렇게 표현하시는데, 그 연대가 맞다면 그때를 국가의 성립으로 봐야 되는 것 아닌가 그렇게 생각합니다.

노중국 : 몽촌토성과 풍납토성이 만들어진 그 시점을 백제국 성립 시기로 …

최병현 : 백제 국가의 성립.

노중국 : 백제 국가의 성립 시기로 보겠다는 의견입니다. 또, 또 다른 의견은 …

권오영 : 최병현 선생님한테 한 대 맞았습니다. 해명할 기회를 주셔야 할 것 같습니다. 제가 너무 급하게 말씀드려서 오해가 있었는데, 이런 것입니다. 우리가 고구려의 국가 형성을 이야기할 때는 대형 적석총을 갖고 이야기하지 않잖아요. 고구려 대형 적석총의 출현을 갖고

이야기하려면 4 · 5세기가 됩니다. 고구려의 경우에는 기준이 대형 고분의 출현이 아닌 것으로 되어버리는 거죠. 그랬을 경우 일본의 경우도 대형 전방후원분의 출현 시기는 3세기 중반이지만 그때를 국가로 보면 안 된다는 것이 제 입장이기 때문에 저는 최병현 선생님 견해와 비슷하게 대형 고분의 출현을 가지고 곧바로 국가로 볼 수는 없다는 겁니다.

그런데 문제는 각국의 사정이 다르다는 것입니다. 고분, 즉 대형 고분의 출현이 도성제보다 빨리 시작되는 일본과 신라 같은 경우가 있고, 가야 같은 경우는 대형 고분은 이미 만들어졌지만 도성의 성립은 보지 못한 경우도 있으며, 상대적으로 고구려 같은 경우는 대형 적석총이 4 · 5세기인데 비해서 고구려 국가 형성은 누가 보더라도 그 앞 시기로 보지 않습니까? 그랬을 때 저는 백제의 경우 고구려와 마찬가지로 대형 고분의 출현을 가지고 국가 형성의 혹은 발전과정을 보기보다는 왕성을 갖고 보는 것이 낫다고 보는 입장이기 때문에요. 저는 일본의 경우에도 3세기 전방후원분의 출현, 5세기의 초대형 전방후원분의 출현, 이때도 아직 국가가 아니다 라고 하는 지금 한국에 와계신 후지다 겐지藤田憲司 선생의 의견이 옳다고 생각하고요. 역시 일본의 경우는 그 뒤가 되는 것처럼, 고분의 출현을 곧바로 국가로 보는 것은 안 된다는 그런 입장입니다.

노중국 : 신라쪽에 대해서는 서로 얘기가 다를지는 모르지만 백제쪽은 이야기가 똑같네요. 왕성의 출현을 국가 성립 시기로 본다는 것인데 …

최병현 : 권 선생님 말씀 듣고 보니까, 신라도 다르지 않은데, 아까 신라는 고분으로 국가 성립이 표현됐고, 백제는 성으로 표현됐다고 해서 이것은 신라도 성으로 표현됐다 이렇게 수정해 드리는 것입니다.

국가의 발전단계

주보돈 : 사실 20여 년 전에 우리가 초기국가를 가지고 많은 토론을 했습니다만, 이 문제가 25년이 지난 이 시점에 백제에 대한 것이 다시 나온다고 생각하지 않습니다. 지금 개념차이가 나는 것은 국가에 대한 개념의 문제에서 비롯합니다. 그때 논쟁하면서 우리 고대사학계에 대체적으로 정리된 것은 '초기국가'의 개념입니다. 구체적으로는 성읍, 저는 읍락이라고 보고 이야기합니다만, 거기에서 다음 단계는 '부部체제 국가', 그 다음에 '고대국가'로 전환해 나가는 것으로 보고 있습니다.

오늘 잠깐 이야기하는 것을 들어보니까 고고학쪽에서는 국과 국가를 나눠서 분류하는데, 용어상에 약간 문제가 있는 게 아닌가 생각합니다. 실제적으로 어떤 개념을 어떻게 보는가에 따라서 백제국의 성립도 오늘 들어보셔서 알겠지만 기원전 1세기로 보는 견해가 있고, 기원후 3세기로 보는 견해가 있습니다. 그럴 때도 기준이 달라서 성이고, 그 다음에 고총이고 이런 표현들을 쓰시는데, 사실은 방금 말씀드린 것처럼 초장에 나타난 국가의 원초적인 모습을 우리 역사학쪽에서는 비중을 조금 두고 있고요. 고고학쪽에서는 구체적으로 지상에 가시적으로 노출된 것을 기준으로 두니까 굉장히 늦춰 보는 것입니다.

그래서 저는 영남 고대에 나타나는 국가 형성으로 볼 때 기원전 2세기 말, 기원전 1세기 초엽에 나타난 국가를 초기국가, 읍락국가의 초기적 모습이라고 보고, 그 근거로 우리는 대체로 목관묘를 설정하고 있습니다. 그 전에 지석묘 같은 게 나타나다가 목관묘라는 새로운 묘제가 나타나고 거기에 발달한 청동기 또는 철기의 부장이 동질적으로 되어 있었다고 하면, 그리고 그것이 계속 세습되었다고 하면 역사학에서 고고학처럼 뭔가를 단정적으로 딱 잘라서 보기는 굉장히 힘듭니다.

그래서 구체적으로 관료조직의 중앙집권화 정도를 이렇게 이야기합니다. 좀 전에 임영진 선생님 이야기처럼 옛날에 그 논쟁도 죽순하고 대나무를 어떻게 구분할거냐 그런 논의들이 많이 있었고, 또 논의로 나온 것이 개구리와 올챙이의 구분이 가능하냐는 점이 있었습니다. 개구리와 올챙이만을 놓고 보면 누구나 구분이 되지만 중간에 가면 개구리로 봐야 할 지, 올챙이로 봐야 할 지 어떤 선을 확실하게 그을 수가 없는 부분이 나타나기 때문에 구분이 안 됩니다. 우리가 그때 한참 논의할 때는 대머리의 기준은 뭐냐는 점도 있었는데, 대머리의 기준은 세수할 때 물이 닿는 부분이냐, 물이 많이 닿는 사람은 … 이 부분을 역사학쪽에서는 어떤 특정한 사실을 특화시키는 것보다 과정을 중시한다는 것을 조금 이해를 해주시면 좋을 것 같아요.

노중국 : 주 선생님, 아까 부체제, 초기국가 이런 이야기를 했는데요. 하나

본인의 입장을 이야기해 줘야 할 것이 있습니다. 『삼국지』 동이전에 보이는 국國 가운데 대국大國은 10,000여 가家, 소국은 400~500가 또는 600~700가 등으로 나옵니다. 이처럼 똑같은 국이라는 칭호는 붙여졌는데도 불구하고 규모는 상당히 차이가 있습니다. 그러면 이 국을 어떻게 보는지 …

주보돈 : 그때도 그 논의가 있었습니다. 덩치가 100kg 나가는 사람과 30kg 나가는 사람이 있는데, 그러면 30kg 나가는 사람은 사람이 아니냐, 100kg 나가는 사람만 사람이냐 이런 논의들이 좀 있었습니다. 아마 대국의 경우는 다른 조직이나 사회경제적 분화의 정도가 훨씬 더 달랐을텐데. 그러나 태도상 기본적으로 가지고 있는 모습은 있는 집안의 경우는 넓게 크게 쓰면 되는 것이고, 없는 집안의 경우는 적게 쓰는 것처럼 이런 구조나 양적인 차이지 그 자체로 근본적 질적인 차이는 아니라는 것입니다. 그 다음 단계에 가면 양적인 차이가 질의 변화를 추궁해 내는 그런 단계가 있다는 것이죠. 대국, 소국이라고 했을 때 거기에는 내부적으로 양적인 차이는 분명히 존재하지만 질적인 차이로 연결시켜서 이해하기에는 아직까지는 한계가 있다고 생각합니다.

노중국 : 그 다음 박순발 선생님 말씀해 주시죠.

박순발 : 조금 전에 죽순, 올챙이 다 나왔습니다만, 중요한 것은 개구리와 대나무 아니겠습니까? 그것을 설정해 놓지 않고 죽순, 개구리 해봐야

소용없습니다. 그러니까 고고학적으로 국가를 어떻게 볼 것인가의 문제는, 만약 그런 거 따지지 않는다면, 온조왕 기록대로 기원전 18년에 성을 짓고 다 됩니다. 문제는 그 타이밍이 언제냐는 것 아니겠습니까? 순차적으로 발전해 나갈 수도 있고 아니면 기마민족설이 있지만, 적어도 우리가 일도양단一刀兩斷하는 그런 개념이 아니라 어떤 목표에 도달하는 국가라는 것을 설정해 놓지 않으면 과정도 없고 처음부터 논의하지 말자는 것이죠. 그랬을 때 좀 합리적으로 내지는 한반도뿐만 아니라 보편적으로 적용할 수 있는 기준이 뭔가 했을 때 결국은 성이 되었지만. 제가 조금 더 보충드리겠습니다.

외형적, 물리적으로 성만 있다고 되는 것은 아니고요. 사실은 그 이면에 무엇이 포함되는 것이냐 하면, 즉 소프트웨어지요. 그것은 문헌에 보이는 것이죠. 예를 들어 '부체제'라는 것. 그건 고고학적으로는 잘 안 보여요. 여기에 무슨 Chief라고 했을 때 무슨 그런 거 잘 안 보입니다. 그렇지만 적어도 그런 성이라고 하는 하드웨어가 나올 때까지는 여러 가지 인적 동원 능력이 뒷받침되어야 한다는 것이죠. 군역에 종사하는 사람들 편제도 그런 것이죠. 우스개 말로 '소는 누가 키우냐'고요. 그러니까 이걸 전부 다 포함해서 행정력, 조직력, 그리고 대외적으로 군사력 이런 것이 소프트웨어죠. 그 중에 우리가 어떤 settlement pattern에서 성城이 있다고 했을 때, 그것이 국가단계인가 아닌가 판단에서 핵심적으로 가려낼 것은 3가지가 있습니다. 뭐냐면 거기에 최고지배자가 별도의 분리된 공간, 즉 Palace가 있느냐는 것이지요. 그걸 지금 풍납토성에서 아직 찾지 못하고 있지만 있으리라 보고요. 두 번째는 지배를 합리화할 수 있는 종묘든 뭐든 종교와 관련된 시설이 분명히 있어야 돼요. 세 번째는 전업화 정도인데, 대개 후대의 익산 같은 곳을 보면 전부 거기에 지원시설들이 있습니다. 말하자면 수공업시설이 다 딸려 있는 것입니다. 그건 중국에서도 보편적으로 그렇고 유럽에서도 그렇고 다 그렇습니다. 그러니까 우리는 3가지, 즉 궁, 종교 또는 제의 시설, 그리고 하위에 있는 취락들로 하여금 의존성을 유발하게 하는 수공업 전문 센터 이것입니다. 풍납토성에서 거의 다 찾기는 했는데, 앞으로 봐야 되겠지만 목책이냐 아니냐는 문제가 아니에요. 그런 부분들이 중요한 기준이 된다는 말씀입니다.

노중국 : 그럼 박 선생님은 방금 성 · 궁, 제의공간, 수공업 센터, 이것들이 갖춰져야만 그때부터 국가로 볼 수 있겠다는 것이죠?

박순발 : 성이라면 거의 같이 따라 나오는데 …

노중국 : 그랬을 때 현재 풍납토성을 대략 3세기 후반쯤으로 본다고 한다면 백제국의 성립도 …

박순발 : 3세기 4/4분기.

노중국 : 3세기 4/4분기, 그러면 270~280년.

박순발 : 아까 설명에서 말씀드렸다시피 토기를 아무리 빨리 올려봐야 물결문 토기예요. 물론 낙랑지역에 조사 사례가 나와 있는데, 군현 지역에 있다고는 보입니다만, 종래 고구려토기까지 내려가면 굉장히 복잡해진다고 생각했는데 그게 군현지역에 있어요. 그러니까 그걸 감안하면 상한이 아무리 올라가야 3세기 4/4분기라는 이야기고요. 즉 제 결론은 275~300년 이 사이를 더 거슬러 올라갈 수 없다는 이런 얘기죠.

『삼국지』 동이전의 백제국

노중국 : 백제국의 성립을 풍납토성과 연관지어 얘기했는데, 그렇게 했을 때 『삼국지』 동이전에 나오는 백제국伯濟國이 기록된 시점은 아무리 늦어도 260년쯤 되는데, 그럼 이때 백제국은 국가냐 아니냐 하는 것이지요.

박순발 : 사실 권오영 선생님이 이에 대해 답변해야 할 책임이 있어요. 이것으로 학위논문을 썼잖아요. 저는 그 논문을 읽고서 역시 저도 마찬가진데, 『삼국지』 위지 동이전의 용어체계를 누가 썼습니까? 중국사람이 썼습니다. 3세기 후반대에 예를 들면 260~265년 그 사이에 중국에서 용어체계를 어떻게 썼는지 알아야 합니다. 지명도 마찬가지입니다. 그 지명은 중국의 소위 말해서 한반도에 있는 지명을 자기들이 쓰고 있는 한자어로 했을테니까. 쉽게 말하면 그 당시 중국말로 풀이해 놓았습니다. 그것은 그렇다고 치고요. 그 당시 국國

의 용례에서 보면 국가 단계의 정치체를 의미하지 않습니다. 어떤 지역을 아우르고 있는 정치체에 대한 일반칭입니다. 그것이 우리가 말하는 state냐 아니냐 하는 것은 전혀 별개입니다. 사료가 채택한 그 용어체계를 전제로 하여야 하죠. 『삼국사기』라고 하면 고려시대의 그 용어체계에 맞춰 보아야 되는 것이죠. 그래서 나는 위지 동이전에서 국이라고 하는 것은 지역의 정치체를 지칭하는 것에 불과한 것이라고 봅니다.

노중국 : 권 선생님은 『삼국지』 동이전의 국들은 단순히 지역 정치체 정도에 지나지 않는다고 개념을 정리하고 있군요. 그리고 풍납토성이 만들어졌을 때부터 백제국가다 라고 보는 것이네요. 고고학쪽 연구자들의 얘기를 들어보면 백제국 성립의 지표를 현재로서는 공통적으로 성곽으로 보네요. 풍납토성과 몽촌토성이라는 눈에 보이는 것이 있으니까. 그리고 그 연대에 대해서는 백제국의 성립은 3세기 후반, 박순발 선생님 같은 경우는 275년 이전으로는 결코 올라갈 수 없다는 정도까지 얘기했는데요. 다른 의견을 좀 들어보도록 하겠습니다.

양기석 : 국가의 개념문제는 여러 측면에서 많은 이야기가 있었습니다. 아리스토텔레스 이후에 사회진화론자를 비롯해서 고고학하는 분들이 많이 얘기하시는데, 실제로 관점의 차이지 고고학하는 분이나 문헌하는 분의 입장에서 보면 다른 얘기가 아닌 것 같습니다.

지금 말씀을 듣고 보니까 국가엔 여러 단계가 있는데 그래도 가장 백제적인 칼라를 띠는 그 시기를 국가의 성립시기로 보니까 우리가 실제 보면 늦게 나올 수도 있겠습니다. 우리가 보통 국가의 지표를 권력의 집중도, 사회계층화 크게 이 2가지로 나눠봤을 때 그런 지표에 충족할 수 있는 단계가 지금 말씀하신 3세기 이후가 될 수도 있다고 생각하는데, 사실 그래서 국가 형성 단계론이 나온 것 같습니다. 그런 과정이 어느 날 갑자기 기마민족이 와서 그런 체제를 갖췄다고 보기보다는 뭔가 몇 단계를 거쳐서 읍락단계부터 시작해서 또 나름대로 지역공동체에 있는 초기국가를 만들고 또 영역을 확보하고 키워나가서 그야말로 국가의 색깔을 나타내는 성도 있고 지배자 공동체를 상대하는 관료조직도 있고 여러 가지를 얘기할 수 있을 것 같습니다.

그렇게 봤을 때 사실 관점을 좀 넓혀보면, 읍락단계와 그 다음 단계에 나타나는 단위정치체는 구별해야겠다, 제 입장에서는 단위정치체부터 나라로 보면 괜찮지 않겠나 생각합니다. 그 구성원들도 나라라고 이야기하지 않습니까? 왕도 있고, 또 관료라는 개념이 큽니다만 그걸 뒷받침하는 관리들도 있고, 소규모의 읍락을 방어하기 위한 목책이든 뭐든 시설이 있고, 여러 가지 분화가 덜 되었지만 그런 단계가 처음 나타나는 것이 초기국가, 또는 성읍국가도 좋고, 그건 국가라 그러죠. 백제사람들도 백제가 망하고 후대에, 백제가 있을 때도 마찬가지입니다만, 자기네들이 생각하는 관념적인 국가의 가장 이른 개념은 바로 그것이 어떤 성을 갖추고 그런 지표적으로 완전한 형태의 국가라기보다는 자기들이 느낄 수 있는 최초의 국가, 그것이 백제라고 봤을 때, 그것은 성립시기를 좀 올려볼 수 있지 않겠는가 그런 얘기를 말씀드리겠습니다.

노중국 : 양 선생님은 『삼국지』 동이전에 나오는 국國에 대해 단위정치체라는 표현을 쓰지만 이것은 국가라고 봐도 좋겠다는 의견이네요.

양기석 : 그렇지 않으면 국이라고 하는 '체'를 왜 구별해 놓았을까요? 『삼국지』에 나오는 국을 하나하나 보면 그 구성원들이 자기들의 영역을 의식하고 있고, 또 나름대로 미분화됐지만 권력체계가 있기 때문에 그것을 국가가 아니라고 하면 물론 틀린 것은 아닙니다만, 지표로 봐서 고대국가 단계부터 국가다라고 하면 국가가 아닐 수도 있지만, 단위정치체가 되면 소박하나마 국가로 볼 수 있지 않겠는가 하는 얘기입니다.

노중국 : 국가 성립의 단계를 염두에 둘 때 적어도 읍락이라는 것은 국이라고 표현할 수 없다, 그 다음 단계에 들어오면 『삼국지』 동이전에 보이는 여러 국들이 나오는데 그것은 국으로 봐도 좋겠다, 이렇게 이해하게 됩니다. 그리하면 동이전에 나오는 백제국은 국이다, 그 시기엔 아직 성곽이 만들어지지 않았다, 성곽이 만들어지지 않았어도 국이라고 할 수 있다, 이런 얘기죠?

양기석 : 그것은 지역에 따라 차이는 있겠죠. 꼭 성곽이 있어야만 국가가 생기는 것도 아니고. 그런 사례도 본 것 같습니다. 문제는 백제국 같은 경우 제가 발표 때도 말씀드렸습니다만 고분과 연계시키기에는

아직 근거가 부족한 것 같습니다. 그런데 풍납토성이 물론 성은 3세기 이후에 쌓아지겠지만 그것의 원초적 형태는 3중 환호, 뭔가 방어시설이 서력기원 전으로 올라가지 않습니까? 그것은 왜 만들었습니까? 환호는 단순히 어떤 경계구분도 있지만 그 자체가 뭔가 구별할 수 있는 단위이기 때문에 그것을 후대의 성곽과 동일시해서 기능적으로 보면 그것도 성일 수 있다는 얘기입니다. 그래서 좀 올려볼 가능성은 있지 않을까 생각합니다.

노중국 : 그러면 물질 자료에서는 풍납토성의 3중 환호를 하나의 증거로 제시하겠다는 얘기네요.

읍락과 읍락국가

최병현 : 노 선생님, 아주 원초적인 질문 하나 하겠습니다. 아마 고대사학회에서 20~30년 전에 논쟁한 것 같은데요. 금방 양기석 선생님은 기원 전후 국가를 성읍국가라고 표현했고, 아마 주보돈 선생님은 읍락국가라고 한 것 같은데, 그러면 이 읍락국가, 성읍국가는 고대국가입니까? 아닙니까? 이 논쟁 한 20~30년 전에 하셨잖아요.

노중국 : 예. 그래서 아까 제가 『삼국지』 동이전에 보이는 국을 어떻게 보느냐는 얘기를 했는데.

권오영 : 아까 박순발 선생님이 저보고 답하라고 한 답을 지금 해야 할 것

같은데요. 제가 『삼국지』만이 아니라 『사기』, 『한서』, 『진서』에 나오는 중국 주변에 있는 종족들을 한번 정리해 봤어요. 국이라고 표현된 실체들이 과연 어느 정도의 크기와 지배구조를 갖추고 있나 봤더니 천차만별이고요. 국이라고 표현했을 때 어떤 특정한 발전 단계에 오른 다음에 표현한 것은 아니고, 또 같은 집단에 대해서 사서에 따라서 국이라는 표현을 쓰기도 하고 쓰지 않기도 합니다. 그래서 제가 내린 결론은 국이라는 표현 자체가 어떤 커트라인을 말하는 것은 아니라는 생각을 갖게 됐고요.

또 하나 주보돈 선생님 말씀하신 것에 대한 반박이 되겠지만, 저는 이렇게 생각합니다. 어떤 한 버스에 70명의 애가 타고 있습니다. 그런데 그 중에 덩치가 큰 애는, 아까 100kg을 말씀을 하셨지만, 키가 180cm인 애도 있고, 50cm인 애도 있습니다. 그러면 우연히 같은 버스에 탔지만 그 중에는 어른도 있고, 고등학생도 있고, 갓난 애기도 있고 이런 것이지 같은 버스에 탔다, 같은 상황이라고 해서 그들을 다 똑같은 동일한 단계로 볼 수는 없다고 봅니다.

예를 들어서 변한 같은 경우는 분명히 구야국狗邪國이나 안야국安邪國 같은 경우가 주변 지역에 비해서 우월한 성장을 하고 있었고, 진한 같은 경우 사로국斯盧國은 이미 이 시기에 먼저 발전하고 있지 않습니까? 그렇게 봤을 때 마한 지역에서도 역시 백제국이나 목지국 같은 선진적인 세력이 보이기 때문에 『삼국지』에 보이는 70여 개 국은 정말로 국가 발전단계에 올라가서 턱걸이를 하고 있는 애들부터 아직까지 정말 저급한 단계까지 여러 층을 이루고 있는 것이지 같은 버스를 탔다고 다 똑같이 어른이거나 다 똑같이 애들로 볼 수 없다, 그런 차이가 있다는 말씀을 드립니다.

주보돈 : 한 말씀드려도 되겠습니까? 그게 다양한 관점의 차이지 아까 제가 말씀드린 것처럼 질량의 문제이고요. 고고학에서는 이런 결론입니다. 애를 뱄을 때가 아니고 출산했을 때를 사람으로 여긴다. 그러나 문헌쪽에서는 애가 잉태됐을 때부터 사람으로 여겨서 배 안에 들었을 때 큰 애도 있고 작은 애가 있고, 나올 때 정상적인 애가 있고 정상적이지 않은 경우도 있는 것처럼 그렇게 이해하면 되지 않을까 싶어요.

그래서 역사학쪽에선 과정이 중요해요. 그런데 과정이라는 것이 진행하다 보면 변동이라는 것이 있어요. 물이 흐르다가 절벽을 만나고 하는 것처럼. 그래서 경계화해서 읍락국가, 즉 초기국가, 그 다음에 부체제, 고대국가 이렇게 나아가는 것을 우리가 설정하고 있는데, 고고학에서 또 다른 오해를 하고 있는 것 같아요. 읍락국가는 읍락이 곧 국가라는 개념이 아니고 3세기 단계에 모습을 보이는 국가를 읍락국가라고 부르고 있는데, 거기에는 읍락이 여러 개 모여서 하나의 통일적 기능을 하는 것이고, 그것이 백제라는 이름으로도 나타나고 사로라는 이름으로도 나타나고, 그것을 배타적으로 보여주는 정치체이기 때문에 그것이 국명을 가지고 있고, 국명을 가지고 있기 때문에 피아彼我를 구분하니까, 뭔가 하나로 기능하니까 국가로 볼 수 있다는 것이기 때문에 이 국가체의 모습이라고 하는 것이 기원전 1세기 혹은 기원전 2세기까지 소급이 가능하다는 것이고요.

그 다음에 그때 이미 한강유역에는 진국辰國이라고 하는 작지 않은 정치체가 존재했던 것입니다. 위만조선보다는 뭐하지만 중국과 직접 통교한 그런 연장선상에서 봐야지 백제만 딱 떼어놓고 3세기 단계에 국가다, 이렇게 … 그것은 온조나 다른 집단이 주체가 교체되었다 이런 것은 인정하는데, 성城을 하나 가지고 거기에 제사 유구를 가지고, 덩치 큰 것도 연대가 3세기 후반이라고 하는데, 아까 나왔던 것처럼 김원룡 선생은 기원전 1세기라고 이렇게 얘기해서 초기기록을 존중했는데, 저는 그것만 가지고 국가가 3세기 후반에 만들어졌다, 이렇게 보기에는 너무나 원초적이고 생성과정도 무시하는 것이 아닌가 생각합니다.

노중국 : 잠깐만요. 선생님들이 결국은 백제국을 얘기하기 위해서는, 건국 시점을 얘기하기 위해서는, 『삼국지』 동이전을 얘기하지 않을 수 없습니다. 하나 더 공통으로 생각해 주셔야 할 것이 있습니다. 사실 『삼국지』의 마한, 진한, 변한만 보면 내부구조는 거의 알 수 없습니다. 국읍과 읍락이 있다는 것, 국읍에는 주수主帥가 있고 읍락에는 거수渠帥가 있다 하는 정도입니다. 굳이 관명에 대해 이야기하자면, 위솔선읍군魏率善邑君, 귀의후歸義侯, 중랑장中郎將, 도위都尉, 백장伯長 정도를 들 수 있습니다. 그러나 이것은 내부 구조의 문제가 아니라 국의 우두머리에 대한 칭호입니다. 이 칭호는 중국쪽에서 준 거니까. 그런데 같은 『삼국지』에 실려 있습니다만, 왜전倭傳의 경우도 참조해주시고요. 함경도에 있었던 소위 옥저, 동예 등의 나라들에 대한 기록도 염두에 두고 좀 생각해 주세요.

『삼국지』 왜전에 보면 국을 대마국對馬國, 일지국一支國 이렇게 국명을 말한 후에 그 국의 호수戶數도 나옵니다. 몇 천호에서 야마대국邪馬臺國 같은 경우는 4만호인가 하는 정도로 나옵니다. 국마다 호수에 큰 차이가 납니다. 그렇지만 내부를 들여다보면 대마국, 일기국 등등의 국은 방方 얼마, 즉 넓이 얼마, 그 다음에 호수 몇 천호, 그 다음에 관명 이런 형태로 다 나오고 있습니다. 모두 같은 시기의 사실입니다. 그 다음에 동예 같은 경우 함경도 지역에는 불내국不耐國이니 화려국華麗國이니 이런 국들이 있었다는데 현으로 편입되어버렸다가 기원후 30년(후한 광무제6)에 동부도위가 폐지되고 난 후 현에서 후국侯國으로 바뀌고 있습니다. 현에서 국으로 바뀌었다는 사실들도 염두에 두면서 말씀해 주시면 좋겠습니다.

박순발 : 충분히 고려하겠습니다. 우선은 첫 번째, 주보돈 선생님께서 말씀하신 취지는 이해했지만, 만약에 그런 식으로 국가기능을 확대해 버리면 신석기시대도 국가고, 다 국가입니다. 예를 들어 지금 말씀하신 것 중에서 당위성이 있고, 그 당위 자체에 자율성이 있고 이런 걸 국가발전으로 하면 송국리단계의 환호취락들, 우리가 이것하고 어떤 관계에 있는지는 모르겠지만, 적어도 외부의 침입을 막을 때 환호環濠라는 그 자체가 자기들을 방어하는 공동의 이익이 있는 것이에요. 그것을 전부 국가라고 볼 수 있습니까? 솔직히 말해서 아까 말씀하신 것 중에 비유라는 것이 함정입니다. 생일을 따질 때 만 몇세로 하지 않는 것은 우리의 생각이고요. 전 세계적으로 인간이 태어나지도 않았는데 그게 무슨 인간이라고 할 수 있습

니까? 그것은 우리의 관행인데, 그런 비유를 해버리면 전부 다 국가가 되는 문제가 있고요. 그래서 고고학하고 같이 대화하자면서요? 그러니까 뭔가 확실한 기준을 가지고 얘기해야죠.

양기석 선생님께서 말씀하신 것 중에서 이렇게 말씀하신 것이 있어요. 심경은 이해합니다. 저도 백제 연대 올리면 좋죠. 만약에 풍납토성 연대가 기원전 1세기로 나오면 성이라 하겠지만, 그렇지 않으니까 다른 것으로 하고 싶은 생각은 저도 있어요. 그런데 문제는 3중 환호가 기원전 1세기가 절대 아니거든요. 그러니까 사실관계의 잘못이니까 3중 환호가 기원전 1세기에 만들어졌다는 그런 얘기는 어디에도 없습니다. 3중 환호가 매몰되어 있었죠. 예를 들면, 일종의 편년문제입니다만, 3세기대, 빨라야 3세기 중반 이렇게 되고요. 그러면 다른 곳은 이 단계에 환호가 얼마나 빨리 나오냐 하면, 대개 이 무렵에 나온 환호들이 그 비슷한 시기입니다. 최근에 금강유역이라든지, 충청권이라든지, 저쪽 영남권은 대체로 조금 고상취락 형태로 환호취락들이 있어요. 그 시기가 다 비슷합니다. 그러니까 3중 환호가 기원전 1세기는 아닙니다.

최병현 : 제안하겠습니다. 본격적인 주제로 넘어가야 할 것 같아요. 국가론 얘기하다 보면 끝도 없어요. 20~30년 전에 토론한 국가론이 또 반복되거든요. 제가 알기로는 그 당시 논쟁을 통해서 성읍국가, 읍락국가, 삼국지 동이전의 삼한 국을 소국으로 바꿔서 표현하고, 그 소국이 고대국가로 발전한다고 했어요, 그 과정에 소국 연맹이 있을 수 있고, 그 다음에 부체제, 그 다음에 중앙집권국가, 이런 순서로

정리된 것으로 아는데, 성읍국가론, 읍락국가론으로 다시 돌아가버리네요.

지금부터는 다른 얘기를 했으면 해요. 아까 박순발 선생님과 제가 잠깐 왔다갔다한 얘기가 있어요. 한강유역에서 백제의 시작과 관련된 고고학자료가 기원전 1세기까지 올라가는 것이 있느냐는 것이에요. 가평 대성리 수혈유구 같은 미미한 자료밖에 없습니다. 그런 자료는 아직 논쟁거리가 되지 않습니다.

그런데 박순발 교수와 임영진 교수 모두 백제국가가 성립된 것은 똑같이 3세기 중반이나 후반으로 거의 비슷하게 보고 있어요. 두 양반의 성城 출현 연대관도 같습니다. 그런데 문제는 3세기 국가 출현의 배경이 되는 무덤을 박순발 교수는 즙석분구묘, 박순발 교수의 표현으로는 서울 강남의 목곽봉토분이라 하고, 임영진교수는 기단식적석총이라고 하고 있는 거예요. 과연 어느 것입니까, 차라리 이렇게 들어가야 논쟁이 생산적일 것 같습니다.

그 다음에 또 한 가지 시비 붙을 얘기가 있습니다. 적석총 문제로 들어갔을 때 임영진 선생은 불과 몇 개 조사되지 않은 서울 강남의 기단식 적석총을 왕족 무덤과 왕비족 무덤, 고구려계와 백제계, 이렇게 구분하는데 과연 그러한 구분이 가능한지. 나중에 이 대목의 토론에 들어가면 저한테 발언 기회를 좀 주세요. 시비 좀 걸게요. 차라리 그런 주제의 토론으로 갑시다.

국가 성립과 백제국

노중국 : 조금 답답할 수도 있지만 사실 1980년대에 이런 얘기들이 많이 나왔습니다. 그런데 이 논의 자체가 그때 다 해결된 것은 아니었습니다. 지금에 와서도 논의 자체는 어느 정도 유효하다고 봅니다. 왜냐하면 지금도 국가 성립과 백제국伯濟國 문제에 대해 계속 여러 갈래의 얘기가 나오기 때문에, 그리고 이렇게 여러 갈래 얘기가 나오는 가장 근본적인 원인의 하나는 『삼국사기』 백제본기 초기기록에 보이는 내용을 그대로 믿을 것이냐, 『삼국지』 동이전의 국을 어떻게 볼 것인가 하는 관점에 따라서 지금도 여러 얘기들이 재생산되고 있기 때문입니다. 그래서 한번 걸러보는 것도 의미가 있다는 취지에서 말씀드렸습니다. 다만 양기석 선생님이 대답해 주실 것이 있습니다. 3중 환호는 기원전 시기가 아닐 경우에 백제국 성립을 어떻게 볼 것인지 …

양기석 : 제가 고고학 자료에 정통하지 않습니다만, 참고했던 것은 신희권 선생님이 풍납토성을 발굴한 후 보고서 I 인가가 나왔을 때 그것을 참고로 한 것입니다. 그것을 읽어보면 내벽 5토루와 6토루의 판축부 목재에 대한 방사선탄소연대 측정 결과 기원전 1세기에서 기원후 2세기 전후한 시기의 보정연대가 검출됐다고 해서 그것을 이용한 것뿐입니다. 제가 잘못했으면 너그럽게 용서해 주십시오.

노중국 : 예, 알겠습니다.

김영심 : 선생님, 제가 초보적인 질문을 하나 드리고 싶은데요. 제가 발표문을 쓰면서 십제十濟에서 백제百濟, 백제국伯濟國에서 백제라고 표현하기는 했지만, 이런 표현에 근본적인 의문이 들었거든요. 우리가 『삼국지』 위서 동이전에 국명들이 기록된 시기, 최소한 260년으로 말씀하셨죠. 그 명칭들이 언제부터 쓰이게 되었을까? 그리고 54국이라고 한다면 한꺼번에 54국의 명칭들이 등장했겠는가? 이런 궁금증이 좀 들었거든요. 우리는 계속 『삼국지』 위서 동이전을 얘기할 때 3세기 중반까지의 사실을 반영하는 것으로 말했지만, 그때만이 아니라 그 전 단계에도 그런 국이 있었을 가능성이 분명히 있지요. 그런데 그것 자체도 54국이 같은 시기에 한꺼번에 전개됐을 것 같지는 않거든요. 각 지역별로 흩어져 있던 것들에 나중에 국명이 붙여졌을 것 같은데, 그러면 백제국은 언제 그런 명칭이 붙여졌는가? 아주 초보적인 의문이기는 하지만, 해명은 힘들 것 같습니다.

노중국 : 궁금증이 있으니까 … 그 궁금증은 시기문제와 연관될 것 같습니다. 적어도 3세기, 260년 단계까지는 백제국이 있었다는 것입니다. 그럼 백제국이라는 국명이 칭해진 시기가 언제부터인가, 온조 때부터인가, 건국할 때부터 백제국으로 칭해졌는가, 아니면 중간에 변화가 있었느냐, 있었다면 변화가 일어난 시기는 어느 시기쯤이냐, 이런 질문이 되는 것이죠. 그것과 좀 연계시키겠습니다.

다시 본 주제로 돌아오겠습니다. 방금 김영심 선생님의 이야기와 연결됩니다만, 백제국이 언제 건국되었느냐 하는 것인데요, 이것도 방금 논의할 때처럼 국을 어떻게 보느냐에 따라 시기 차이가 확연히 나고 있습니다. 고고학쪽 연구자들에게 질문 하나를 더 던지겠습니다. 풍납토성이 쌓여지기 이전에 서울 지역에 자리잡았던 세력들이 국가냐 아니냐로 분명하게 먼저 얘기해 주시고, 그 다음에 국가가 아니라고 하면 그 이전을 뭐라고 표현해야 할 것인지에 대해 말씀해 주시면 좋겠습니다.

박순발 : 사실 양기석 선생님 논지 속에 십제十濟, 백제伯濟, 백제百濟로 어느 정도 정리되는데, 265년, 260년 그 무렵에 백제국, 백제라고 붙여 놓은 제濟자가 그 전에도 십제 제濟자 있죠. 그 이후도 백제 또 있습니다. 자세히 보면 열 개의 … 아마도 토착말이겠죠. 지라고 하는 말이 뭐냐는 것이죠. 즈로 된 것도 있고 지로 된 것도 있습니다. 근데 다 어떤 근거지를 얘기하는 것이거든요. 목책이나 … 그런 정도의 규모에서 두각을 나타내는 단계의 물론 중국발음으로 하는 것도 약간 다릅니다만 어떤 백제국이 있었겠죠. 그런데 백제가 공식적으로 …

노중국 : 잠깐만요. 그 때의 백제는 맏 백伯자의 백제죠?

박순발 : 네, 맏 백伯자인데. 일백 백百자를 언제 썼냐 하면, 옛날 칠지도가 제대로 이해되어지기 전에는 그걸 '백자百慈'라고 썼다는 … 뭐 관계없는 말이지만. 적어도 동진東晉과 공식적으로 교섭하면서 백제로 칭했어요. 그러니까 265년 그 무렵, 『삼국지』가 찬술되는 그 시점

부터 시작해서 371년 정도 그 사이에 국호변화가 있었을 겁니다. 그러니까 이때 국호변화는 단순한 국호가 아니라 일백 백百자가 되었거든요. '가장', '많은' 이런 뜻을 가졌으니까 전체를 아우르는 뭔가 된 것으로 분명히 이해할 수 있습니다. 그 과정에서 이미 국가 성장을 우리가 읽어낼 수 있고요.

그 다음에 좀 전에 말씀하신 것 중에 맏 백 자 백제국이었을 때, 한강유역은 무엇이었냐, 가능합니다. 아까 제가 발표 중에는 이렇게 말씀드렸습니다. 몽촌토성은 하한이 3세기 4/4분기입니다. 그러니까 분명히 둘 중 하나에 문제가 있을 수 있어요. 물론 그 이전에 무슨 옮겨온 것 이런 것 따지고 하면서 다른 쪽에서 찾는 것도 있지만, 그것은 현실적으로 아직 대안이 될 정도의 고고학 자료는 없습니다. 그래서 맏 백伯자 단계를 국가가 아니다라는 뜻이 아니에요. 말하자면 그 때 맏 백伯자로 불렸던 때에 어떤 하드웨어가 있었고 어떤 소프트웨어가 있었냐 이것을 파악하는 게 중요한데, 그 중 고고학적으로 가장 중요한 하나의 단서는 역시 성원城垣취락의 확인이라고 보는 것이죠. 나아가서 조금 전의 고분문제도 있고요. 이상입니다.

몽촌토성을 쌓은 시기

노중국 : 박 선생님 얘기대로 하면, 몽촌토성은 풍납토성보다 먼저 만들어졌다, 시기적으로 풍납토성은 3세기 4/4분기가 상한선이다, 몽촌토성은 3세기 4/4분기가 하한선이다. 경우에 따라서는 겹칠 수도 있

다고 정리할 수 있습니다. 어쨌든 그런 뉘앙스는 몽촌토성이 풍납토성보다 조금 빨리 만들어졌다는 느낌이 드는데 … 그럴 가능성은 없어요?

박순발 : 고고학적 근거라는 것이 사실 이렇습니다. 그 층이 어떤 층이냐는 것이죠. 즉, 제 I 차 토루 속에 들어 있으면 그 물건보다는 늦어야 되는 것 아닙니까? 그래서 그게 상한이 되는 것이죠. 그러나 이제 성벽이 쌓이고 난 뒤에 성 내부 쪽에 퇴락된 토층에 들어가 있는 유물이 있다면 성은 그 유물 폐기 시점보다는 좀 이른 시기에 쌓였다고 봐야 되는데, 이 경우 그 유물은 성의 하한이 되는 건데요.

노중국 : 그게 왜 중요하냐면 …

박순발 : 상대적인 뉘앙스는 있습니다. 저 큰 성 이전에 방위성이 먼저 생겼을 가능성이 더 있다는 것이죠. 두 가지가 있습니다. 큰 성이 먼저 생기고 나중에 방위성으로 독립해서 나오는 경우도 있어요. 대개 중국 춘추시대 성들이 그렇고요. 그러나 그 이전으로 올라가서 보면 오히려 작은 성에 있다가 나중에 확대되는 경우들이 있습니다. 상주商周대로 거슬러 보면 그렇고요. 나중에 국가가 상당히 진전되면서 왕의 단독 성城이 되는 것은 또 다른 사례인데, 그건 비교사례이고 다만 고고학적인 연대로만 말하자면 그런 문제가 있다는 거죠.

임영진 : 몽촌토성 축조 시기 문제에 대해 말씀드리겠습니다. 몽촌토성은 출

토된 서진 전문도기편으로 인해서 3세기 중후엽설이 많이 거론되고 있는데, 이상하게도 처음에는 몽촌토성의 축조 상한을 3세기 후엽이라고 이해했어요.

그런데 보고서를 면밀하게 보시면, 1985년에 나온 보고서인데, 행정용 보고서였지만 중요 유물과 유구에 대해 보고하고 축조 연대를 제시한 것인데, 서진 전문도기의 연대를 3세기 후반으로 보았고, 출토된 층위 상황을 감안하면 몽촌토성의 축조 연대는 3세기 후반 이전까지 올려볼 수 있지만 어느 정도 더 올려볼 수 있는지에 대해서는 확언하기 어렵다, 이렇게 보고되어 있습니다. 즉 3세기 후엽은 축조 상한이 아니라 축조 하한입니다. 축조 시점을 아무리 늦춰도 3세기 후엽 이하로는 내려가기 어렵다는 것이죠. 반면 풍납토성은 축조 상한이 3세기 4/4분기로서 축조 시기가 그 이전으로 올라가기 어렵다는 것이므로 서로 큰 차이가 있는 것입니다.

몽촌토성은 지금 현재의 발굴된 자료에 근거하는 한 축조 하한이 3세기 중후엽경입니다. 그동안 구릉지를 중심으로 발굴이 됐고, 저지대는 트렌치 조사만 했어요. 트렌치 조사를 통해서 토기가 상당량 나왔는데, 구릉지역 출토품보다 올라가는 것들이 많기 때문에 몽촌토성의 축조 연대는 더 올라갈 가능성이 높고, 풍납토성보다 먼저 축조됐을 가능성이 높습니다.

그런데 최초에 알려진 석촌동 일대의 즙석분구묘들은 그 수와 규모로 봐서 그 주인공들이 나대지에 거주하면서 그러한 무덤을 남겼을 가능성보다는 어디엔가 제대로 된 시설을 갖춘 거주 공간을 두지 않았겠느냐? 그런 점에서 본다면 석촌동의 즙석분구묘 세력과 관련된 성곽이 몽촌토성이고, 고구려계 이주민과 연계해서 명실상부한 고대국가로서의 백제를 건국한 다음 더욱 거대한 본격적인 도성으로서 풍납토성의 축조에 들어가지 않았겠는가? 저는 그러한 가능성을 제기한 바 있습니다. 그러니까 몽촌토성이 풍납토성 이전의 성곽이고, 백제국으로 연결될 수 있는 즙석분구묘 세력의 거점이었다면 백제국도 성곽을 갖춘 고대국가로 볼 수 있을 것으로 생각됩니다.

노중국 : 박순발 선생님은 몽촌토성이 약간 애매하지만 앞설 수도 있다는 것이고, 임영진 선생님은 분명히 3세기 중후반으로 하한선이 올라가는 몽촌토성은 풍납토성보다는 어쨌든 먼저 축조됐을 것이다라는 것입니다. 고고학을 하시는 권오영 선생님은 그 점을 어떻게 생각하세요? 이것이 백제 건국 시기를 얘기하는 데 상당히 중요한 단서가 될 것 같습니다.

권오영 : 오늘 제가 소수의견만 계속 얘기할 것 같습니다. 임영진 선생님, 박순발 선생님 두 분 견해에 저는 반대합니다. 똑같이 합의된 건 아닙니다. 저는 몽촌토성이 풍납토성보다 이르다고 하는 것에 3가지 근거로 반대합니다.

일단은 풍납토성 같은 경우는 성이 만들어지기 전에 이른바 중도유형문화 혹은 중도식 무문토기가 출토되는 원삼국시대 주거지로 구성된 마을이 있었고 환호가 있습니다. 그에 비해서 몽촌토성에서는 두 분 선생님이 직접 발굴하셨지만 중도식 무문토기 내지

원삼국시대 토기는 나온 바가 없습니다. 나온 무문토기는 아마 청동기시대 토기가 조금 나온 것으로 기억되고, 바로 3세기 직전 2세기, 1세기 토기가 나온 바가 없습니다.

그래서 일단 풍납토성처럼 원삼국시대부터 취락이 계속 이어지는 것과 몽촌과는 다르고, 달리 말해서 몽촌은 어느 한 시점에 갑자기 의도적으로 만들어진 성으로 보입니다. 그랬을 때 물론 두 분 선생님이 그러니까 더 빨랐을 것이다, 이렇게 말씀하실텐데, 문제는 예전에는 전문도기가 나오면 다 서진대 것이라고 했습니다. 그런데 전문도기를 가지고 한대漢代로 올리려는 입장도 있었고, 또 반대로 전문도기를 요즘엔 동진東晋, 남조南朝로 내리는 입장도 있기 때문에 예전에 전문도기를 서진 것이라고 했던 도기가 정말 서진 것인지는 역시 의문이 남습니다. 그건 그럴 수도 있고 아닐 수도 있습니다.

마지막 하나 층위관계는 두 분 선생님이 똑같은 입장인데, 저는 아무리 봐도 이해가 가지 않습니다. 몽촌토성의 성벽이 허물어진 흙, 그것도 안쪽에서 전문도기가 나왔다고 해서 그 성의 연대가 전문도기보다 이르다고 하는 것이 제 머리로는 이해가 안 됩니다. 그건 그럴 수도 있고 아닐 수도 있지 않은가 하는 생각이 들어서. 그래서 저는 역시 지금 생각에서는 풍납과 몽촌의 선후관계는 이렇게 몽촌쪽을 주장하시는 분들도 계시지만 반대되는 의견도 있다 이렇게 정리해 보았습니다.

박순발 : 첫 번째, 선주先住가 있다고 했을 때 그건 여기서 전혀 해당사항이

없어요. 그거야 옮기면 되니까. 이건 문제가 아니고요. 중도식 토기가 없다고 했는데, 제 기억에 무문토기도 있습니다. 청동기시대 무문토기. 안에 깎인 것이 무문토기 아닌 것도 있습니다. 그래서 1988년, 1989년 보고서에 보면 원삼국기로 설정해 놓은 것이 있습니다. 전부 그게 아닌 게 아니고요.

세 번째 문제인 전문도기가 서진이냐 아니냐 하는 것은 동아시아가 전체적으로 들썩거리고 있어요. 우리도 그렇고 중국도 그렇고, 그래서 아주 왔다갔다 합니다. 오늘 취지도 바로 그것이었습니다. 서진대 그런 교류가 없었겠느냐 하는 문제를 가지고 소위 말해서 장강長江유역이 어떻게 해서 네트워크를 통해서 가능하냐는 얘기를 제가 계속 말씀드렸습니다. 다만 현 시점에서 누구도 이 파편을 보고서 서진, 동진, 동오東吳라 할 수 있는 사람은 없어요. 대개 왕즈가오王志高, 그 분이 늦게 봤는데, 얇은 것은 빠르지만 두꺼운 것은 느리다고 … 몽촌토성 것을 봤냐고 했더니 그 때 못 봤다고 했거든요. 자세히 보면 굉장히 얇다고 그랬어요. 그래서 난 여전히 이 문제는 여기에 연동되기 때문에 3/4분기 하한 4/4분기 둘 다 연동됩니다. 이 연대론에 따라서 연동되겠죠. 그래서 반드시 선행하는 것도 아니고 반드시 후행하는 것도 아니지만 상한과 하한이라는 뜻이고요. 거기에 따라서 백제국이라 해서 만 백伯자라고 해서 무조건 국가가 아니라는 게 아니고 그것도 관계없는 별도의 문제라는 것이죠. 이상입니다.

임영진 : 저도 겹치지 않는 범위 내에서 말씀드리겠습니다. 몽촌토성에서 3

세기대 이전의 토기가 나왔다고 해서 그 성이 3세기보다 빠르다고 하는 것은 정확한 표현이 아닙니다. 서진 전문도기편의 출토 위치가 성벽이 흘러내려서 퇴적되지 않으면, 다른 지역에서 퇴적물이 올 수 없는 성벽 거의 정상부에요. 성벽에서 나온 퇴적토가 쌓인 다음에 서진 전문도기편이 폐기되었기 때문에 그 성벽의 축조는 그 유물보다 빠르다, 그러니까 서진 전문도기편의 연대에 대해서는 몽촌토성의 축조 하한이라는 표현을 쓰는 것입니다.

또한 몽촌토성에서 중도식토기와 관련된, 풍납토성 3중 환호 출토품과 관련된 유물이 없기 때문에 시기적으로 올려보기 어려운 것 아니냐는 지적이신데, 오히려 풍납토성을 중심으로 한 저지대는 소위 중도문화 계통의 주민들이 들어와서 거주하고 있었고 몽촌 일대는 그보다 더 늦은 즙석분구묘 세력이 들어와서 거점으로 삼았을 가능성이 있다고 봅니다.

노중국 : 어쨌든 연대에 대해서는 몽촌토성이 풍납토성보다 빠를 가능성을 배제할 수 없다는 것인데, 최병현 선생님 …

최병현 : 사회자님께서 고고학 자료의 편년문제에 대해 이해가 약간 부족하신 것 같아요. 문헌하는 분들은 1년이 중요하고 5년, 10년이면 굉장히 중요한 역사적 사건이 왔다갔다하는 문제가 있지만, 솔직히 고고학적 편년에서 몇 십년, 삼국시대에 들어와서도 20~30년은 왔다갔다해도 별 문제가 없는 것입니다. 그러니까 고고학 편년문제 그렇게 세부적으로 들어가버리면 끊임없는 순환 논쟁이 돼버리

거든요. 문제는 지금 박순발 선생이나 임영진 선생이나 3세기 중후반께는 몽촌토성도 섰고, 풍납토성도 섰다는 것이에요. 그때의 백제의 단계는 성읍국가나 읍락국가가 아니고 고대국가 단계라는 거예요. 박순발 선생이 과거 책에서 분명히 말하기를 연맹왕국 단계를 고대국가로 본다고 한 거예요. 국가 성격에 대해서는 임영진 선생도 같을 거예요. 중요한 것은 그것이지 여기서 연대를 너무 세부적으로 따지는 것은, 고고학하는 입장에서 보면 필요 없는, 힘만 들지 별것 안나오는 얘기라는 거예요.

방금 토론 가운데 굉장히 중요한 문제가 숨어 있어요. 임영진 선생은 몽촌토성을 중도문화계로, 그 다음의 풍납토성을 고구려계로 보고 있어요. 여기에 또 임영진 선생은 서울 강남의 즙석분구묘는 백제의 국가 성립과 관련이 없으며 고구려계 적석총이야말로 백제의 국가 성립과 관련된 무덤이고, 바로 그 적석총 세력이 풍납토성을 세워서 국가로 발전했다는 것입니다. 그러니까 이런 문제를 집중 토론하면 좋겠는데요.

제 사견을 말한다면, 사실은 두 분 사이의 서울 강남 고분 편년관이 결정적인 문제예요. 한성기 고고학의 편년에 대해선 저는 자신이 없지만요. 그런데 지금까지 제가 갖고 있는 생각은, 즙석분구묘가 역시 3세기 중후반쯤에는 나타났을 거라고 봐요. 서울 강남의 묘제 출현시기도 세부적으로 들어가면 대단히 복잡해요. 그동안은 즙석분구묘 앞에 토광묘가 있었다고 보아 왔는데, 최근 연구경향을 보면 그렇지도 않은 것 같아요. 여기 조가영 선생 와 있는데, 조가영 선생은 석촌동 3호분 동쪽 즙석분구묘의 시작이 3세기 중후반 아니면 전반으로 올라가고, 거기서 같이 나온 대형토광묘도 같은 시기일 거라고 했어요. 강남고분군에서 토광묘 가운데 대형토광묘의 시기가 가장 올라가는 것이잖아요. 아마 김성남씨도 그렇게 봤지요? 그렇다면 시기적으로 토광묘가 즙석분구묘보다 앞인지 뒤인지 모르겠어요.

임영진 선생의 견해와는 달리 제 생각엔 즙석분구묘가 백제의 국가 형성과 관련된 묘제라고 보고, 적석총은 역시 4세기 넘어가야 되는 것 아닌가 봅니다. 그렇다면 과연 서울 강남에 부여계통의 문화가 뭐가 있느냐, 제가 볼 땐 부여계라고 칭할 수 있는 것은 없다는 것입니다, 아까 즙석분구묘를 범마한계라 했는데, 이건 범마한계라기보다는 차라리 범예맥계라 하든지, 거기다 한을 붙여서 범예맥한계라고 하든지 하면 얘기가 되겠지만, 이들을 범마한계, 마한계라고 하는 것 옳지 않다고 봅니다. 강남의 즙석분구묘를 아마 영산강유역으로 쭉 연결되는 토축분구묘, 성토분구묘와 같은 계통으로 보시는 것 같은데, 저는 그렇게 보기는 어렵다고 생각합니다.

그리고 임영진 선생의 얘기 가운데 또 하나의 문제는 고구려계 적석총이 서울 강남에 나타나기 전에 임진강유역에 먼저 도달했다는 것이에요. 고구려 세력이 남하하여 2세기 후반에 임진강유역에 도달했고, 이들이 3세기 후반에 강남의 석촌동으로 왔다는 거예요. 아마 임진강유역에 도달했다는 적석총의 사례로 삼곶리 적석총을 들 것 같아요. 이 삼곶리 적석총을 임진강과 한강 중상류에 있는 소위 적석분구묘 또는 즙석식 적석묘와 분리시켜서 다른 계통으로 볼 수 있느냐, 그렇게 해서 그것을 서울 강남의 기단식적석총과 연결시킬 수 있느냐, 저는 그것은 대단히 회의적이라고 봅니다. 이상입니다.

노중국 : 예, 편년문제를 아무리 얘기해 봐야 결론이 나지 않는다고 하셨는데, 결론이 나지 않으면 얘기할 것이 없어요. 그럼 최병현 선생님께 하나 여쭤보겠습니다. 몽촌토성과 풍납토성에 대해 두 분은 최소한 몽촌토성 축조 하한은 3세기 중후반이다라고 하였고, 권오영 선생님은 그건 좀 믿기 어렵다고 했는데, 그랬을 때 제3자로서 최 선생님 본인은 어떻게 생각하시는지요? 나는 모르겠다 이러지 말고요.

최병현 : 고고학적으로는 그것이 3세기 중반에서 조금 앞으로 가나 뒤로 가나, 즉 몽촌토성이 앞에 가나, 풍납토성이 앞에 가나는 크게 문제가 되지 않는다는 것입니다. 문제는 3세기 중반을 전후한 시점에 그러한 토성이 나타났고, 그것을 통해서 봤을 때 박순발 교수가 말하는 연맹왕국 단계의 국가, 요즘 문헌사에서 얘기하는 부체제 단계의 국가, 그런 정도 상태의 국가가 성립되었다고 보는 것이 중요하다는 말씀입니다. 고고학적으로는 연대가 몇년 빠르고 늦고 그런 것은 그렇게 문제가 되지 않는다는 것이죠.

노중국 : 그렇게 보았을 때 건국시기 문제인데요. 아까 국가 건국이 언제 됐느냐고 할 때 또 어떤 지표를 가지고 건국을 이야기할 것이냐고 물었을 때 고고학쪽에서 나온 얘기는 여러 가지 요소들 중에서도 그래도 백제의 경우는 성곽을 중심으로 이야기했습니다. 그리고 풍

납토성의 축조 시기는 3세기 후반 이후로, 박 선생님의 견해에 따르면 3세기 4/4분기 이후다 이렇게 하면 백제 건국 시기가 잡혀지는 거죠.

그런데 몽촌토성은 아무리 늦어도 3세기 중후반에는 이미 만들어졌다, 이런 견해가 나왔습니다. 그렇다면 백제의 건국 시기는 맏백자 백제伯濟, 『삼국지』 동이전에 보이는 백제국伯濟國과 몽촌토성이 시기적으로는 연결될 수 있기 때문에 그 백제국의 정치적 성격이 부체제냐 연맹체냐 하는 문제는 뒤로 돌린다고 하더라도, 건국 시기가 언제냐 하는 것입니다. 또, 몽촌토성을 축조한 시기의 백제국을 국가로 볼 수 있느냐 하는 점입니다. 다시 말하면 3세기 중후반에 몽촌토성에 성곽이 분명히 존재했다고 하면, 그 성곽을 만든 국은 국가냐 아니냐는 거죠.

최병현 : 국가라고 얘기했지 않습니까?

노중국 : 네. 국가죠. 그럼 백제 때 국가 성립은 언제까지로 봐야 하는가. 그걸 알아야 하지 않느냐는 것입니다. 풍납토성만 갖고서 백제 국가의 성립 시기를 얘기하기가 어렵지 않겠는가 하는 것입니다.

최병현 : 몽촌토성이든 풍납토성이든 늦어도 성곽이 출현한 3세기 4/4분기에는 백제국가가 성립했다는 얘기지요.

노중국 : 네. 하한선인데, 그럼 이 백제국의 성립 시기는 언제까지 올려 보아

야 하는 것인지요? 그냥 여기서 3세기 중후반쯤에는 생겨났다는 것으로 끝내야 될 건지. 아니면 문헌쪽에서는 앞당겨 보자는 견해가 나오고 있기 때문에 그 점을 어떻게 연결시켜서 얘기할 거냐는 문제죠.

권오영 : 선생님이 임영진, 박순발 선생님 두 분 논리를 좀 오해하셨거나 아니면 너무 크게 인용하셨는데, 제가 알기로는 두 분의 입장이 그게 하한이라고 해서 몇십 년을 더 올라간다는 이야기는 아니고 풍납토성과 상대적으로 그냥 짧은 10여 년 정도 앞선다는 것이지, 몽촌토성이 앞선다고 해서 백제국가 형성시기가 그렇게 많이 올라간다는 얘기는 아닐 것 같고요.

저는 하나 제안하고 싶은 게 백제 건국이라는 얘기를 좀 안 했으면 좋겠습니다. 건국이라는 말을 하다 보니까 어느 한 시점을 자꾸 생각하게 되니까 많은 오해가 있는 것 같습니다. 역시 성립, 형성, 발전과정으로 이해하는 것이 낫지 않을까 제안해 봅니다. 건국이라고 말하면 한 시점을 얘기하는 것 같아서요.

박순발 : 저도 동감인데요. 건국, 건국 이렇게 되어 있지만 건국은 나중에 실제로는 왕계를 정리하면서 나오는 게 있고요. 우리가 외형적으로 어떤 소프트웨어나 하드웨어에 도달했을 때 그걸 국가로 보느냐 그 얘긴데. 제가 건국 기원전 18년을 부정하는 것은 절대 아닙니다. 그 사람들의 왕통이나 계통은, 아까 주보돈 선생님도 말씀하셨듯이, 씨앗은 이미 떨어졌겠죠. 그렇지만 그것이 어느 단계에 들어

와서 그렇게 성장했다고 보는 것이지, 예를 들어 사람은 1년만에 태어나지만 국가는 반드시 그렇지 않거든요. 어디서 왔다는 것은 고고학적으로 규정하기는 어려워요. 그것은 고고학이 접근할 수 없는 영역입니다. 다만 한강유역이 어떤 배경의 문화냐 하는 문제에 대해서 얘기한다면, 임영진 선생님이 즙석식 적석묘를 전부 다 고구려계로 보는 것은 개인적으로 반대합니다. 그러니까 그런 문제 아니라면 기원전 18년 건국을 우리가 부정할 이유는 없고 그대로 따라가는 게 좋습니다.

백제국의 형성

노중국 : 아까 김영심 선생님이 문헌상에 십제와 백제가 있을 때 시간적으로 어떤 차이성이 있느냐고 이야기하셨죠?

김영심 : 예. 십제. 백제도 그렇고요. 저는 기본적으로 백제국에서 백제로 갔다고 보고 있는데, 그게 궁금했던 겁니다. 우리가 계속 3세기 중후반에 백제국이라는 명칭을 가지고 있다 이 말만을 하는데, 그러면 그 국명이 분명히 언제부터 시작되었는지가 궁금했던 겁니다. 그리고 우리가 54국 명칭의 위치를 비정하잖아요. 그런데 그 54국이라는 명칭은 일단 260년대라고 하면 그때 있었던 것은 분명하지요. 그런데 그 전 단계에는 거기에 있는 존재들이 우리가 분명히 상관된 성립시점 이렇게 얘기하면 기원전 2세기 말에서 1세기 초에 위만조선계의 남하를 이야기하고, 그 다음에 거기에서 일단 마

한사회 이런 것들이 철기문화 이입과 함께 내부적으로 변동이 있어서 생겼다 그렇게 이야기했는데, 그때는 그냥 마한이었고 그 다음에 소국으로 분화됐는지 그게 궁금했던 거죠. 그리고 백제국이라는 명칭도 그 소국으로 나눠졌을 때 바로 다 붙은 것인가 그런 의문이 들었습니다.

박순발 : 시간이 얼마 안 남았습니다. 사실 이 문제 저도 궁금했습니다. 문헌에 안 나오는걸 어떻게 알겠습니까? 다만 고고학적 전체 편년관에서 보면, 지금의 예를 들면 우리가 전통적인 인구 집중지라고 하는 그런 것이 아닌가 생각을 합니다만, 면단위라든지 군단위의 행정중심지 주변에 소위 분묘군이 형성된 시점이 있어요. 사람 사는 취락은 우리가 계속 이어 살기 때문에 그것이 별도로 남지 않습니다만, 그런 분묘군이 형성되는 게 대체로 지금 보면 2세기대가 제일 빨라요. 소위 말해서 주구묘周溝墓가 됐든 그런 정도 단계에 오면 적어도 마한 안에서 각 지역 세력들이 아까 주보돈 선생님이 말씀하셨던 대로 상당히 뭔가 덩어리지기 시작한단 말이죠. 그런데 좀 앞서 올라가면 점토대토기 단계나 삼각점토대토기 단계 올라가면 전혀 그렇게 안보여요. 그런 점에서는 저는 2세기 정도라고 생각합니다.

노중국 : 2세기 정도 때 백제국伯濟國이라는 칭호가 생겨나서 …

박순발 : 아니, 그건 아니고, 어떤 변화가 …

노중국 : 아, 변화가 있었다 …

임영진 : 최병현 선생님이 몇 가지 문제를 제기하셨는데, 모두 답변을 하기에는 시간이 촉박한 것 같습니다. 핵심적인 문제에 대해서만 간단히 말씀드리겠습니다. 고고학적으로 보는 한, 일반적으로 인정될 수 있는 고대국가로서의 백제의 출범은 3세기 중엽을 벗어나기는 어렵다고 봅니다. 다만 3세기 중엽에 고대국가체제를 갖췄지만 거기에 이르는 과정을 거슬러 올라가보면, 전혀 무관한 세력들이 아닐 뿐만 아니라 문헌기록에 있어서도 백제伯濟, 십제十濟, 백제百濟가 연관이 있기 때문에, 이것을 대나무와 죽순관계처럼 어디서부터 어디까지 죽순으로 보고 어디서부터 어디까지 대나무로 볼 것이냐는 참 어렵기 때문에, 연계되는 고고학적 문화를 추적해 내려가서 그 이전 시대와 분명히 구분되는 새로운 문화단계로서 백제 건국에 기여한 그런 세력집단이 있다면 거기서부터 볼 필요가 있겠다고 봅니다.

그런 점에서는 중도문화가 역시 제일 빠르고, 중도문화 이전으로는 연결되기 어려우니까 중도문화단계부터를 백제국의 태동으로 볼 수가 있고, 어느 정도 정치세력이 형성돼서 『삼국지』의 백제국伯濟國으로 성립하는 시점은 역시 분구묘 세력의 정착과 관련된 것이 아닌가 생각합니다. 그래서 분구묘의 정착시점, 최병현 선생님께서 이의를 제기하셨지만, 지금 남아 있는 것으로 본다면 3세기 초경을 백제국 성립으로 볼 수 있지 않을까? 그렇게 말씀드리고 싶네요.

노중국 : 또 다른 의견 없습니까?

박순발 : 저는 그 부분에 대해서는 생각을 조금 달리합니다. 그러나 이 문제는 오늘 토론하기에는 시간이 부족합니다.

주보돈 : 두 분의 의견을 문헌상에서 보면 3세기 후반에 나타나는 국가는 사실 부체제 단계 국가로서는 인정합니다. 부체제 단계 그 이전의 맏 백伯자 썼던 국가가 있었는데, 그 시원은 말이죠, 기원전 1 · 2세기까지 올라갔다고 봐야 되는데, 기원후 1세기 초엽 왕망王莽의 지황地皇연간에 진한辰韓이라는 존재가 있어서 진한의 모태가 되어 있는 정치세력들이 12개는 아닐 것이지만 기록에 보면 6개 정도가 기원전 1세기에는 존재한 거고요. 그보다도 먼저 빨랐던 것이 마한입니다. 마한의 국가 형성이 빨랐기 때문에 그 내부를 구성하는 언책들은 기원전 1세기에 조성되었는데, 단 그것이 일시에 만들어진 것이 아니고 조금씩 지역별로 차이가 있고 해서 이렇게 만들어져 나가는 과정에 있었고, 그것이 3세기 전반에 와서 마한 54개국이고, 그 가운데 하나가 백제국이었다. 그럼 백제국이 언제부터냐, 백제국은 3세기 전반을 하한으로 해서 그 이전에 맏 백伯이 있었다. 문헌상으로는 그렇게 설명할 수 있고, 만일 『삼국사기』를 따른다면 기원전 1세기까지 맏 백伯도 소급될 수 있다, 단 고고학적 증거는 없다, 거기에 수수께끼가 있다고 말씀드리겠습니다. 그리고 신라를 예로

들면 4세기 중엽 이후에 고총이나 성곽이 나타나는 양상이라고 하는 것이 백제에서는 3세기 지금 편년대로 하면 4/4분기 혹은 3/4분기 이 어간에 나타난다는 거죠. 그런 측면에서 보면 이쪽의 모습이 조금 빠르다고 설명할 수 있습니다. 그게 신라에서는 마립간시대로 불리는 적석목곽분의 시대입니다.

노중국 : 이제 정리해야 할 것 같습니다. 2부에 들어와서 건국 시기 문제를 좀 이야기했습니다. 건국과정을 따져간다면 위로 기원 전후한 시기까지 올라갈 수 있다는 문헌쪽의 의견이 분명히 있었습니다. 고고학쪽에서는 국가 성립의 지표를 가지고 얘기한다면 성곽의 성립을 주요 지표로 보고 있습니다. 그 성곽의 축조는 지금 나온 견해로는 3세기 중후반이며, 그 태동은 올라갈 수 있는 가능성이 있지 않겠냐는 이야기까지 나왔습니다. 방청석쪽에서 혹시 자기 견해든 질문사항이 있다면 받아보도록 하겠습니다.

즙석분구묘와 적석총

최병현 : 그 전에 … 제가 제기했던 문제의 토론은 못하고 끝날 것 같네요. 제 생각을 얘기하도록 하겠습니다. 중도유형문화와 예계, 이 문제는 지나가겠습니다. 결국 얘기는 백제 국가를 세운 세력이랄까 집단, 또 그 시기 문제는 고고학적으로는 결국 즙석분구묘와 적석총 문제로 도로 돌아오거든요. 박순발 선생은 즙석분구묘, 임영진 선생은 여전히 적석총을 주목하고 계셔서 두 분한테 질문을 던지겠

습니다.

저는 아까 말씀드린 대로 백제의 국가 성립과 관련된 묘제로는 즙석분구묘라고 생각하고 있습니다. 그런데 박순발 교수는, 이번에는 아마 논제가 다르기 때문에 명확한 표현을 안하셨지만, 3세기 중후엽에 즙석분구묘를 쓰는 사람들이 백제를 국가로 만들어냈다고 보았어요. 그리고 이후 4세기 중반쯤에 와서 석촌동에는 기단식 적석총이 쓰이기 시작했는데, 그것은 세력의 교체나 담당자의 교체가 아니라 백제의 중심세력이 고구려 묘제를 채용한 것이라고 해석했어요. 그 견해가 여전하신지?

임영진 선생은 반대로 즙석분구묘 세력은 백제국가를 건설한 사람들도, 고구려와 관련된 사람들도 아니다, 백제 국가를 세운 세력은 적석총을 쌓은 사람들이다, 이 고구려계 왕족이 내려와 즙석분구묘 쓰는 사람들을 왕비족으로 채용해서 백제식 적석총을 따로 만들어냈다고 얘기했어요.

여기서 질문입니다. 아까 말한 대로 제가 볼 때는 발굴자들의 삼곶리 적석총 유적해석에도 좀 문제가 있었고, 그것을 곧바로 받아들이는 임영진 선생님에게도 문제가 있다고 지적하고 싶습니다. 그 다음에 서울 강남에서 발굴된 적석총을 전부 세어봐도 석촌동 1호분 남 · 북분, 2호분, 3호분, 4호분, 모두 합하여 5개이고, 이 5개의 내부구조를 보면 똑같은 것이 하나도 없어요. 그 다음에 지상에 높이가 상당부분 남아 있어서 발굴된 것은 3호분과 4호분, 2기밖에 없습니다. 그런데 이것을 유형화해서 고구려식, 백제식으로 갈라놓고 하나는 왕족, 하나는 왕비족이라고 하는데, 이렇게까지 추론이 정말 가능하냐는 것입니다. 내가 보기에는 이러한 추론은 너무 지나치게 나간 게 아닌가, 문제를 제기하고 싶습니다. 이것도 20년 전에 이미 제기한 문제들이었는데 지금까지도 해명이 안 되고, 오늘도 20년전의 모습과 똑같요. 그래서 두 분한테 그에 대한 질문을 하고 싶습니다.

저는, 이렇게 볼 수는 없는가, 문제를 제기하고 싶습니다. 즙석분구묘를 쓰던 사람들이 3세기 중반에 몽촌토성도 쌓고 풍납토성도 쌓고 백제를 국가로 성립시켰는데, 4세기 후반쯤 와서 고구려쪽에서 기단식 적석총을 가진 사람들이 내려와서 소위 정복왕조를 세웠다고 볼 수는 없나 …

임영진 : 제가 발굴 당사자로서 해명을 해야 될 의무가 있는 것 같습니다.

노중국 : 임 선생님. 오늘은 그 문제를 길게 얘기는 못하니까 2~3분 안에 말씀해 주세요.

임영진 : 제일 중요한 것은 1호분 북분에 걸쳐 있는 무덤입니다. 발굴 당시에도 대단히 이해하기 어려운 유구였지만, 결론은 유구임에 틀림이 없고, 훼손이 안 되었습니다. 그 내부에서 출토된 유물들이 일괄유물이었어요. 그래서 1호분 북분이 어떤 이유에서든지 훼손된 상태에서 그 무덤이 그 위에 걸쳐서 만들어졌는데, 출토된 유물 일괄로 봐서는 4세기 초를 내려가지 않을 것이다, 따라서 1호분 북분은 훼손돼서 폐기된 상황까지 감안해 본다면 3세기 중엽경에 만들어

졌을 가능성이 높고, 그렇게 본다면 1호분 북분에 붙어 있는 고구려식 적석총 남분이 3세기 중엽경에는 서울지역으로 들어왔을 가능성이 높겠다, 이렇게 보고서가 나갔습니다.

그런데 그 보고서 내용에 대해서 어느 왕과 왕비의 무덤으로 추정되는 석촌동 1호분이 그렇게 훼손된 상태에서 일반인의 무덤으로 추정되는 조그마한 무덤이 만들어졌다고 하는 것은 상식적으로 이해하기 어렵다, 출토된 유물들도 일괄유물이라는 보장이 없다, 이래서 연대문제가 촉발되어 적석총의 한강유역 도입을 4세기 중엽 근초고왕대로 내려보는 그런 견해가 나왔거든요. 최병현 선생님도 그 가능성을 좀 생각하시는 것 같은데, 만약 1호분 북분에 붙어 있는 유구가 유구가 아니고 일괄유물이 아니라면 저도 수긍하겠어요. 그러나 그건 누가 보더라도 분명한 유구이고 일괄유물입니다. 연대도 4세기 초 전반 이하로 내려가지 않는다고 보는 것이 일반적인 견해지요. 따라서 그보다 늦게 적석총이 처음 출연했다는 것은 받아들이기 어렵습니다.

박순발 : 사실 석촌동은 그 당시 우리가 초동 조사단계에 실패한 것입니다. 지금에 와서 할 수 있는 것은 정황론밖에 없는데, 예를 들면 소위 적석묘라는 묘제 자체는 크게 보면 2~4세기 중반까지 나올 수 있는 묘제입니다, 고구려 지역에서. 그러나 그것을 그대로 본 건 아니고요. 그럼 확실한 것부터 합시다.

3호분은 이번에 글을 쓰실 때 좀 다르게 썼는데, 그 적석총 만들기 전에 소위 말해서 인위적으로 성토하고 자갈층을 같이 놓을 때

자갈층 표면이 훼손되는 것은 역시 축조 때 그리된 것이거든요. 그것은 보고서대로 인용하겠습니다. 왜냐하면 그때 공교롭게도 내가 발굴현장에 없었던 때예요. 아주 아쉬운 땐데. 석촌동 2호분은 사실은 조가영 선생이 적석총이냐 아니냐는 문제에서 아니라고 보아야 한다는 의견을 낸 바 있습니다. 그건 좋고요. 문제는 1 · 2호분인데, 1 · 2호분 중에서 아주 공교롭게도 매장주체부에서 나온 게 없어요. 문제는 동쪽으로 확장되면서 소위 말해서 옛날에 석관묘, 위석석관묘라고 불렀는데, 오늘도 설명할 때 나왔죠, 흑색으로 된, 말하자면 계수호 같은 것을 봤습니다. 안에 구멍도 있습니다. 그것들은 말하자면 세 부류로 나뉘기 때문에 한 개체일 가능성이 본래 있습니다. 그러나 훼손이 많이 됐기 때문에 그런 정도의 계수호라고 친다면, 요즘 남쪽에서 계수호가 더 정교한 게 많이 나오지 않았습니까? 그건 말하자면 동진 만기 내지는 아마 유송劉宋 초일 거예요. 그럼 동진 만기 유송 초는 언제입니까?

임영진 : 그 계수호가 나온 무덤은 1호와 관계가 없어요. 1호와 관련 있는 것만 말씀합시다.

박순발 : 이게 나왔으면 시기가 얼마나 빠르냐 하는 건데, 그 시기에 무슨 일이 있었길래, 왕릉급이라고 하는 왕과 왕비급인데도 불구하고 거기다 덧대서 훼손되게 한 것은 무슨 정황이예요? 저는 어떻게 보냐면, 그건 서로 관계가 있는 거다, 즉 무덤과 관련해서 제의적인 용도나 이런 것이 있는 거면 되고 아니면 추가장이어도 된다는 거죠. 그런

정도 정황이라면 거기서 그렇게 시간적으로 멀 수가 있겠느냐, 그래서 3세기라는 것도 솔직히 말해서 정황론이죠, 그것도 상대적으로 4세기 초일까 3세기 그렇게 되는 것이지 실제로 …

임영진 : 정황론이 아니고 북분에 걸쳐 있는 그 유구 …

박순발 : 하여튼 제 생각은 그렇습니다.

임영진 : 그 유구에 대한 일반적인 연대관을 말한 것입니다. 그리고 오히려 도저히 왕릉으로 추정되는 무덤이 훼손된다는 것은 상식적으로 이해하기 어렵다고 볼 게 아니라, 도대체 백제에서 어떤 일이 있었길래 왕릉으로 추정되는 무덤이 그렇게 훼손되고 일반무덤을 쓸 만큼 방치됐을 것인가? 그 역사적 이면을 살펴봐야 할 것입니다.

박순발 : 추측, 추론이기 때문에 추측을 할 만한 충분한 근거 …

아직도 다양한 해석

노중국 : 해석의 문제까지 들어가버리면 굉장히 복잡해지는데요. 혹시 방청석에서 본인 의견이나 물어볼 게 있으면 …

방청석 : 조영희입니다. 한성백제박물관에서 자원봉사하고 있습니다. 여기에 올 때는 언제 백제를 세웠느냐 그 부분에 대해서 굉장히 기대하

고 왔습니다. 그런데 결론은 상당히 혼란만 가중시켰습니다. 그래서 오늘 질문드리고 싶은 요지는 지금 언제 누가 세웠느냐 시기가 쟁점이 되는데, 준거틀이 되고 있는 역사적 사실과 몇 가지 유적을 가지고 상당히 쟁점이 되겠는데. 준거틀을 누가 만들었느냐, 『삼국유사』, 『삼국사기』, 동이전과 1910년대 일본학자들이 만들었던 여러 가지 백제 관련된 역사적 사실 기록들이 과연 백제국에서 나온 것이냐, 그런 면에서 준거틀을 다시 한번 생각해 보자는 것이죠. 그래서 지난번에 노중국 선생님이 온조루트를 얘기하시면서 추가령 구조대도 얘기하고 … 임영진 선생님께 묻고 싶은 건, 임진강유역에 하북위례성이 있었다면 그것이 시기적으로 빨라질 수 있었느냐 없느냐는 점입니다. 우리가 지금까지 생각했던 것보다 준거틀을 좀 넓혀보자, 이상입니다.

노중국 : 임 선생님, 대답해 주세요.

임영진 : 아까 최병현 선생님이 제기하신 문제와 상통하네요. 임진강유역의 적석총을 한강유역으로 내려오기 이전에 온조세력이 내려와서 만들었다는 얘기지요. 저는 일단 가능하다고 봅니다. 시간적으로는 2세기 말에서 3세기 초로 상당히 짧은 시간입니다. 그 상황을 보면, 고구려쪽에서 어떤 사정때문에 남하했는지는 모르겠지만, 한강유역으로 바로 오지는 못했던 것 같습니다. 한강유역 분구묘 집단의 규모를 상정해 보면 바로 내려오지는 못했고, 어느 정도 세력을 펼 수 있는 지역을 택했을 것이고, 그곳이 바로 그 지역이라고 보는

것입니다.

문제는 과연 구조적으로 고구려식 적석총에 해당되느냐 하는 것입니다. 해당됩니다. 왜냐하면 북한강 상류, 남한강 상류에도 비슷한 유형의 고분이 있는데, 그 구조에서 남한강 · 북한강유역 상류에서는 자연사구를 깎아서 위용을 느끼게 했습니다. 마치 신라의 경주 구정동 고분처럼. 그 분구를 자연사구를 깎아서 만들고 즙석을 피복하고 맨 꼭대기에 매장시설을 두고 있거든요. 그런데 임진강유역은 기저부에서부터 적석을 하고 있습니다. 입지만 주변보다 조금 고대高大한 그런 지역일 뿐 기저부에서부터 적석을 하고 있기 때문에 전형적인 고구려식 천석적석총과 다를 바가 없습니다. 그래서 저는 남하루트의 중간지대로 선정했고, 그동안 얘기해왔던 소위 하북위례성이 한강유역을 사이에 두고 중랑천 일대나 북한산 일대에 있을 것으로 보지 않습니다. 바로 코앞이지 않습니까? 코앞에서 한강 남쪽으로 넘어오면서 과연 이도移都, 천도라고 했겠느냐, 어느 정도 공간적인 거리가 있기 때문에 천도라고 했을 것이고, 그런 관점에서 그 지역이 가능성이 높을 것으로 보는 것입니다. 그리고 그러한 가능성에 대해서는 이미 문헌사쪽에서 이현혜 선생님을 비롯한 몇몇 분들이 제기하신 바 있습니다. 이상입니다.

노중국 : 좋습니다. 다음 질문.

방청석 : 연합뉴스 기자 김태식입니다. 먼저 이 대회에 대해서 사실 전 나름대로 답변을 요구한다기보다는 코멘트식으로 하고 싶습니다. 제가

관심이 있는 학술대회이고, 둘째는 주최측에서 한마디 해주라는 눈치도 있는 것 같고. 먼저 저는 이 학술회의가 계속 되리라고 들었고 그렇게 될 것이라고 알고 있습니다. 오늘 「백제, 누가 언제 세웠나」에 대해서 시작했는데, 끝장토론이라는 말씀을 노중국 선생님이 쓰셨는데, 이런 식의 토론이 앞으로도 계속 지속됐으면 좋겠습니다. 이것이 아마 한성백제박물관을 만든 첫 번째 이유가 아닌가 싶습니다. 그런 점에서 박물관측에 제 개인적으로 굉장히 감사하다는 말씀을 드립니다.

그 다음에 조금 넘어가서 우리 최병현 선생님은 계속 저렇게 시니컬하세요. 시니컬하시지만 계속 20년, 30년 전 얘기를 꺼내시면서 똑같은 얘기를 하고 있다고 하는데, 대단히 외람되지만, 2차 대회 때부터 저기 앉아계신 분들은 좀 내려버리세요. 반 우스갯소리 반 진담으로 들리는데, 왜 그런가 하면, 지금 선생님들 대단히 외람되지만 제가 20년 전에 읽은 글들과 지금 다를 게 하나도 없습니다. 물론 달라야 된다는 뜻은 아닙니다. 너무나 진전이 없는 데 대해서 한편으로는 대단히 실망스럽습니다. 아마 2차 때부터는 좀더 젊은 학자들을 중심으로 해줬으면 하는 게 제 개인적인 바람입니다.

그럼 구체적으로 들어가서 이거 아마 윤용구 박사님이 코멘트를 하실지 아닐지 모르겠습니다만, 계속 『삼국지』 한전 편찬연대 갖고 얘기가 나오는데, 이는 제가 윤용구 박사님한테도 확인했는데, 260년대가 아닙니다. 245년대 이 무렵을 내려오지를 못합니다. 여기 기술된 한전韓傳 연대 굉장히 중요합니다. 왜냐하면 『삼국지』 동이전 한조에 대한 기록에 근거해서 풍납토성과 몽촌토성 얘기를 하기 때문입니다.

또 하나 구체적으로 들어가서, 특히 임영진 선생님과 주로 박순발 선생님, 고고학하시는 선생님들 얘기인데, 몽촌토성을 대개 빠른 것으로 보시려고 하시잖아요. 풍납토성과 비교했을 때. 3세기 4/4분기라는 얘기가 나오고, 저는 고고학 편년을 1/4분기, 2/4분기, 25년 단위로 자를 수 있다는 것을 믿지 않습니다. 그걸 믿는다손 치더라도 몽촌토성을 하한선이든 상한선이든 간에 3세기 4/4분기가 되는 결정적 근거는 뭐냐, 물론 그것 하나뿐만이 아닙니다. 다만 제일 중요했던 것은 계속 얘기가 나왔던 전문도기입니다. 전문도기 나왔듯이 박순발 선생님도 그런 표현을 쓰셨고, 권오영 선생님도 옛날에 얘기하셨어요. 그것을 편년할 때는 남경南京유역에서 나온 동진시대의 전문도기라는 말을 쓰셨습니다. 거기에 맞춰서 3세기 4/4분기라고 나왔는데, 지금 어떻게 됐느냐? 방금 말씀들 하셨잖아요. 전문도기 편년 다 깨졌습니다. 물론 깨졌다고 기존에 3세기 4/4분기로 설정한 것이 잘못됐다는 것은 아닙니다. 그것보다 더 올라갈 수도 있고, 제가 논문을 쓴 데는 심지어 양梁나라 때까지 내려오기도 합니다. 그런데 기존의 몽촌토성의 축조연대, 하한연대로 상정했던 그 결정적인 근거가 왜 그것만을 3세기 4/4분기로 계속 고정하신 채 풍납토성을 계속 끼워 맞춰서 보시냐는 하나의 문제가 있고요.

또 하나 풍납토성 축조연대를 얘기할 때, 여기 문화재연구소 이성준 선생님 나와 있는지 모르겠는데, 3세기 4/4분기 이상으로 올라가지 않는다는 결정적인 증거가 2011년도 작년 발굴입니다. 제가 발굴단에 갔을 때도 발굴단에도 그 말씀을 드렸어요. 이것은 1998년도에 동벽을 짼 부분과는 너무나도 다르다는 말씀을 드렸습니다. 그런데 지금 동벽부분에서 작년에 발굴한 부분과 10년 전에 발굴한 부분이 명확히 다른데, 그 중에서도 축조시기가 늦은 것이 분명한 이런 것을 근거로 대고 있습니다. 그래서 그 문제를 하나 문제로 삼고 싶고요.

그 다음에 마지막 한마디 더 하고 끝내겠습니다. 지금 계속 고고학계에서 1~3세기가 기원전부터 시작해서 대개 3세기 단계까지 이른바 공백지대라는 표현을 많이 쓰고, 그래서 고고학계에서 1~3세기를 조명하는 학술대회도 많았던 것으로 알고 있습니다. 지금 여기도, 풍납동을 중심으로 하는 한강유역 하류 지역에 대해서도 하시는 말씀들을 보면 이른바 중도식 무문토기, 기원전 1세기 무렵, 중도식 무문토기를 제외하고는 1~3세기가 뻥 비어 있습니다. 사람이 안 살았다는 것으로 되어 있습니다. 자, 이 문제가 그러면 1~3세기가 정말로 사람이 안 살았기 때문에 문제가 생기는 것이냐, 고고학 편년이 잘못된 것이냐, 이것은 다시 한번 생각해 보아야 합니다. 이상입니다.

박순발 : 답변하겠습니다.

노중국 : 잠깐만요.

박순발 : 이 부분은 답변해야 합니다 … 궁금하잖아요? 주민들이 …

노중국 : 잠깐만요. 앞의 2개는 앞으로 쟁점 백제사 학술회의를 어떻게 할 것인가 하는 것에 대한 하나의 충고랄까 하는 얘기를 한 것 같습니다. 같은 견해를 되풀이하는 사람보다는 새로운 관점에서 보는 사람들을 토론자로 앉히는 게 좋지 않겠느냐 하는 것입니다. 여기에는 쟁점 백제사 학술토론은 계속 되어야 한다는 전제가 깔려 있는 것 같습니다. 질문이 3개였는데요. 하나는 몽촌토성의 축조 시기 문제에서 중요한 근거가 됐던 전문도기 문제, 풍납토성 축조의 연대문제, 그 다음에 서울 지역의 고고학 자료는 1~3세기가 공백 상태인데 이를 어떻게 할 것이냐 하는 문제인데요. 전문도기 문제는 임영진 선생님이 좀 간단하게 말씀해 주세요.

박순발 : 잠깐, 시간이 없으니깐 … 아무튼 대단히 감사합니다. 말씀 잘하셨네요. 단상에서 한번 같이 해봤으면 좋겠어요. 첫 번째, 1~3세기 공백, 공백입니까? 아니죠. 최근에 기원전 1세기대도 나오고 2세기대도 나왔죠. 공백 아닙니다. 어디서 1~3세기 공백이란 얘기를 말씀하시는지 모르겠지만, 해당사항 없고요.

그 다음에 245년이 되었든 265년이 되었든 설정하는 것은 그쪽에서 연구하는 것이죠. 그걸 가지고 245년이 되었다고 해서 몽촌토성 연대가 떨어지는 것은 아닙니다. 몽촌토성은 말씀하셨듯이 하한 문제는 결국은 전문도기와 연동된 문제인데, 두 가지 견해로 요약되겠지요. 조우위싱 교수 얘기도 있고, 왕즈가오 교수 얘기도 있고요. 저는 그것이 서진 때의 소위 입수 가능성을 찾을 수 있다고 보는 것이지요. 바뀌지 않는 것으로 말씀하시지 마시고 …

그 다음 세 번째, 풍납토성 연대를 낮추기 위해서? 절대 아닙니다. 연대 올라가면 좋죠. 다만 제가 알기로는 김태식 기자는 처음에 생각했던 풍납토성 연대가 지금하고 많이 달라졌거든요. 여전히 그렇게 생각하실지 모르겠지만, 우리는 자료에 입각해서 이해할 뿐입니다. 그리고 편년의 문제는 직접 편년해서 논문으로 쓰세요. 선동적 발언하지 마세요. 그게 학술이 아닙니다. 이상입니다.

노중국 : 그럼 이 정도로 하겠습니다. 그 다음 또 방청석의 질문이 … 예. 예정된 시간을 넘겨버리고 말았습니다. 마무리를 하겠습니다. 백제사의 쟁점 집중토론 학술회의는 기왕의 학술회의와는 다른 형태로 토론을 진행해서 학계의 논의도 활발하게 일어날 수 있도록 자극도 주면서 다양하게 제기된 견해들을 일정하게 수렴해 볼 수 있는 토대를 만들었으면 좋겠다는 각도에서 기획되었습니다. 그러면서 오늘 토론의 주제인 '백제, 누가 언제 세웠나'의 사회를 맡으면서 기왕에 나왔던 얘기에서 한 단계 진전하여 어느 정도 의견을 모아야 하지 않을까 하는 고민을 좀 하였습니다. 의견이 모아질 수 있으면 좋겠는데, 쉽게 모아지기는 좀 어렵다, 결국은 기왕에 나왔던 얘기들을 재확인하는 수준으로 끝날지도 모르겠다 이런 생각도 하기도 했습니다. 그래서 오늘 토론에서 국가나 출자와 같은 용어에 대해 자기 의견을 분명히 밝혀달라고 이야기했습니다. 그 토대 위에서 토론은 일단 진행되었습니다.

'백제, 누가 세웠나'의 문제는 전체적으로 봤을 때 온조쪽으로 많이 기울어진 것 같습니다. '언제 세웠나'에 대한 문제는 과정을 중요시할 때 나올 수 있는 접근 방식과 그렇지 않은 경우와 접근 방식과는 상당히 차이가 있을 수 있겠다고 생각했습니다. 과정쪽에 맞췄을 때는 고고학 자료들을 좀 더 접합시켰어야 했는데 제대로 접합시키지 못한 것 같아 저 나름대로는 아쉬움을 좀 가졌습니다.

다음에 문헌쪽에서는 국가 발전 과정을 얘기하면서 십제에서 백제로 갔든, 백제伯濟에서 백제百濟로 갔든, 또는 십제에서 백제伯濟로 다시 백제百濟로 갔든 어떤 과정은 있었을 것이다는 점은 정리되었습니다. 그러나 문헌에서 설정한 과정을 뒷받침해 줄 수 있는 고고자료들이 적합하게 딱 맞아주지 않는 측면이 있다는 것도 오늘 다시 확인된 셈이 됩니다. 다만 3세기 중후반경에 오면 백제국의 성립은 분명하다, 그러나 그 이전 문제를 어떻게 정리할 것인가는 역시 다음의 과제로 넘겨야 할 것 같습니다.

한성백제박물관에서는 제2회 백제사의 쟁점 집중토론 학술회의 주제를 개략적으로 정리해 가고 있는 것 같습니다. 그 주제는 백제가 어디에서 성립하였고, 어떻게 성장하여 영역을 확장하였고, 왕도는 어디에 만들어졌느냐 하는 쪽으로 주제를 잡아가고 있는 것 같습니다. 이때 오늘 논의가 조금 미진했던 부분들도 연동되어 이야기될 가능성은 있을 것으로 생각합니다.

오전 9시 50분에 시작해서 지금 6시 10분입니다. 오후 시간 4시간 반 정도를 토론에 할애한 셈이 됩니다. 이런 집중토론은 그동안 보기 어려웠던 새로운 시도였다고 생각합니다. 한성백제박물관에서 추진하는 백제사의 쟁점 집중토론 학술회의가 이제 첫 시작을 했습니다. 제2회부터는 더 활기차게 토론이 진행되어 좋은 성과를 거둘 수 있는 학술회의가 되기를 바라면서 오늘 제1회 백제사의 쟁점 집중토론 학술회의 종합토론을 모두 마치겠습니다. 고생했습니다. 감사합니다.